萬古秘傳 靈符作大典（增補版）

韓重洙 著

明文堂

머 리 말

이 책자에 수록된 부적(符籍)은 거의 불가능이 없으리만큼 인간생활의 모든 면을 해결하고 처방할 수 있는 비법이 골고루 갖추어져 있다. 소원이 있으면 소원을 성취하는 법, 재산이나 관직을 원하면 재산이나 관직을 얻는 법, 질병이 있으면 질병을 물리치는 법 등등, 길복(吉福)을 불러오고 재화(災禍)를 물리치는 비법을 부적으로써 모두 해결되게끔 되어 있다. 때문에 혹자는, 어떻게 부적을 사용한다 해서 모든 인간사가 자기의 뜻대로 성취될 수 있으며 중한 병자가 의사의 치료나 약을 쓰지 않고 자연히 치료될 수 있겠는가, 이것은 너무나 허무맹랑한 미신이다라며 부적에 대한 작용력(作用力)을 일축하고 말겠지만, 이러한 반박은 편집자 역시 동감이다.

그러나 같은 의견이면서도 다른 관점(觀點)이 있다면 이상에서 반박할 수 있는 허무맹랑설은 어디까지나 이 부적을 사용하는 참뜻을 이해하지 못한 데 차이가 있는 것이다. 사실상 어떤 사람을 막론하고 부적을 사용해서 효력을 볼 수 있는 것은 아니다. 다만 그 활용하는 범위와 방법을 알고 있다면, 부적이 아무 신비력(神秘力)이 없는 무가치한 것이라고는 잘라 말하지는 못하리라.

왜냐하면 예를 들어 장차 시험에 임하려는 사람이 하등의 학문을 닦은 일없이 분에 맞지 않는 취직시험이나 고시(考試)에 응한다면, 부적이 아니라 만물을 창조한 조물주의 능력으로도 합격시키지는 못할 것이다. 그러나 자기가 원하는 시험에 대비하기 위하여 몇년이고 각고(刻苦)의 노력을 아끼지 않으며 충분한 실력을 배양한 사람이 왠지 모르게 시험 당일만 되면 평소에 잘 알고 있던 실력이 아리송해지고 또는 미처 살펴보지 못한 과목만 시험 문제에 제시되어 그만 낙방(落榜)하고 마는 일이 허다함을 볼 때, 이것을 하나의 우연으로만 돌리기에는 좀 문제점이 있을 줄 안다. 이것을 사주학(四柱學) 또는 운명학(運命學)에서는 운(運)이라고 한다.

운명학을 허망한 미신이라며 부정하는 사람에게는 두 말할 나위가 없겠으나, 운명을 하나의 철학으로 인정하는 이에게는 앞에서 말한 것에 수긍이 가리라 생각된다. 그러므로 실력을 배양하고도 운이 막혀 시험에 합격하지 못하는 사람, 질병에 적합한 약을 쓰고도 왠지 약효가 없어 치료가 더딘 사람, 끊임없이 노력해도 재운(財運)이 막혀 돈을 벌지 못하는 사람 등에게 적용해 볼 수 있는 방법이 이 부적인 것이다.

인생 경영에 무언지 까닭 모를 의문이 생기고, 현대 문화의 발전 상태에서도 획일적으로 인간

학에 대한 결론을 얻지 못하는 사람, 또는 과학의 범주 밖에 있는 운명학을 부정하지 않는 사람이라면 구태여 부적의 유신무신(有信無信)을 캐볼 필요가 없다고 본다.

우리 인간은 신(神)에 비하여 너무나 약하고 신의 세계를 아무것도 모른다. 약하기 때문에 신을 의지해보려 하고, 모르기 때문에 신을 두려워한다. 갓난아기는 젖을 주면 배불리 먹고 기운을 얻어 생기가 발랄하다. 성인(成人)이 밥을 먹는다면 그 밥이나 반찬 속에는 얼마만한 영양소(營養素∷칼로리)가 있기 때문에 당연히 기운이 생기고 발육한다는 것을 알고 있지만, 갓난아기는 그것을 모른다. 그저 어른이 주기 때문에 먹는 것이요, 먹지 않으면 괴롭기 때문에 먹이를 달라고 울며 보챈다.

조물주나 신(神)이나 인간과의 사이는 마치 어른과 어린아기와 같다. 우리네 인간은 예로부터 신을 받들면 (인간으로서의 도리를 다하고 착한 일을 하는 것이 즉 신을 받드는 것이다. 신은 곧 하늘이요 조물주이니 하늘의 섭리는 善을 장려하고 惡을 미워하기에 하늘의 섭리를 어기지 않는 사람이 곧 신을 받드는 결과가 된다) 길복(吉福)이 오고 신을 거스르면 재앙을 받는다. 때문에 이 부적을 사용함에도 첫째로 모든 일에 정성을 다하여 노력하면서 신(神)에게 자기의 소원을 부탁

하는 것이라고 해석해야 옳을 것이다. 신과 인간은 대화가 통하지 않는다. 추측하건대 부적이란 인간과 신이 대화를 통하는 방법이리라. 그리하여 부적의 형태에 따라 인간이 신에게 무엇을 요구하는가를 알아서 그 원하는 바를 들어주는 게 아닌가 생각된다.

여하튼 부적에 과학적인 신빙성이나 사실적인 근거를 추구한다면, 그 답은 나오지 않는다. 그러나 우리네 옛날 선조들의 유습에 따라 지금까지 전래되어 왔고, 갖가지 부적에 얽힌 신비력(神秘力)이 야사(野史)나 고담(古談)에서 익히 들어온 바 있으며, 지금에 와서도 간간이 부적을 사용해서 적지 않은 효험을 보아온 사람은 비일비재(非一非再)하다.

그러므로 결론적으로 부적은 과학적인 근거가 없는 미신에 가까운 것이라고 해서 믿지 않는 사람에게는 하등의 가치가 없겠으나, 신(神)을 존경하고 인간의 운명학을 부정하지 못하는 사람에게는 결코 무시할 수 없는 존재가 아니겠는가. 믿는 사람에게는 반드시 부적의 신비한 효력이 있으리라 확신하는 바이다.

著者

부적을 만드는 방법

부적을 만드는 데는 다음과 같은 요령에 의한다.

① 택일(擇日)

부적을 지니거나 사용할 당사자의 연령에 의한 생기(生氣), 천덕(天德), 천의일(天宜日)이나 백주(白主)의 건록(建祿), 천을귀인일(天乙貴人日) 중 적합한 날과 천덕(天德), 월덕(月德), 천월덕합일(天月德合日)이나 기타 길신(吉神)과 합치되는 날을 가린다.

② 목욕재계(沐浴齋戒)

부적을 만드는 사람과 사용할 사람은 부적을 제작하기 전날 목욕하고 이발하고 부정한 곳에 가나 부정한 일을 피하여 몸가짐을 깨끗이 한 뒤에 마음과 정신을 맑게 가져야 한다(깨끗한 의복을 착용하고, 남녀합방을 금하며 상인(喪人)이나 복인(服人)들을 접촉하거나 집안에 들이지 말아야 한다).

③ 부적의 재료(材料)

가. 경면주사(鏡面朱砂 : 한약방에 있음) 약간(경면주사가 없으면 靈砂로 대용할 수 있다)

나. 깨끗한 백지(白紙 : 문에 바르는 창호지인데, 누런 빛이 도는 것이 좋음. 원칙적으로 槐黃紙를 사용하지만 구하기 힘들다)

다. 깨끗한 참기름(혹은 깨끗한 白雪糖을 녹인 물)

④ 부적의 제작

택일이 된 당일 아침 일찍 일어나 세수하고, 깨끗한 의복으로 갈아 입고, 동쪽을 향하여 정수(淨水)를 올리고 분향(焚香)한 뒤, 고치삼통(叩齒三通 : 이를 딱딱 하고 세 번 마주치는 것)하고 다음과 같은 주문(呪文)을 왼다.

赫赫陽陽 日出東方 吾勅此符 普撑不祥 口吐三昧之火
服飛門邑之光提怪 使天蓬力士 破疾用穢跡金剛 降伏
妖怪 化爲吉祥 急急如律令

혁혁양양 일출동방 오칙차부 보탱불상 구토삼매지화
복비문읍지광제괴 사천봉력사 파질용예적금강 항복
요괴 화위길상 급급여율령

이상과 같은 주문을 외고 나서 경면주사(鏡面朱砂)를 곱게 갈아 기름이나 설탕물에 잘 개서 사용고자 하는 부적을 찾아 정성들여 그린다. (백지의 규격은 대략 가로 10㎝ 세로 15㎝ 이내로 한다)

⑤ 제작 후 경문(經文)

부적의 제작을 다 끝마치고 집안에 붙이거나 불살라서 마시거나 몸에 지니는 경우, 아래와 같은 요령에 의하여 해당되는 경문(經文)을 왼다.

소원성취부(所願成就符)=천수경(千手經), 반야심경(般若心經), 고왕경(高王經), 다라니경(陀羅尼經), 관음경(觀音經), 관세음사십이수주문(觀世音四十二手呪文), 북두주(北斗呪 : 七星符를 사용할 때).

재앙에 대한 경문=천수경, 관세음신주경(觀世音神呪經), 몽수경(蒙手經), 안택신주경(安宅神呪經), 도액경(度厄經), 관세음구고경(觀世音救苦經), 고왕관세음경(高王觀世音經), 묘법연화경(妙法蓮華經), 제왕경(帝王經).

삼재(三災)에 대한 경문=삼재경(三災經), 다라니경(陀羅尼經), 삼지불수경(三支不受經), 도액경(度厄經).

가택의 안전에 대한 경문=천수경, 안택신주경, 명당경(明堂經), 적호경(的乎經), 용호축사경(龍虎逐邪經).

부부 자손 화합을 위한 경문=안택신주경, 명당경, 육모적살경(六耗赤殺經).

자손의 수명(壽命)을 비는 경문=동자속명경(童子續命經), 동자연명경(童子延命經), 구호신명경(救護身命經).

질병에 대한 경문=천룡경(天龍經), 온황신주경(瘟瘴神呪經), 축학경(逐瘧經)::학질을 물리칠 때), 구병시식경(救病施食經), 용호축사경, 제왕경, 안목청정경(眼目淸淨經)::눈에 병이 있을 때).

동토(動土)에 대한 경문=동토경(動土經)::흙을 다룰 때), 단목경(斷木經)::나무를 베거나 다룰 때), 지신경(地神經)::땅을 파거나 흙을 다룰 때), 오작경(烏鵲經).

고사(告祀)를 지낼 때=산왕경(山王經)::산신께 기도할 때), 조왕경(竈王經)::조왕께 기도할 때), 명당경(明堂經)::집안의 안전을 위한 고사를 지낼 때), 당산경(堂山經).

안택경(安宅經)::집안의 안전을 위한 고사를 지낼 때), 용왕삼매경(龍王三昧經)::용왕께 고사를 지낼 때), 육모적살경, 백살신주경(百殺神呪經), 용호축사경, 간귀경(奸鬼經), 금신칠살경(金神七殺經), 구호신명경(救護身命經).

귀신이나 요마를 쫓는 경문=축사경(逐邪經), 축귀경(逐鬼經),

부정(不淨)을 씻어버리는 경문=부정경(不淨經), 고왕관세음경, 안택신주경.

모든 흉살(凶殺)을 제거시켜 달라는 경문=백살신주경, 칠살경(七殺經), 제왕경(帝王經), 육모적살경.

죄를 소멸시켜 달라는 경문 = 고왕관세음경, 수생경(壽生經), 도액경, 관세음구고경, 마하반야바라밀다심경(摩訶般若波羅蜜多心經), 수생경.

수명(壽命)을 비는 경문 = 화엄경, 북두연명경(北斗延命經), 동자속명경.

사후(死後)를 위한 경문 = 아미타경(阿彌陀經), 심모다라니경(心姥陀羅尼經), 수생경, 해원경(解寃經), 화엄경.

육축(六畜)을 위한 경문 = 우마장생경(牛馬長生經).

※ 부작(符作) = 부적(符籍) : 불교나 도교(道敎)를 믿는 집에서 악귀나 잡신을 쫓고 재액을 물리치기 위하여 집·의복·신체 등에 붙이거나 지니고 다니는 종이나 물건·신부(神符). 음부(陰符).

이상의 경문을 해당되는 곳을 임의로 골라 부적을 사용하기 바로 전에 외면 대길하다. 그리고 모든 경문을, 읽을 때는 반드시 천수경(千手經)을 먼저 읽는다.

增補版 萬古秘傳 靈符作大典 目次

머리말
부적을 만드는 방법 / 一

제一부 소원(所願) 및 만사대길(萬事大吉)에 대한 부적 / 三三

1. 소원성취에 대한 부적 / 三四

칠성부(七星符∴一) / 三四
칠성부(七星符∴二) / 三五
탐랑부(貪狼符) / 三五
거문부(巨門符) / 三五
녹존부(祿存符) / 三五
문곡부(文曲符) / 三六
염정부(廉貞符) / 三六
무곡부(武曲符) / 三六
파군부(破軍符) / 三六
소원성취부(所願成就符)(一)·(二) / 三七
구령부(九靈符) / 三八
소원부(所願符) / 三八

2. 만사대길(萬事大吉)에 대한 부적 / 三九

적갑부(赤甲符) / 三九
만사대길부(萬事大吉符) / 四〇
백사대길부(百事大吉符) / 四〇

제二부 재앙(災殃)에 대한 부적 / 四一

1. 신수불길도액부(身數不吉都厄符) / 四二
   태세부(太歲符) / 四二
2. 삼재예방부(三災豫防符) / 四三
   삼재소멸부(三災消滅符) / 四三
   자연원리삼재부(自然遠離三災符) / 四三
   삼두일족응삼재부(三頭一足鷹三災符) / 四四
   옥추삼재부(玉樞三災符) / 四四
   삼재부(三災符) / 四五
3. 관재구설(官災口舌)에 대한 부적 / 四六
   도액부(都厄符) / 四六
   관재소멸부(官災消滅符) / 四七
   관재부(官災符) / 四七
   신주령부(神呪靈符) / 四八
   능피쟁송지액부(能避爭訟之厄符) / 四八
   구설송사부(口舌訟事符) / 四九
   소송부(訴訟符) / 四九
   관재구설소멸부(官災口舌消滅符) / 四九
   구설소멸부(口舌消滅符) / 五〇
   시비부(是非符) / 五〇
4. 수재(水災)에 대한 부적 / 五一
   수화도액부(水火都厄符) / 五一
   화재예방부(火災豫防符) / 五二
   수액예방부(水厄豫防符) / 五二
5. 실물(失物)·도적(盜賊)에 대한 부적 / 五三
   도적불침부(盜賊不侵符) / 五三
   실물액소멸부(失物厄消滅符) / 五三
   피절도령부(避竊盜靈符) / 五四

실물갱득부(失物更得符) / 五五

도인출부(盜人出符) / 五五

6. 기타 재앙에 대한 부적 / 五六

제흉액부(除凶厄符) / 五六

제三부 가택(家宅)의 안전(安全)에 대한 부적 / 五七

재해예방부(災害豫防符) / 五八

가액예방부(家厄豫防符) / 五八

가운불화방지부(家運不和防止符) / 五九

가운불리예방부(家運不利豫防符) / 五九

가택편안부(家宅便安符) / 六○

우환소멸부(憂患消滅符) / 六○

보평안진택부(保平安鎭宅符) / 六○

진택축괴과사부(鎭宅逐怪破邪符) / 六一

보신부(保身符) / 六二

부귀장명피사령부(富貴長命避邪靈符) / 六二

안택부(安宅符) / 六三

진택편안부(鎭宅便安符) / 六三

가택흥왕부(家宅興旺符) / 六五

친족화합부(親族和合符) / 六五

복운부(福運符) / 六六

번영부(繁榮符) / 六六

가정불화방지부(家庭不和防止符) / 六七

가화예방부(家禍豫防符) / 六七

진살령부(鎭殺靈符) / 六八

압살부(押殺符) / 六八

오방신편안부(五方神便安符) / 六九

제四부 부부 및 자손에 대한 부적 / 七三

1. 부부화합(夫婦和合)에 대한 부적

부부자손화합부(夫婦子孫和合符) / 七四
화합부(和合符) / 七四
부부불화방지부(夫婦不和防止符)(一)·(二) / 七五
화합합심정부(和合合心情符) / 七六
화합부(和合符) / 七六
애정부(愛情符) / 七七
제첩부(除妾符) / 七七
부부해로부(夫婦偕老符) / 七七
부부신액예방부(夫婦身厄豫防符) / 七八
규방령부(閨房靈符) / 七九
권태방지부(倦怠防止符) / 七九

2. 남녀 애정에 대한 부적 / 八○

인연부(因緣符)(一) / 八○
인연부(因緣符)(二) / 八○
후연부(厚緣符) / 八一
양연부(良緣符) / 八一
남녀화합부(男女和合符) / 八二
쌍합부(雙合符) / 八三
필원부(必願符) / 八三
정통부(情通符) / 八四
호리살(狐狸殺) / 八四
발란살(撥亂殺) / 八五

3. 자손에 대한 부적 / 八五

구자손부(求子孫符) / 八五
생자부(生子符) / 八六
구녀성살(九女星殺) / 八六

4. 잉태(孕胎) 및 해산에 대한 부적 / 八七

안태부(安胎符) / 八七
안태령부(安胎靈符) / 八九
안태산부(安胎産符) / 九〇
보태부(保胎符)(一) / 九〇
난산부(難産符) / 九一
태혈능출부(胎血能出符) / 九一
유산방지부(流産防止符) / 九二
급구횡생도산부(急救橫生倒産符) / 九二
최생부(催生符) / 九三
최생령부(催生靈符) / 九四
신비최생부(神秘催生符) / 九五
보태부(保胎符)(二) / 九六
유부(乳符) / 九六

제五부 관직(官職) 및 재산에 대한 부적 / 九七

1. 관직(官職)에 대한 부적 / 九八

대초관직부(大招官職符) / 九八
견군밀호부(見君密護符) / 九八
합격부(合格符) / 九九
학업진취부(學業進就符) / 一〇〇

2. 재산에 대한 부적 / 一〇一

금은자래부(金銀自來符) / 一〇一
구재산부(救財産符) / 一〇一
초재부(招財符) / 一〇二
준제부(準提符) / 一〇二
손재방지부(損財防止符) / 一〇三
재수대길부(財數大吉符) / 一〇四
손재예방부(損財豫防符) / 一〇五

인덕부(人德符) / 一○五
중악부(中岳符) / 一○六
재물보화자래부(財物寶貨自來符) / 一○七
재리부(財利符) / 一○七
복운자래부(福運自來符) / 一○八
재보자래부(財寶自來符) / 一○八

제六부 동토(動土) 및 부정(不淨)에 대한 부적 / 一○九

1. 동토(動土) 및 수리(修理)에 대한 부적 / 一一○

백사동토부(百事動土符) / 一一○
동토부(動土符) / 一一○
동목부(動木符) / 一一一
동석부(動石符) / 一一一
채토부(採土符) / 一一二
토신부(土神符) / 一一二
기물동토부(器物動土符) / 一一三
관혜부(冠鞋符) / 一一三
동공개공부(動工開工符) / 一一四
수주상량부(竪柱上樑符) / 一一五
개공길리부(開工吉利符) / 一一六
가옥개수부(家屋改修符) / 一一六
가옥수리상충부(家屋修理相沖符) / 一一六
완공부(完工符) / 一一七
조왕동토부(竈王動土符) / 一一八
삼살방동토부(三殺方動土符) / 一一九
대장군방동토부(大將軍方動土符) / 一一九
안손방(眼損方) / 一二○
진귀방(進鬼方) / 一二○
오귀방(五鬼方) / 一二一

부증부(釜甑符) / 一二一

2. 부정(不淨)에 대한 부적

조상문병부(吊喪問病符) / 一二三
동상부(動喪符) / 一二三
인동부(人動符) / 一二三
지신발동부(地神發動符) / 一二三
가내부정부(家內不淨符) / 一二四
오뢰평안부(五雷平安符) / 一二五
청정부(淸淨符) / 一二六
청정파예령부(淸淨破穢靈符) / 一二八

제七부 선신(善神)이 수호해 달라는 부적 / 一二九

선신수호부(善神守護符) / 一三○
선신가호사귀퇴산부
 (善神加護邪鬼退散符) / 一三○
금강부(金剛符) / 一三一
팔문신장부(八門神將符) / 一三一
 경문부(景門符)·상문부(傷門符)·휴문부(休門
 符)·두문부(杜門符)·생문부(生門符)·경문부
제살부(除殺符) / 一三三
 (驚門符)·사문부(死門符)·개문부(開門符)
호신부(護身符) / 一三四
보신부(保身符) / 一三五
보신령부(保身靈符) / 一三五
보신평안부(保身平安符) / 一三六

제八부 악귀(惡鬼) 및 요마(妖魔)를 물리치는 부적 / 一三七

관음부(觀音符) / 一三八
악귀불침부(惡鬼不侵符) / 一三九
귀신불침부(鬼神不侵符) / 一四○
잡귀불침부(雜鬼不侵符) / 一四一
댁내백신불침부(宅內百神不侵符) / 一四一
벽사부(辟邪符) / 一四二
제요사부(除妖邪符) / 一四二
암마니발묘부(唵摩尼發妙符) / 一四三
파사부(破邪符) / 一四三
태을부(太乙符) / 一四四
축귀진택부(逐鬼鎭宅符) / 一四五
축귀진택편안부(逐鬼鎭宅便安符) / 一四六
진살평안부(鎭殺平安符) / 一四七

진살령부(鎭殺靈符) / 一四八
축사부(逐邪符) / 一四八
제살령부(除殺靈符) / 一四九
제사부(除邪符) / 一四九
흉살퇴치부(凶殺退治符) / 一五○
사마제압부(邪魔制壓符) / 一五○
피대화진살평안부
(避大禍鎭殺平安符)
압살부(押殺符) / 一五一
공인제살부(工人除殺符) / 一五二
범충살제액부(犯冲殺除厄符) / 一五三
구귀벽사부(驅鬼辟邪符) / 一五四
고륜살제거부(鼓輪殺除去符) / 一五五

제九부 꿈(夢)에 대한 부적 / 一五七

자일몽(子日夢) / 一六〇
축일몽(丑日夢) / 一六〇
인일몽(寅日夢) / 一六〇
묘일몽(卯日夢) / 一六〇
진일몽(辰日夢) / 一六一
사일몽(巳日夢) / 一六一
오일몽(午日夢) / 一六一
미일몽(未日夢) / 一六一
신일몽(申日夢) / 一六二
유일몽(酉日夢) / 一六二
술일몽(戌日夢) / 一六二
해일몽(亥日夢) / 一六二
효신탈식부(梟神奪食符) / 一六三

제十부 신앙(信仰) 및 풍속에 대한 부적 / 一六五

1. 불도(佛道)에 대한 부적 / 一六六

위인염불부(爲人念佛符) / 一六六
당득견불부(當得見佛符) / 一六六
멸죄성불부(滅罪成佛符) / 一六七
제죄능멸부(諸罪能滅符) / 一六七
문경멸죄부(聞經滅罪符) / 一六八
구도부(求道符) / 一六八

2. 사령(死靈)을 위한 부적 / 一六九

파지옥생정토부(破地獄生淨土符) / 一六九

왕생정토부(往生淨土符) / 170
영생정토부(靈生淨土符) / 171
탈지옥부(脫地獄符) / 171

3. 장사(葬事)와 풍수(風水)에 대한 부적

풍수부(風水符) / 172
용신보호부(龍身保護符) / 174
좌산안중궁부(坐山安中宮符) / 174
진삼살부(鎭三殺符) / 175
성분압살부(成墳押殺符) / 176
사골투태살(死骨投胎殺) / 177
상여부(喪輿符) / 178
상부정불침부(喪不淨不侵符) / 178

제십일부 육축(六畜) 및 충수해(蟲獸害)에 대한 부적 / 179

1. 육축(六畜)의 안전에 대한 부적 / 180

육축편안부(六畜便安符) / 180
육축재온퇴치부(六畜災瘟退治符) / 181
육축제온부(六畜制瘟符) / 182
육축온역진압부(六畜瘟疫鎭壓符) / 182
저온치료부(猪瘟治療符) / 183
저태보호령부(猪胎保護靈符) / 183
저계온역퇴치부(猪鷄瘟疫退治符) / 184
저구온역퇴치부(猪狗瘟疫退治符) / 184
우온퇴치부(牛瘟退治符) / 185
계압온역진압부(鷄鴨瘟疫鎭壓符) / 185
육축대길부(六畜大吉符) / 186
계아압성왕부(鷄鵝鴨盛旺符) / 186

2. 충·수해(蟲·獸害)에 대한 부적

비수불침부(飛獸不侵符) / 一八七
야수불침부(野獸不侵符) / 一八七
견굴토예방부(犬掘土豫防符) / 一八八
괴물퇴치부(怪物退治符) / 一八八
벽서부(辟鼠符) / 一八九
날짐승이 몸에 똥을 누었을 때 / 一八九
피후충부(避嗅蟲符) / 一九〇
봉충부(封蟲符) / 一九一
목충제거부(木蟲除去符) / 一九一
백의제거부(白蟻除去符) / 一九二

제十二부 사주관살(四柱關殺)을 예방하는 부적 / 一九三

1. 일반관살(一般關殺)에 대한 부적 / 一九四

말투살(抹頭殺) / 一九四
오귀살(五鬼殺) / 一九五
오귀살제거부(五鬼殺除去符) / 一九六
유혼살부(遊魂殺符) / 一九六
삼형살(三刑殺) / 一九七
육해살(六害殺) / 一九七
상문부(喪門符) / 一九八
조객부(弔客符) / 一九九
백호살부(白虎殺符) / 一九九
백호살제거부(白虎殺除去符) / 二〇〇
구교살(勾絞殺) / 二〇一
미혼살(迷魂殺) / 二〇一
관부살방지부(官符殺防止符) / 二〇二
호신살(虎神殺) / 二〇二
병부살퇴치부(病符殺退治符) / 二〇三
사부살퇴치부(死符殺退治符) / 二〇四
암해살(暗害殺) / 二〇五

오귀화태살(五鬼化胎殺) / 二〇五
투정살(投井殺) / 二〇六
투하살(投河殺) / 二〇六
충천살(冲天殺) / 二〇七
호리살(狐狸殺) / 二〇七
급각살(急脚殺) / 二〇八
주도살(走跳殺) / 二〇九
경안살(硬眼殺) / 二〇九
태음살부(太陰殺符) / 二一〇
세파부(歲破符) / 二一一
천공살(天空殺) / 二一二
진살부(鎭殺符) / 二一三
천구살부(天狗殺符) / 二一四
암시살(暗矢殺) / 二一五
기로살(氣勞殺) / 二一六
화개살부(華盖殺符) / 二一七
삼형육해살(三刑六害殺) / 二一七
연태성(硯台星) / 二一八

비렴살(飛廉殺) / 二一八
모재살(耗財殺) / 二一九
매아살(埋兒殺) / 二二〇
현량살(懸樑殺) / 二二一
투생귀(偸生鬼) / 二二二

2. 소아관살(小兒關殺)에 대한 부적 / 二二三

낙정관살부(落井關殺符) / 二二三
계비관살부(鷄飛關殺符) / 二二四
취명관살부(取命關殺符) / 二二四
뇌공관살부(雷公關殺符) / 二二五
단장관살부(斷腸關殺符) / 二二五
천일관살부(千日關殺符) / 二二六
철사관살부(鐵蛇關殺符) / 二二六
백호관살부(白虎關殺符) / 二二七
귀문관살부(鬼門關殺符) / 二二七
천조관살부(天弔關殺符) / 二二八

제十三부 질병(疾病)에 대한 부적 / 二四三

1. 질병총부(疾病總符) / 二四四

① 질병의 종합 예방 및 퇴치부 / 二四四

질병소멸부(疾病消滅符) / 二四四

당명관살부(撞命關殺符) / 二二八
화상관(和尙關) / 二二九
탕화살부(湯火殺符) / 二二九
야제관살부(夜啼關殺符) / 二三○
소아야제방지부(小兒夜啼防止符) / 二三○
소아야제관살부(小兒夜啼關殺符) / 二三一
단명관살부(短命關殺符) / 二三二
직난관살부(直難關殺符) / 二三四
사골투태살(死骨投胎殺) / 二三五
수화관(水火關) / 二三五
심수관살부(深水關殺符) / 二三六

사주관살부(四柱關殺符) / 二三六
장군전(將軍箭) / 二三七
욕분관살부(浴盆關殺符) / 二三七
단교관살부(斷橋關殺符) / 二三八
염왕관살부(閻王關殺符) / 二三九
무정관살부(無情關殺符) / 二三九
백일관살부(百日關殺符) / 二四○
사계관살부(四季關殺符) / 二四一
매아관살부(埋兒關殺符) / 二四一
금쇄관살부(金鎖關殺符) / 二四二

질병대길부(疾病大吉符) / 二四四
백병치료부(百病治療符) / 二四五
만병통치부(萬病統治符) / 二四六

오뢰통치백병부(五雷統治百病符) / 二四六
통치백병오뢰부(統治百病五雷符) / 二四七
만겁불수생사부(萬劫不受生死符) / 二四七
만병치료부(萬病治療符) / 二四八
질병치료부(疾病治療符) / 二四八
복약효력부(服藥效力符)(一) / 二四九
복약효력부(服藥效力符)(二) / 二四九
② 삼십일 병부(三十日 病符) / 二五○
초일일병(初一日病) / 二五○
초이일병(初二日病) / 二五一
초삼일병(初三日病) / 二五一
초사일병(初四日病) / 二五二
초오일병(初五日病) / 二五二
초육일병(初六日病) / 二五三
초칠일병(初七日病) / 二五三
초팔일병(初八日病) / 二五四
초구일병(初九日病) / 二五四
초십일병(初十日病) / 二五五
십일일병(十一日病) / 二五五
십이일병(十二日病) / 二五六
십삼일병(十三日病) / 二五六
십사일병(十四日病) / 二五七
십오일병(十五日病) / 二五七
십육일병(十六日病) / 二五八
십칠일병(十七日病) / 二五八
십팔일병(十八日病) / 二五九
십구일병(十九日病) / 二五九
이십일병(二十日病) / 二六○
이십일일병(二十一日病) / 二六○
이십이일병(二十二日病) / 二六一
이십삼일병(二十三日病) / 二六一
이십사일병(二十四日病) / 二六二
이십오일병(二十五日病) / 二六二
이십육일병(二十六日病) / 二六三
이십칠일병(二十七日病) / 二六三
이십팔일병(二十八日病) / 二六四

이십구일병(二十九日病) / 二六四
삼십일병(三十日病) / 二六五
십전보허부(十全補虛符) / 二六五

2. 질병(疾病), 각과(各科)에 대한 부적

① 내과(內科) / 二六六

가. 두통 · 두풍(頭風) 및 기타 풍증 / 二六六
　두통치료부(頭痛治療符) / 二六六
　입지두통부(立止頭痛符) / 二六六
　두풍부(頭風符) / 二六七
　두풍치료부(頭風治療符) / 二六七
　중풍부(中風符) / 二六八

나. 위병(胃病) 및 가슴앓이 / 二六九
　위통부(胃痛符) / 二七一
　평위지토부(平胃止吐符) / 二七一
　위통치료부(胃痛治療符) / 二七二

다. 복통(腹痛) / 二七三
　헛배 부를때 / 二七三
　가슴아플때(胸痛符) / 二七三
　복통부(腹痛符 一~四) / 二七四

라. 기침(咳嗽) 및 담(痰) / 二七六
　입지담천부(立止痰喘符) / 二七六
　해수치료부(咳嗽治療符) / 二七六
　급구담궐부(急救痰厥符) / 二七七
　숨찬병 방지부 / 二七七
　담질부(痰疾符) / 二七八

마. 한열(寒熱) 및 냉습(冷濕) / 二七九
　입소풍담부(立消風痰符) / 二七八
　육도거병부(六道祛病符) / 二七九
　한열영부(寒熱靈符) / 二七九
　한기치료부(寒氣治療符) / 二八○
　한열치료부(寒熱治療符) / 二八一
　한열퇴치부(寒熱退治符) / 二八一

한열병치료부(寒熱病治療符) / 二八二
소해화열부(疏解火熱符) / 二八三

바, 간질(癇疾)
간질퇴치부(癇疾退治符) / 二八四
통치오간부(統治五癇符) / 二八五

사, 대소변 및 이질(痢疾)·설사에 대한 부적 / 二八六
소변통이부(小便通痢符) / 二八六
설사정지부(泄瀉停止符) / 二八七
입지비설부(立止脾泄符) / 二八七
통변화적부(通便化積符) / 二八八
이질치료부(痢疾治療符) / 二八八
구설치료부(久泄治療符) / 二八九
토사치료부(吐瀉治療符) / 二九〇
곽란토사부(藿亂吐瀉符) / 二九一
하부누사설치료부
　(下部漏瀉泄治療符) / 二九二
대변불통부(大便不通符) / 二九三

② 외과(外科), 각 부문(部門)에 대한 부적 / 二九四

가, 상처(傷處) 및 종기(腫氣)
외과백방부(外科百方符) / 二九四
금속피상부(金屬被傷符) / 二九五
금속상처치료부(金屬傷處治療符) / 二九五
화상치료부(火傷治療符) / 二九六
상지외증부(上肢外症符) / 二九七
창종치료부(瘡腫治療符) / 二九八
면종치료부(面腫治療符) / 二九八
태퇴경종통부(胎腿經腫痛符) / 二九九
슬부종환치료부(膝部腫患治療符) / 二九九
유주치료부(流注治療符) / 三〇〇
주황정치료부(走黃疔治療符) / 三〇〇
가래톳과 부스럼 치료부 / 三〇一
발바닥 종기 / 三〇一
염창치료부(濂瘡治療符) / 三〇二

음낭종기치료부(陰囊腫氣治療符) / 三〇二
악창치료부(惡瘡治療符) / 三〇三
화단독종치료부(火丹毒腫治療符) / 三〇三
종독치료부(腫毒治療符) / 三〇四
수농지혈부(收膿止血符) / 三〇五
족종치료부(足腫治療符) / 三〇六
설창독부(舌瘡毒符) / 三〇六
설상생창부(舌上生瘡符) / 三〇七
인중종환부(人中腫患符) / 三〇八
압상부(壓傷符) / 三〇八
상처치료부(傷處治療符) / 三〇九
독정치료부(毒疔治療符) / 三一〇
창독치료부(瘡毒治療符) / 三一〇
설상생창부(舌上生瘡符) / 三一一
일체손상치료부(一切損傷治療符) / 三一一
경물손상부(硬物損傷符) / 三一二
창전피상치료부(瘡箭被傷治療符) / 三一二
구교상처부(狗咬傷處符) / 三一三

도금독치료부(刀金毒治療符) / 三一三
태양창부(太陽瘡符) / 三一四
지혈구부(止血灸符) / 三一四
종환치료부(腫患治療符) / 三一五
토혈중지부(吐血中止符) / 三一五
치리인상골부(治利刃傷骨符) / 三一六
사람에 물린 데 / 三一七
광견(狂犬)에 물린 데 / 三一八
독사(毒蛇)에 물린 경우 / 三一八
뱀이 몸속 구멍으로 들어갔을 때 / 三一九
범에 물린 데 / 三一九
벌레에 물린 데 / 三二〇
지네에 물린 데 / 三二〇
화상(火傷)을 입었을 때 / 三二一

나, 안과(眼科)
안과통치부(眼科統治符) / 三二二
목통영령부(目痛靈符) / 三二三
영풍와루부(迎風渦淚符) / 三二三

눈이 항상 침침할 때 / 三三三
눈이 맑아지는 부적
적안치료부(赤眼治療符) / 三二四
청맹치료부(靑盲治療符) / 三二五
적안치유부(赤眼治癒符) / 三二五
백예제거부(白翳除去符) / 三二六
목풍치료부(目風治療符) / 三二六
청맹부명부(靑盲復明符) / 三二七
양안종통부(兩眼腫痛符) / 三二七
안통치료부(眼痛治療符) / 三二七

다, 콧병(鼻疾)
비질치료부(鼻疾治療符) / 三二八
비뉵속치부(鼻衄速治符) / 三二八
비종치료부(鼻腫治療符) / 三二九
비악창치료부(鼻惡瘡治療符) / 三二九

라, 귓병(耳疾)
이농혈치료부(耳濃血治療符) / 三三〇
이통치유부(耳痛治癒符) / 三三〇
귀에 벌레가 들었을 때 / 三三一
귓속에 버섯같은 것이 돋아날 때 / 三三一
이정치유부(耳錠治癒符) / 三三二
이롱치료부(耳聾治療符) / 三三二
이독치료부(耳毒治療符) / 三三三

마, 치과부(齒科符)
풍충진통부(風蟲鎭痛符) / 三三四
치통치료부(齒痛治療符) / 三三四
치통치유부(齒痛治癒符) / 三三五
치통 멈추는 부적 / 三三五
아통종궤치료부(牙痛腫潰治療符) / 三三六
치아종궤치료부(齒牙腫潰治療符) / 三三六

바, 인후병(咽喉病) / 三三七
후풍치료부(喉風治療符) / 三三七
후증치료부(喉症治療符) / 三三八
후풍치유부(喉風治癒符) / 三三九
백후병치료부(白喉病治療符) / 三三九
입 천장에 종기가 난 경우 / 三四〇

목젖이 생겼을 때 / 三四一
딸꾹질이 자주 날 때 / 三四一
생선가시가 목에 걸렸을 때 / 三四二
돼지뼈가 목에 걸렸을 때 / 三四三
화골부(化骨符) / 三四四

사, 피부(皮膚) / 三四四
풍습치료부(風濕治療符) / 三四七
마른버짐 고치는 법 / 三四七
반점치료부(班點治療符) / 三四八
사마귀 및 혹 떼는 방법 / 三四八
옴을 치료하는 법 / 三四九

아, 치질 및 임질(淋疾) / 三四九
치질치료부(痔疾治療符) / 三四九
임질치료부(淋疾治療符) / 三五〇

③ 돌림병(痘疫) / 三五〇
두역예방부(痘疫豫防符) / 三五〇
불설벽온부(佛說辟瘟符) / 三五一
학질퇴치부(虐疾退治符) / 三五一

④ 부인병(婦人病) / 三五二
유종치료부(乳腫治療符) / 三五二
산중보호부(産中保護符) / 三五三
조경부(調經符) / 三五四
부인병치료부(婦人病治療符) / 三五五
부녀백병치료부(婦女百病治療符) / 三五五

⑤ 소아과(小兒科) / 三五六
오줌싸개 치료법 / 三五六
소아과소신부(小兒科召神符) / 三五六
출두안전부(出痘安全符) / 三五七
감적부(疳積符) / 三五七
토유치료부(吐乳治療符) / 三五八
급만경기부(急慢驚氣符) / 三五八
수경부(收驚符) / 三五九
경기 멈추는 부적(收驚符) / 三六〇

⑥ 기타 질병부(疾病符) / 三六一
침자전소신부(針炙前召神符) / 三六一
더위 피하는 부적 / 三六二

피열부(避熱符) / 三六二
놀란병부(治驚符) / 三六九
피로회복부(疲勞回復符) / 三六三
상한불한부(傷寒不汗符) / 三六九
허탈증치료부(虛脫症治療符) / 三六三
바늘이 살속에 박혔을 때 / 三七〇
식욕촉진부(食慾促進符) / 三六四
수각부(修脚符) / 三七〇
해민장력부(解悶長力符) / 三六四
수금귀전부(收禁鬼箭符) / 三七一
소대방맥부(召大方脈符) / 三六五
소풍지통부(疏風止痛符) / 三七一
진경안신부(鎭驚安神符) / 三六六
거풍산한부(祛風散寒符) / 三七二
식일치료부(食壹治療符) / 三六六
냉병치료부(冷病治療符) / 三七二
주취해소부(酒醉解消符) / 三六七
요배통치료부(腰背痛治療符) / 三七三
멀미병 치료부(治療符) / 三六七
견비통치료부(肩臂痛治療符) / 三七三
유정치료부(遺精治療符) / 三六八
요통치료부(腰痛治療符) / 三七四
상한잡증부(傷寒雜症符) / 三六八

제十四부 기타 비법에 대한 부적 / 三七五

자물쇠 푸는 부적(解鎖符) / 三七六
금압몽마부(禁壓夢魔符) / 三七九
밤길에 무섭지 않은 부적 / 三七六
결승부(決勝符) / 三七九
수렵·어렵부(獸獵·漁獵符) / 三七七
문병부(問病符) / 三七九
보행신비법(步行神秘法) / 三七八
승소부(勝訴符) / 三八〇

增補·追錄(一) 靈符神書 / 三八七

증보(增補) 추록(追錄)(一)로 영부신서(靈符神書)를, 추록(二)로 출생월부(出生月符)와 길흉별부(吉凶別符) 등을 실었고 부록(一)로 남녀궁합법(男女宮合法)과 택일법(擇一法) 등과 부록(二)로는 꿈 판단과 해몽(解夢)을 실어서 독자들의 편의를 도모코자 했음을 밝혀둔다.

옥추영부(玉樞靈符) / 四九五

구천응원뢰성보화천존지상
(九天應元雷聲普化天尊之像) / 四九六
초구령삼정부(招九靈三精符) / 四九七
구도선인부(求道仙人符) / 四九七
제삼재팔난부(除三災八難符) / 四九八
해오행구요부(解五行九曜符) / 四九八
제요멸사좌마부(除妖滅邪坐魔符) / 五〇一
오서사충부(烏鼠蛇蟲符) / 五〇一
화목창성생자부(和睦昌盛生子符) / 五〇〇
토황신살금기부(土皇神殺禁忌符) / 五〇〇
관재구설부(官災口舌符) / 四九九
침아고질부(沈痾痼疾符) / 四九九

이거부(移居符) / 三八〇
매고부(埋古符) / 三八〇
소아범신방살부(小兒犯新房殺符) / 三八一
상차향부(相借向符) / 三八二
화합세정부(和合洗淨符) / 三八二
화합부(和合符) / 三八三
탄전부(呑錢符) / 三八三
사계부(四季符) / 三八四
이동부(移動符) / 三八六

소제고왼초도조현부
(消除蠱盌超度祖玄符) / 五○二
수륙원행부(水陸遠行符) / 五○二
만사자이부(萬事自移符) / 五○三
면재횡부(免災橫符) / 五○三
보경공덕부(寶經功德符) / 五○四
문경멸죄부(聞經滅罪符) / 五○四
암마니발묘부(唵摩尼發妙符) / 五○五
도우기청지양수재화액부
(禱雨祈晴止禳水災火厄符) / 五○五
오뢰치백부(五雷治百符) / 五○六
치백사부(治百事符) / 五○六

增補・追錄(二) 출생월부(出生月符)와 길흉별부(吉凶別符) / 五○七

출생월부(出生月符) / 五○七
일월생(一月生) / 五○七
이월생(二月生) / 五○七
삼월생(三月生) / 五○七
사월생(四月生) / 五○七
오월생(五月生) / 五○八
유월생(六月生) / 五○八
칠월생(七月生) / 五○八
팔월생(八月生) / 五○八
구월생(九月生) / 五○九
시월생(十月生) / 五○九
십일월생(十一月生) / 五○九
십이월생(十二月生) / 五○九

길흉별부(吉凶別符) / 五一○
화재를 막는 부적 / 五一○
가축의 질병을 막는 부적 / 五一○
짐승의 침입을 막는 부적 / 五一○
새의 똥이 몸에 떨어질 때 / 五一○

사업상 변이 생길 때 / 五一一
구두나 옷이 마구 해질 때 / 五一一
기물이 훼손될 때 / 五一一
차량 사고에 사용하는 부적 / 五一一
산짐승이 침입할 경우 / 五一二
잡새가 침입할 경우 / 五一二
괴질을 막는 부적 / 五一三
보태령부(保胎靈符) / 五一四
진택정수신부(鎭宅淨水神符) / 五一五
백해소재부(百解消灾符) / 五一六
삼불제석 / 五一七
호구씨 / 五一八
별상님 / 五一九
불사할머니 / 五二〇
백마신장 / 五二一
대신할머니 / 五二二
용 왕 / 五二三
칠 성 / 五二四
산 신 / 五二五
최일장군 / 五二六
명도령 / 五二七
오방신장 / 五二八

附錄（一） 남녀궁합법(男女宮合法)과 택일법(擇日法) 등 / 五二九

一、남녀궁합법(男女宮合法) / 五二九
二、택일법(擇日法) / 五三三
三、혼인문(婚姻門) / 五四三
四、이사문(移徙門) / 五五三
五、제사(祭祀)・기복(祈福) / 五五五
六、기타 / 五五八
七、당사주(唐四柱) / 五六三
八、성명학(姓名學) / 五六五
九、자획일람표(字劃一覽表) / 五七八

附錄 (二) 꿈 판단과 해몽(解夢) / 五八七

제一장 서론(序論) / 五八七

1. 꿈이란 무엇인가? / 五八七
2. 꿈의 영험(靈驗) / 五八八
3. 해몽(解夢)의 실례(實例‥一) / 五九○
4. 해몽(解夢)의 실례(實例‥二) / 五九一
5. 꿈의 종류와 원인(原因) / 五九一
6. 흉몽(凶夢)을 물리치는 법 / 五九四

제二장 천문(天文)에 관한 꿈 / 五九五

1. 하늘과 일월성신(日月星辰) / 五九五
2. 청담(晴曇)과 명암(明暗) / 五九八
3. 바람, 구름, 안개 / 五九九
4. 비(雨), 눈(雪), 서리(霜), 뇌성(雷聲), 번개(雷光), 벼락(霹靂), 무지개(虹) / 六○○

제三장 지리(地理)에 관한 꿈 / 六○三

1. 산, 들, 초목, 돌, 지진(地震), 지동(地動) / 六○三
2. 도로(道路), 다리(橋梁), 시가(市街) / 六○九
3. 강하(江河), 바다(海), 샘, 우물, 얼음 / 六一一

제四장 신체(身體)에 관한 꿈 / 六一五

1. 머리, 머리털, 얼굴, 사지(四肢), 수염, 치아(齒牙), 눈(眼), 귀(耳), 눈썹 / 六一五
2. 나와 타인(他人)〈자기, 가족, 타인, 귀한 사람, 여자, 도적(盜賊), 거지, 승려(僧侶)〉/ 六二二
3. 희노애락(喜怒哀樂), 죽음, 노래, 병(病) / 六二六
4. 목욕(沐浴), 변소(便所), 진흙 / 六二九

제五장 풍속(風俗)과 욕정(欲情)에 관한 꿈 / 六三一

1. 싸움, 욕설(辱說), 능욕(凌辱), 살인(殺人) / 六三一
2. 형벌(刑罰)과 탈옥(脫獄) / 六三四
3. 의복(衣服), 관대(冠帶), 신(靴) / 六三五
4. 무덤, 장례(葬禮), 관(棺) / 六四五
5. 음식(飲食), 주육(酒肉), 다과(茶果) / 六三九
6. 부부(夫婦)와 임신(姙娠) / 六四一

제六장 자연(自然)과 전원(田園) 및 오곡(五穀)에 관한 꿈 / 六四七

1. 논, 밭, 곡식 / 六四七
2. 금(金), 은(銀), 주옥(珠玉), 비단(緋緞), 철물(鐵物) / 六五〇
3. 집(家屋), 궁실(宮室), 창고(倉庫), 성(城) / 六五二
4. 문호(門戶), 우물, 불(火) / 六五七

제七장 가구(家具) 및 소지물(所持物)에 관한 꿈 / 六六一

1. 침상(寢牀)、장막(帳幕)、집기(什器) / 六六一
2. 거울、비녀、빗、연지、분 / 六六五
3. 배(船)、차(車)、유람(遊覽) / 六六六

제八장 제왕(帝王)、문무(文武)、기기(器機)、도검(刀劍)에 관한 꿈 / 六六九

1. 문무(文武)、기기(器機) / 六六九
2. 제왕(帝王)、소명(召命) / 六七二

제九장 어류(魚類)와 금수(禽獸)에 관한 꿈 / 六七四

1. 육축(六畜)〈소、말、양、돼지、닭、개〉 / 六七四
2. 용(龍)과 뱀、산(山)짐승과 집짐승 / 六七八
3. 거북、물고기、곤충(昆蟲) / 六八七

제十장 불도(佛道)와 귀신(鬼神)에 관한 꿈 / 六九三

1. 부처、중(僧)、절(寺刹)、기도(祈禱) / 六九三
2. 신선(神仙)、성인(聖人)、선녀(仙女)、산신령(山神靈)、조상(祖上)、제사(祭祀) / 六九七
3. 분묘(墳墓) / 六九五
4. 귀신、지옥(地獄)、도깨비、기치(旗幟)

제十一장 글에 관한 꿈〈파자(破字), 성자(成字), 자의해리(字意解理)〉/ 六九八

1. 파자(破字) / 六九八

  파자해몽 제一화(破字解夢 第一話)

  파자해몽 제二화

  〈병(病)〉 / 六九九

  파자해몽 제三화

  〈기다리는 사람에 대한 글 파자〉 / 七○○

  파자해몽 제四화

  〈벼슬에 대한 글 파자〉 / 七○一

  파자해몽 제五화

  〈정객(政客)에 대한 글 파자〉 / 七○一

  제四화 선거(選擧)의 당선(當選)과
  낙선(落選) / 七○三

  제五화 안부(安否) / 七○四

  제六화 아들의 출세(出世)와 결혼 / 七○五

  제七화 원행수(遠行數) / 七○五

3. 자의(字意)와 자변(字變)의 해몽 / 七○五

  제一화 타살(他殺)과 자살(自殺) / 七○五

  제二화 소송사(訴訟事) / 七○六

  제三화 일년 운수 / 七○六

  제四화 소원 성취(所願成就) / 七○六

  제五화 길흉(吉凶)의 판단(判斷) / 七○七

  파자 약기(破字略記) / 七○七

  글자(字)의 변화상태(變化狀態) / 七一一

2. 성자해몽(成字解夢) / 七○二

  제一화 주(酒)자의 해설 / 七○二

  제二화 목적이 언제 성취될까? / 七○二

  제三화 일진(日辰)의 결정법 / 七○三

제一부 소원(所願) 및 만사대길(萬事大吉)에 대한 부적

1. 소원성취에 대한 부적
2. 만사대길에 대한 부적

사람에게는 누구를 막론하고 소원이 있기 마련이다. 예를 들어 부자(富者)가 되고 싶다든지, 높은 벼슬이나 좋은 직장을 갖고 싶다든지, 훌륭한 남편, 좋은 아내를 만나 결혼하고 싶다든지, 혹은 좋은 의복이나 좋은 주택을 갖고 싶다든지 하는 여러가지의 소원이 있는 것이다. 그러므로 모두가 자기의 소원을 달성하기 위해 노력하고 있지만, 뜻과 같이 잘 되지 않는 것이 인간사이다. 옛말에 정신일도하사불성(精神一到何事不成)이라 했다. 성심껏 노력함과 동시에 소원성취부(所願成就符)를 임의로 골라서 사용하면, 당신의 소원을 앞당기는 지름길이 될 것이다.

1、소원 성취에 대한 부적

칠성부 (七星符)

(一)

칠성(七星)이란 하늘에 있는 북두칠성(北斗七星)을 말한다. 옛날부터 우리네 인간들은 이 북두칠성에 복(福)을 빌어 왔다. 북두칠성은 하늘의 으뜸인 자미성(紫微星)을 보좌하는 선신(善神)으로 우리를 괴롭히는 흉신(凶神)들을 제압함과 동시에 재앙을 없애 주고, 그대신 복을 내려주는 역할을 담당한 성신이라 한다. 그러므로 이 칠성부를 그려 지니고 다니면 재앙이 침범치 못하고, 자기가 소원하는 바를 쉽게 이룩한다는 것이다.

칠성부 (七星符) (二)

第一星 — 탐낭성 (貪狼星) — 子生
第二星 — 거문성 (巨門星) — 丑亥生
第三星 — 녹존성 (祿存星) — 寅戌生
第四星 — 문곡성 (文曲星) — 卯酉生
第五星 — 염정성 (廉貞星) — 辰申生
第六星 — 무곡성 (武曲星) — 巳未生
第七星 — 파군성 (破軍星) — 午生

거문부 (巨門符)

이 거문부는 丑生과 亥生이 사용하는 소원성취 부이다.

탐낭부 (貪狼符)

이 탐낭부는 子年生이 지니면 소원 성취하는 부적이다.

녹존부 (祿存符)

이 녹존부는 寅生과 戌生에 해당되는 부적이니 몸에 지니면 소원을 성취한다.

문곡부 (文曲符)

이 문곡부는 卯生과 酉生이 지니고 다니면 소원을 성취한다.

무곡부 (武曲符)

이 무곡부는 巳生과 未生이 지니고 다니면 소원을 성취한다.

염정부 (廉貞符)

이 염정부는 辰生과 申生이 지니고 다니면 소원을 성취한다.

파군부 (破軍符)

이 파군부는 午生이 몸에 지니고 다니면 소원이 성취되는 부적이다.

소원성취부(所願成就符)

이 부적도 소원을 성취하는 부적으로 일반적으로 가장 많이 쓰이고 있다. 이 부적을 써서 베개 속에 넣고 자거나 항시 휴대하고 다니면, 자기가 원하는 바를 이룬다고 한다.

소망성취부(所望成就符)

이 소망성취부도 소원성취부와 효력이 마찬가지이다. 소원이나 소망이나 다 같이 희망하는 일이 이룩되기를 원하는 까닭에, 이 부적을 지니고 있으면 소원이 쉽게 이루어진다고 한다.

구령부 (九靈符)

이 구령부는 원래 옥추부(玉樞符)에서 나온 것으로 이 부적을 써서 소원하는 경문(經文)을 읽은 뒤 몸에 지니면 구령(九靈)과 삼정(三精)을 불러 장생복록을 누리고 또는 자기의 소원을 성취한다.

소원부 (所願符)

이 부적은 신농비전(神農秘傳)에서 나온 것으로 역시 소원성취부의 일종이다. 이 부적도 몸에 지니면 모든 신액이 사라짐과 동시 자기의 소원이 이룩된다고 한다.

2、만사대길(萬事大吉)에 대한 부적

적갑부(赤甲符)

이 적갑부는 만가지 일에 모두 좋은 부적으로 즉, 소원성취, 가정안락, 부부화합, 재물, 신변안전 등에 흉액을 피하고 길복을 초래하는 부적이다. 이 부적을 오색지(五色紙)에 그려 몸에 지니고 다니면 항시 행운이 찾아오며, 만사가 여의하다.

만사대길부(萬事大吉符)

백사대길부(百事大吉符)

이 만사대길부나 백사대길부는 입춘(立春) 날에 두 장을 써서 한 장은 앞문 위에 붙이고 한 장은 몸에 지니고 다니면 모든 일에 길복(吉福)이 따른다.

제二부 재앙(災殃)에 대한 부적

1. 신수불길 도액부 (身数不吉都厄符)
2. 삼재예방부 (三災豫防符)
3. 관재·구설에 대한 부적
4. 수화재 (水火災)에 대한 부적
5. 실물 도적에 대한 부적
6. 기타 재앙에 대한 부적

사람에게는 누구를 막론하고 재앙(災殃)이 이르기 마련이다. 운명에 따라 그 재앙의 경중(軽重)은 있겠지만 일생을 사는 동안 몇번이고 수없이 닥쳐오는 재화를 피할 길은 없다. 그러나 이를 막는 방법도 또한 있는 것이니 첫째 항시 마음 가짐과 행동을 바르게 하고 이에 대비하여 항시 주의력 깊게 처세하면 무난히 액운을 벗어날 수도 있다. 또한 이 부적의 신비력(神秘力)에 의지해보는 것도 바람직한 일이니, 관재 구설 등 삼재팔난이 닥쳐오거나 이르기 전 정성껏 기도하고 부적을 적당히 골라서 사용하면, 웬만한 재액을 탈없이 넘길 것이다.

1、신수불길 도액부 (身數不吉都厄符)

태세부 (太歲符)

신수가 불길한 사람은 당년 태세성군 (太歲星君) 을 써넣고 음 정월중 길일을 가려 사색 실과와 약주를 차려 놓고 촛불을 밝힌뒤 이 부적을 봉안하는데, 매월 십오일에 축원 하다가 음 십이월 이십사일 떼어서 불사른다.

2、 삼재예방부 (三災豫防符)

사람은 누구나 일생동안 삼재가 몇번이고 들기 마련이다. 그러니 이 삼재가 드는 해는, 신병, 손재, 상패(喪敗) 등의 액운이 이르게 되는데, 미리 액을 막으면 삼재운을 무사히 넘길수 있다. 삼재가 드는 해는 다음과 같다.

申子辰生―寅卯辰年
巳酉丑生―亥子丑年
寅午戌生―申酉戌年
亥卯未生―巳午未年

삼재가 드는 사람은 아래에 있는 모든 삼재부적 가운데서 마음이 내키는대로 골라 써서 지니고다니면 길하다.

자연원리삼재부(自然遠離三災符)

삼재소멸부(三災消滅符)
刑殺付消三
星天除滅災
성형천살제멸소재삼

삼두일족응삼재부(三頭一足鷹三災符)

이 부적은 머리 셋이 돋혀 매의 그림인데 용(龍―바다의 수호자), 호(虎―산의 수호자)와 더불어 매를 영공(領空)의 수호자로 상징하였다. 세개의 매부리(嘴)가 삼재를 쪼아 없앤다는 뜻에서 만들어진 부적으로 옛날에 많이 사용해 왔다.

옥추삼재부(玉樞三災符)

이는 옥추경에 기록된 부적인데 몸에 지니고 다니면 삼재팔난(三災八難)이 소멸된다는 부적으로 사귀(邪鬼)가 도망감으로 관재구설이 자연히 사라진다는 삼재부적이다.

삼재부(三災符)

이 부적은 신농씨(神農氏)가 만들었다고 전해지고 있다. 인패(人敗), 재패(財敗), 우환(憂患) 등의 삼재팔난(三災八難)에 접하였을 때 이 부적을 경면주사로 써서 삼재가 들어오는 해 입춘 날에 몸에 지니고 다니면, 모든 우환 질고가 침범치 못한다 하였다.

(一)

(二)

3、관재(官災) 구설(口舌)에 대한 부적

사람에게는 특히 관재 구설이 유난히 따르는 사람이 있다. 이러한 사람은 항상 조심해야 하는 것은 물론이지만 운명적으로 찾아드는 관재 및 구설 시비는 그 비중의 차이는 있겠지만 어쩔수 없이 당하기 마련이다. 이 관재 구설에 대한 부적은 그러한 액을 미연에 방지하는데 큰 효험이 있는 것이며 혹은 이미 관재 구설에 접했을지라도 부적을 사용하면 모든 일이 쉽게 풀려 나간다는 것이다.

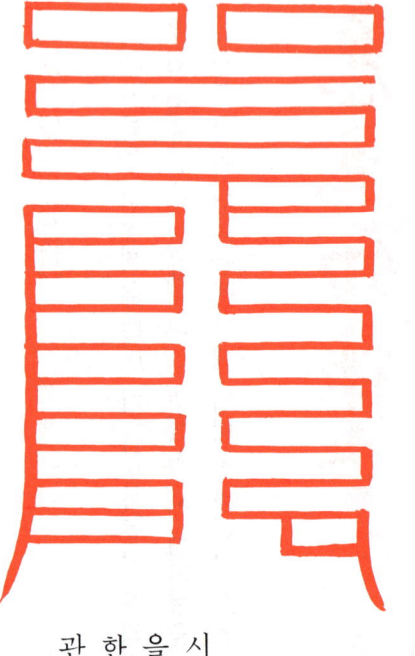

도액부(都厄符)

이 부적은 집안에 우환이 발생하거나 관재 시비가 일어나거나, 일어나게 될 징조가 있을때 관재구설부와 같이 써서 문위에 붙이고 한장은 몸에 지니고 다니면 우환이 사라지고 관재구설도 침범치 않는다.

관재 소멸부 (官災消滅符)

사주 가운데 관재수가 있거나 일년 신수가 불길하여 관재수가 있거나 혹은 관재수를 당하였을 때 이 부적을 써서 한장은 벼개 속에 넣고 한장은 몸에 지니고 다니면 관액(官厄)이 자연 사라진다.

관재부 (官災符)

이 부적은 현재 관재를 당하고 있는 사람에게 사용하면 자연히 관재 시비 속에서 벗어난다. 역시 몸에 항시 지니고 있어야 그 효력이 빠르다.

신주령부 (神呪靈符)

이 부적은 옥추부(玉樞符)에서 나온 것인데 집안에 관재 및 구설로 인하여 근심하고 있을 때 이 부적을 그려 집안에 붙이고, 또 관재 구설을 당한 사람이 몸에 지니고 다니면 관재수와 구설수가 자연히 사라진다.

능피쟁송지액부 (能避爭訟之厄符)

남과 다툴 일이 생기거나 관청에 송사(訟事)가 일어날 염려가 있어 불안할 때 이 부적을 미리 써서 시비 송사를 막으면 아무런 탈없이 모든 일이 쉽게 해결된다.

구설송사부 (口舌訟事符)

사업 또는 금전 거래나 기타의 일로 송사가 발생하거나 구설을 듣게 될 경우 이 부적을 써서 몸에 지니고 있으면 자신에게 유리한 결과가 이른다.

소송부 (訴訟符)

자신이 소송을 제기하거나 소송에 걸렸을 때 이 부적을 쓰면 승소(勝訴)한다.

관재구설소멸부 (官災口舌消滅符)

이 부적을 사용하면 관재 구설이 사라진다.

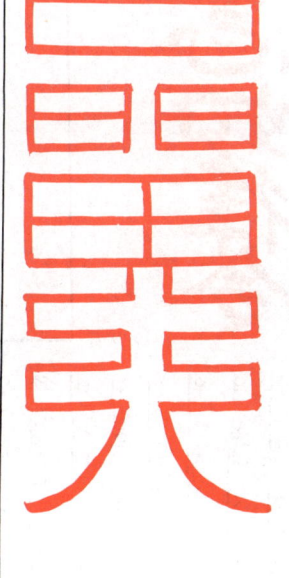

구설소멸부(口舌消滅符)

구설이란 잘못하여 남에게 비방을 듣는 일이 있고 또는 아무런 잘못이 없는데도 신수가 불길하여 구설을 듣게 되는 수가 많은 것이다. 이러한 때는 위의 구설소멸부를 써서 몸에 지니고 있으면 구설이 자연 사라진다.

시비부(是非符)

眉鬼尸鬼急急如律令

남과 하찮은 일로 말썽이 자주 생기는 사람이 있다. 이런 사람은 부적을 써서 한장은 태워 마시고 한장은 몸에 지니고 다니면 이러한 액이 자연 사라진다.

4、 수화재(水火災)에 대한 부적

사람의 재앙가운데 수재(水災)나 화재(火災)를 만나게 되면 재산을 모두 탕진하게 되고 심할 경우 생명의 위험도 있기 마련이다. 사주나 일년 신수에서 수화재의 액운이 있으면 반드시 그 액을 막아야 하는 것이니 다음에 적혀있는 수화재예방부(水火災予防符)를 사용하면 그러한 재액을 미리 막을 수 있다.

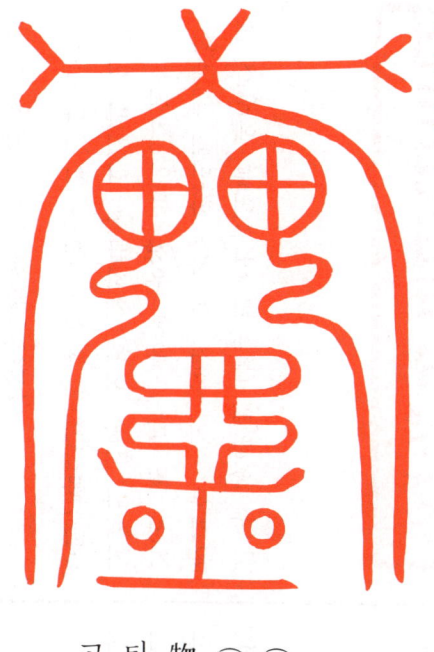

수화도액부 (水火都厄符)

이 부적을 써서 몸에 지니고 있으면 홍수(洪水)、한재(旱災)、침수액(沈水厄)、화재(火災) 및 그로 인한 가옥이나 농작물(農作物)의 피해를 막을수 있다. 뿐만 아니라 기타 짐승이나 뱀、벌레 등의 침입도 방지된다고 한다.

화재예방부 (火災豫防符)

건축이나 기타 주위 환경에 인화질물(引火質物)이 있거나 취급하게 되어 항시 화재가 생길 우려가 있는 경우 혹은 주택 및 상가의 화재에 예방하고자 할 경우, 이 부적을 써서 집안에 붙여두면 화재를 예방할 수 있다.

수액예방부 (水厄豫防符)

생활상 해상(海上)에 출입이 많거나 어업에 종사하거나 또는 물놀이 등을 하려는 때에 이 부적을 써서 몸에 지니고 있으면 수마(水魔)로부터 일신의 안전을 보호받게 된다는 부적이다.

5、 실물(失物)·도적(盜賊)에 대한 부적

도적불침부 (盜賊不侵符)

이 부적은 도적이 침입할 우려가 있거나 도적이 자주 드나들어 금전이나 물품의 피해가 있을때 방 앞문 위에 붙여두면 도적이 집안으로 침입하지 않는다.

실물액소멸부 (失物厄消滅符)

이 부적은 도적이나 기타 날치기·사기 등으로 인한 재산상의 손실을 미리 방지하는데 쓰이는 부적으로, 집안에 붙여두거나 몸에 지니고 있으면 실물수가 없다.

피절도령부 (避竊盜靈符)

이 부적도 도적의 침입을 막는 부적이다. 이 부적을 노란종이(黃紙)에 주사(朱砂)로 써서 대문(大門) 앞에 붙이거나 대들보에 붙여두면 도적이 들어왔다가도 두려운 마음이 생겨 그대로 돌아간다. 그런데 이 부적의 효력은 약 일개월로서, 일개월이 지나면 다시 써서 갈아 붙여야 한다. 또 오래된 부적을 붙여두면 집안에 우환이 생길 염려도 있으니 반드시 새것으로 갈아야 한다.

奉伏魔大帝勅避邪浮軍到此急急如律令
四時八節 無災有慶

실물갱득부 (失物更得符)

이 부적을 써서 아궁이 속에 넣은 뒤 꽃 두송이를 그 위에 올려놓고 「광명진언」을 일곱번 외우면 잊었던 물건을 찾게 된다.

도인출부 (盜人出符)

이 부적을 써서 도적이 남기고 간 발자욱에 붙여두면 그 효험이 신효하다.

6、기타 재앙에 대한 부적

일신상의 좋지 못한 일이 발생할 우려가 있거나 집안에 우환과 질병(疾病) 및 괴변(怪變)이 발생하거나 모든 일이 뜻대로 되지 않는 경우는 미리 그 액을 방지해야 한다. 다음의 부적은 신수불길에 대한 부적과 가정의 액을 막는데 효험이 있는 것이니 경면주사로 써서 사용하면 액이 사라지고 상서로운 일이 생기리라.

제흉액부 (除凶厄符)

이 부적은 특히 신수가 불길하여 관재 구설 및 기타 액운이 닥쳐왔거나 닥쳐올 우려가 있을 때 몸에 지니면 액이 자연 사라지게 된다.

제三부 가택(家宅)의 안전(安全)에 대한 부적

한 집안의 호주가 가정을 거느리고 나가려면 가지가지의 어려움이 있다. 집안에 우환(憂患)이 생기든가, 가정 불화, 상변(喪變), 또는 재산의 손실 등 여러가지의 상서롭지 못한일이 생기는 수가 많은데, 이러한 경우는 대개 그 원인이 모든 사귀(邪鬼)의 장난이라 해서 부적으로써 사귀의 침입을 막거나 이미 침입한 사귀를 몰아내면 가정이 편안해진다는 것이다. 집안의 평화를 위해서 미리 액을 막거나, 이미 닥쳐온 액은 다음의 부적을 골라 물리치면 대길할 것이다.

재해예방부(災害豫防符)

집안에 여러가지 사건으로 인해 재물이나 기타의 피해가 많을 때 이 부적을 써서 대문(大門) 위나 내실(內室) 문위에 붙여두면 집안의 재앙이 자연 사라진다.

가액예방부(家厄豫防符)

집안의 액을 막는 부적이다.

가운불화방지부 (家運不和防止符)

집안이 불화로 인하여 시끄럽거나 기타 상서롭지 못한 일이 발생하여 집안이 쇠퇴(衰退)하려는 징조가 보일 때 이 부적을 써서 내실(內室) 문위에 붙여두면 효험이 있다.

가운불리예방부 (家運不利豫防符)

이 부적은 집안에 구설, 시비 및 질병, 손재 등으로 인하여 가운이 매우 흔들릴 때 방문 위에 붙여두면 모든 재앙이 저절로 물러간다.

가택편안부 (家宅便安符)

이 부적은 집안에 아무런 사고가 없이 평온하기를 바라는 부적이다.

우환소멸부 (憂患消滅符)

가정에 근심과 걱정이 끊기지 않을때 이 부적을 방안 문 위에 붙여둔다.

보평안진택부 (保平安鎭宅符)

이 부적을 황지(黃紙)에 주사(朱砂)로 써서 대청마루 벽에 붙여두면 집안이 평안하고 또 남의 방해나 구설 및 횡액을 면하게 된다.

진택축괴파사부 (鎭宅逐怪破邪符)

이 부적은 모든 사괴(邪鬼)를 집안으로 부터 쫓아냄으로 집안에 괴변이 사라진다는 부적이니 붉은 종이에 써서 집안 밝은 곳에 붙여두면 집안이 항시 편안하다.

보신부 (保身符)

이 부적을 써서 지니고 다니면 선신(善神)이 항시 몸의 위태로움에서 보호한다.

부귀장명피사령부 (富貴長命避邪靈符)

이 부적은 사귀(邪鬼)를 집안에서 쫓는 부적으로 노랑종이에 써서 집안에 붙여두면 재화가 침범못하므로 집안이 항시 편안하다.

안택부(安宅符)

이 부적은 일년동안 집안에 우환 질고 및 재앙이 침입치 말고 가정이 무사히 지내라는 안택부적으로 정월 초에 주사로 써서 방문 위에 붙여두면 대길하다.

진택편안부 (鎭宅便安符)

이 부적을 집안에 침입한 잡귀(雜鬼)를 몰아내는데 신효한 것이니 문위에 붙여두면 가정이 편안하다.

진택편안부 (鎭宅便安符)

이 부적은 모든 잡귀(雜鬼)와 악살(惡殺)이 침범치 못하는 것으로 문 위에 붙여두면 집안이 항시 편안하다.

南斗星君
九天玄女
日
太上老君
北斗星君
奉萬法祖師
長命
富貴
符鎭君子宅
福到吉人家
收鎭凶神惡殺显印

가택흥왕부 (家宅興旺符)

이 부적을 주사(朱砂)로 써서 안방 문위에 붙이면 우환이 사라지고 자녀의 양육이 순조로우며 온 집안이 태평하고 재물이 날로 번창해진다.

친족화합부 (親族和合符)

가까운 이웃이나 친족사이에 불화하고 인덕이 없을때 또는 집안에 육축이 번성하지 않을때는 이 부적을 「경면주사」로 써서 내실(內室) 문위에 붙여두면 친족과 이웃간에 화목한다. 단 육축의 손실이 있을때는 축사(畜舍)에 붙인다.

복운부(福運符)

이 부적을 써서 집안 동남쪽 벽 위에 붙여두면 재앙이 사라지고 복록이 이르며 운수가 대통한다.

囍 女王 急急如律令

번영부(繁栄符)

이 부적을 써서 방안에 붙여두면 인정(人丁)과 재물이 왕성한다.

天 風来人來 唫急如律令

가정불화방지부 (家庭不和防止符)

이 부적은 가정의 부모, 형제, 부부, 자손 등이 불화로 인하여 시끄러운 경우 사용하는 것으로 방 문 위에 붙여두면 곧 온 집안이 화목한다.

가화예방부 (家禍予防符)

집안에 우환이 생기거나 부부, 자손, 형제가 불화하거나 기타 관재 구설 손재 등의 재앙이 생기거나 생길 염려가 있을때 이 부적을 써서 내실 문 위에 붙이면 곧 효력이 발생한다.

진살령부 (鎭殺靈符)

이 부적을 방안 벽위에 붙여두면 흉살이 사라지고 집안이 편안하다.

압살부 (押殺符 — 살을 눌르는 부적)

이 부적도 집안에 침입하는 모든 흉살을 제거하므로 집안이 자연 평화로와지는 부적인데 아래의 주문(呪文)을 외우고 사용하라.

주문 = 령입백살잠장강옥내급주복장(靈入百殺潛藏罡獄内急走伏藏)

오방신편안부(五方神便安符) (一)

이 부적은 산란하고 시끄러운 집안을 편안케 하는 것으로 황색종이에 주서(朱書)로 다섯장을 써서 대문위나 방문위에 붙여두면 집안이 편안하다.

오방신편안부주문=천지자연 예기분산 동중현허 황랑태원 팔방위신 사아자연령부부명보 고구천 건라담나 동강태현 참효박사 도인만천 주산신주 원시옥문 지송일편 각병연년 안행오악 팔해지문 마왕속수 시위아헌 흉예소산 도기장존 급급여율령 태상로군 율령칙

이상의 주문을 외운뒤 부적을 써서 사용하라

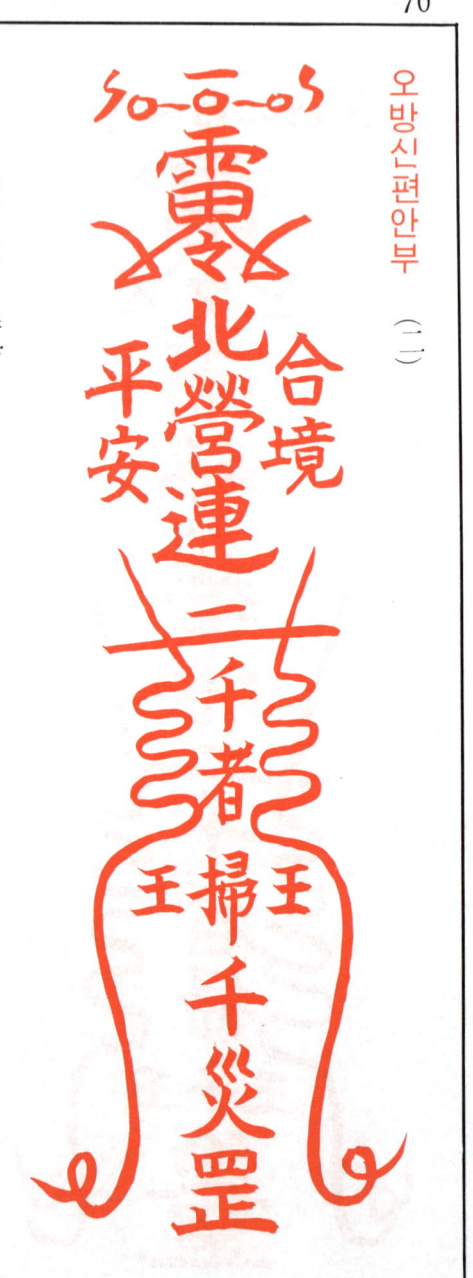

오방신편안부 (二)

오방신편안부 (三)

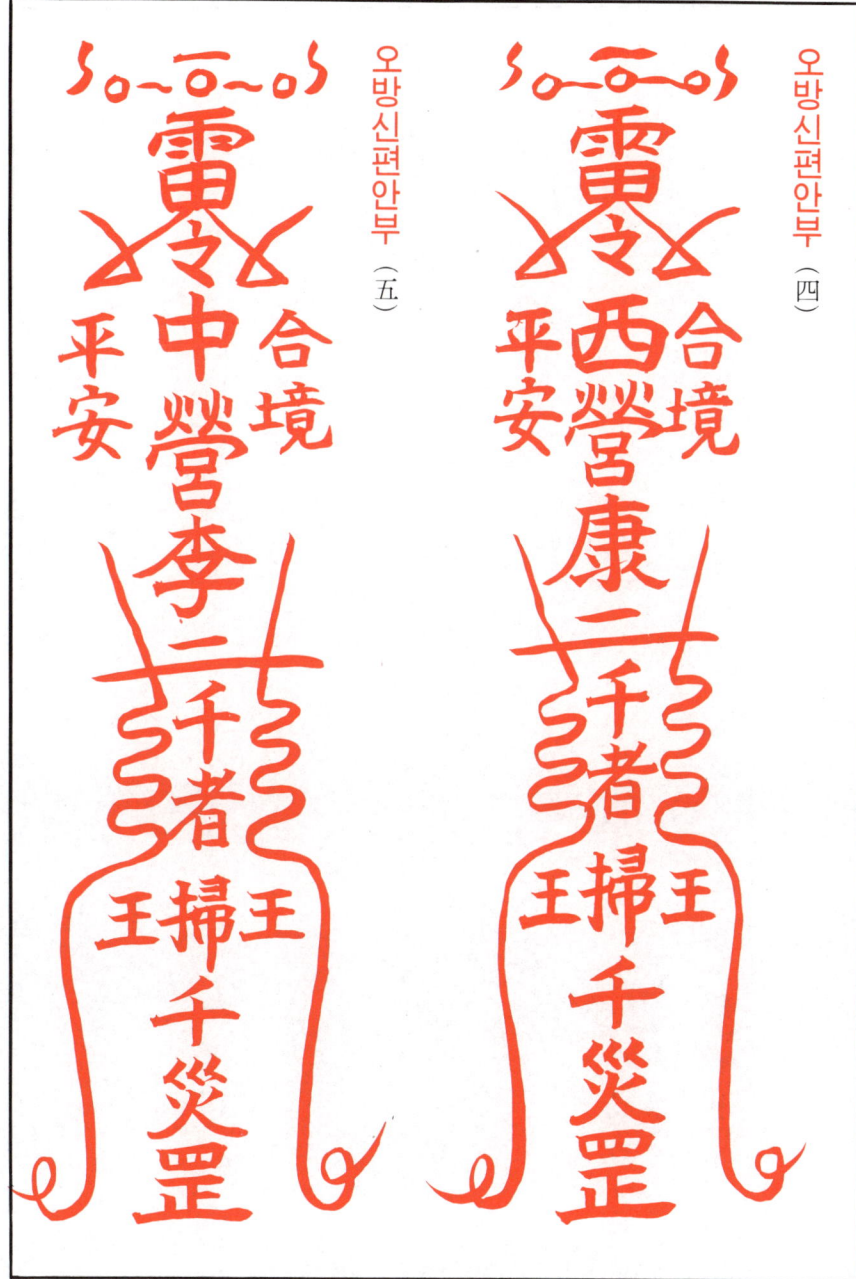

제四부 부부(夫婦) 및 자손(子孫)에 대한 부적

1、 부부화합(夫婦和合)에 대한 부적
2、 남녀 애정(愛情)에 대한 부적
3、 자손(子孫)에 대한 부적
4、 잉태(孕胎) 및 해산(解産)에 대한 부적

부부는 이성지합(異性之合)이요 생민지본(生民之本)이라 하였다. 비록 남과 남이 결합하였다 해도 인생의 일생동안 부모 자식 관계 다음가는 가장 가까운 사이인 것이다. 그러므로 부부는 화목해야 가정도 평화롭기 마련인데, 어떤 경우는 부부 불화가 자주 일어나고 그로 인하여 파탄(破綻)의 경지까지 이르고 마는 예가 있다. 또한 자손으로, 부부가 결합하면 자연히 자손이 있기 마련이며 그 자손 두기를 절실히 희망하지만 어떤 사람은 자손복이 적어 실패하거나 두지 못하는 경우가 있다. 이러한 부부, 자손에 대하여 액을 막고 복을 부르는 부적이 바로 이 다음에 있으니 사용하면 효험이 빠를 것이다.

1、 부부화합에 대한 부적

부부자손화합부 (夫婦子孫和合符)

이 부적은 부부뿐 아니라 자손 및 기타 가족이 화합하며 장수 부귀하는 대길한 부적이다. 주사로 써서 문위에 붙여두라.

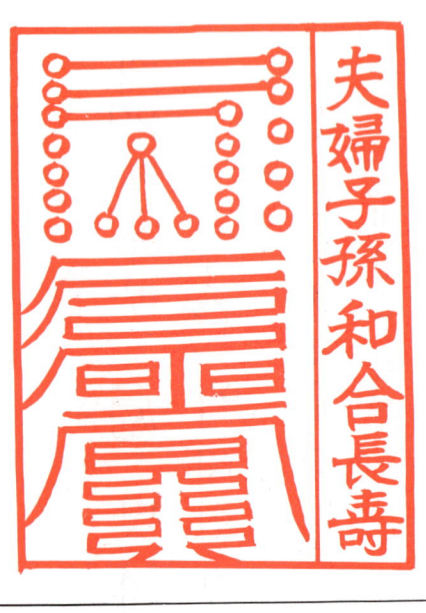

화합부 (和合符)

이 부적도 가정불화는 물론 이웃 친척의 불화도 방지하는 것이며 특히 부부가 자연히 의가 좋아지게 되는 부적이다. 이불속에 넣고 자거나 몸에 지니고 있으면 대길하다.

부부불화방지부(夫婦不和防止符)

이는 부부 사이에 원진(怨嗔) 및 상충살(相冲殺)이 있어서 부부 불화하거나 가정불화가 자주 일어날 때 三장을 써서 一장은 문위에 붙이고 二장은 부부가 몸에 지니고 있으면 자연히 화목하게 된다.

부부불화방지부(二)

부부간에 항상 화목치 못하고 싸움이 잦거나 서로 뜻이 안맞거든 이 부적 三장을 주사(朱砂)로 써서 한장은 문위에 붙이고 두장은 부부가 몸에 각기 지니고 있으면 뜻이 맞고 화목해진다.

화합합심정부 (和合合心情符)

이 부적을 써서 방문 위에 붙여두면 부부 금슬이 좋고 마음과 뜻이 서로 잘 맞는다.

주문(呪文) — 화합신 화합선 만회승 종금하례 화합래 화합래 시리시래 안란 천고동동 금고곤지래 남녀상합 견시파군 절불산 만회승승 급급여율령칙

화합부 (和合符)

이 부적을 붉은 종이에 써서 몸에 지니면 역시 부부가 화목하게 된다.

애정부 (愛情符)

부부 사이가 서먹서먹하거나 정이 없을 때는 이 부적을 두 사람이 같이 몸에 지니고 있으면 자연히 금슬(琴瑟)이 좋아진다.

제첩부 (除妾符) — 첩을 떼는 부적

부부해로부 (夫婦偕老符)

이 부적을 써서 이불 속이나 베개 속에 넣어두면 부부가 해로한다.

부부신액예방부 (夫婦身厄豫防符)

부부간에 칠살(七殺)이나 기타의 흉살이 침입하여 질병이 따르거나 집안에 우환이 자주 발생할 경우, 주사(朱砂)로 이 부적을 써서 문 위에 붙여두면 모든 액이 자연히 사라진다.

규방령부 (閨房霊符)

처녀가 팔자가 세거나 하여 장차 결혼에 임하려는데 불안한 마음이 생기면 이 부적을 황색지에 주사(朱砂)로 써서 처녀가 거처하는 방문 위에 붙여두면 결혼후에 만사가 여의하다.

권태방지부 (倦怠防止符)

남녀가 결혼하여 오랜 세월이 지나면 자연히 권태증이 생겨 부부 불화한 경우가 많다. 이럴때는 이 부적을 써서 방안 보이지 않는 곳에 붙여두면 자연히 권태증이 사라지고 부부가 화합된다.

2、 남녀애정(愛情)에 대한 부적

인연부(因緣符) (一)
이 부적은 좋은 배필을 만나게 해달라는 것으로 몸에 지니고 다니면 마음먹은 인연이 맺어진다.

인연부(因緣符) (二)
인연이 뜻대로 이루어지는 부적이니 몸에 지니고 다니라.

후연부(厚緣符)

애인 사이나 부부간에 인연을 더욱 두텁게 해달라는 부적이다.

양연부(良緣符)

이는 좋은 연분을 만나고자 할 때 사용하는 것으로, 주사로 써서 몸에 지니고 다니면 우연히 좋은 인연을 만나게 된다.

남녀 화합부 (男女和合符)

이 부적은 남녀 교제에 애로가 있는 사람, 즉 짝사랑의 고민 또는 교제 중에 어떤 오해 등으로 인하여 애정이 멀어질 때 사용되는 것인데, 노란종이에 쌍방의 생년월일을 기록하여 넣은 뒤 자기가 출생한 시간에 아래의 주문을 외우면서 불살라 버리면 사랑에 성공한다.

주문 = 화합신 화합선 제자 금(○○○와 ○○○이 (성명) (자기명) 화합천군 마절불산 오봉화합 조사급급 여율령

쌍합부 (双合符)

이 부적을 써서 아래와 같은 봉투에 넣고 몸에 지니면 서로 뜻이 맞아 애정이 이루어진다.

三 太田大種國主
福 神大之命 兼大師

封

필원부 (必願符)

자기가 원하는 상대방과 애정을 성공시키려 할 때 쓰는 부적이다.

尸田鬼隱急如律令
日月月

정통부 (情通符)

정을 통하고자 할때 상대방이 모르게 상대방의 베개 속에 넣으면 인연이 길다.

호리살 (狐狸殺)

사주 또는 신수에 원진살이나 이별수가 있는 사람은 주사로 부적을 써서 살(殺)이 있는 당자의 몸에 간직하도록 하면 이별수를 면한다.

발난살(撓乱殺)

남편이나 아내가 바람을 피울 때 이 부적을 써서 바람피우는 당사자 모르게 그 몸에 지녀주거나 그가 베고 자는 베개 속에 감추어 두면 바람기가 곧 해소된다.

3、자손(子孫)에 대한 부적

구자손부(求子孫符)

자손이 없거나 두지 못할 때 이 부적을 써서 이불 속에 넣어두면 자손이 생긴다.

생자부 (生子符)

이 부적은 아들을 두기 원하는 사람이 사용하는 부적이다. 이 부적을 동쪽으로 뻗어나간 복숭아나무 가지에 매어 달고, 주사(失砂)로 黃省大將軍이라 써서 옥상에 걸어놓으면 구설, 난산(難産)이 없고 반드시 귀자를 낳는다.

구녀성살 (九女星殺)

이 살은 소위 딸을 줄줄이 아홉을 낳는 살인데, 아들을 낳으면 양육하기 힘들고 딸만 많이 낳는 집은 주사(朱砂)로 이 부적을 써서 부인의 몸에 지녀주면 자녀 양육에 지장이 없고 또 아들을 낳게 된다.

4、잉태(孕胎) 및 해산(解産)에 대한 부적

안태부(安胎符) (一)

어떠한 산모(産母)를 막론하고 이 부적을 몸에 지니면 배안에 있는 태아(胎兒)가 건강하다.

안태부(安胎符) (二)

이는 산모와 태아의 건강을 보호하는 부적이다.

안태부(安胎符) (三)

이 부적도 산모와 태아의 건강을 위해 붙인다.

안태부(安胎符) (四)

잉부(孕婦)가 태신(胎神)을 범하여 심히 위험할 때 이 부적을 써서 불에 태워 물에 타서 마시면 곧 배안의 태(胎)가 편안해진다.

안태령부(安胎霊符) (一)

임신부(妊娠婦)가 이 부적을 지니면 태아를 잘 보호해준다.

안태령부

안태산부（安胎産婦―산모와 태아를 보호하는 부적）

임신부가 태아에 지장이 생겨 위험할 경우 이 부적을 써서 불에 살라 물에 타서 마시면 곧 편안해진다.

보태부（保胎符―태아를 보호하는 부적）

임신부는 누구를 막론하고 이 부적을 지니면 출산시까지 태아가 건강하다.

주문＝천최최 지최최 생최최 생생남 생생녀 쾌강생 기린좌강생 봉황우강생 강생범 간호안정 십

이시생면앙래 쟁락지 생락지 희애애 오봉십이파저칙명 대급급여율령

난산부 (難産符)

이 부적은 산모가 출산시 태아를 쉽게 낳지 못하여 어려움을 겪고있을 때 이 부적을 써서 불에 태워 마시면 곧 출산(出産) 한다.

태혈능출부 (胎血能出符)

어린애는 나왔어도 태(胎)가 나오지 않아 고통을 받을때 이 부적을 써서 태워 마시면 곧 태가 나온다.

유산 방지부 (流産防止符)

부녀자가 습관성으로 유산을 자주 하는데 방지하는 부적이다. 임신이 되면 이 부적을 써서 태워 마시면 태아가 건강하고 유산도 방지된다. 즉 이 부적을 주사(朱砂)로 일곱장을 써서 하루에 한장씩 칠일간을 사인(砂仁) 한돈중을 다린 물에 타서 부적과 같이 복용하면 신효하다.

급구횡생도산부 (急救橫生倒産符)

출산할 때 태아가 만일 거꾸로 나오거나 옆으로 나오려는 경우 당황치 말고 이 부적을 써서 태워가지고 막걸리에 탄 다음 부엌칼을 불에 달구어 술에 담갔다가 식혀서 마시면 순산한다. 또는 아궁이 밑 흙을 한돈가량 물에 끓여 부적태운 재와 같이 마셔도 좋다.

최생부 (催生符 — 태아가 빨리 나오라는 부적) (一)

산모에 난산(難産)의 기미가 보이거든 이 부적을 써서 불에 태워 마시면 곧 순산한다.

최생부 (催生符) (二)

산모의 해산(解産)이 빨리 되라는 부적이다. 태워 마신다.

최생부 (催生符) (三)

사람에 따라 효력이 다른 수가 있으니 앞의 최생부가 잘 맞지 않으면 이 부적을 써서 태워 마시면 신효하다.

최생령부 (催生靈符 ― 난산을 예방하는 부적)

태아가 거꾸로 나오거나 옆으로 질러서 해산할 경우 이 부적을 써서 불에 태운 재를 물에 타서 마시면 태아가 순산한다.

신비최생부 (神秘催生符)

임신부가 만삭(滿朔)이 되었는데도 좀체로 해산할 기미가 보이지 않을 경우 난산(難産)의 우려가 있게 된다. 이런 때에는 이 부적을 주사(朱砂)로 아홉장을 써서 하루에 세번씩 불에 태워, 당귀 두돈중을 다린 물에 타서 마시면 곧 해산이 되고 따라서 순산한다.

보태부 (保胎符—태아를 보호해달라는 부적)

임신부가 건강상 아무 장애가 없을지라도 이 부적을 사용하면 좋다.

유부 (乳符—젖이 잘 나오게 하는 부적)

산모가 젖이 귀하거나 잘 나오지 않으면 이 부적을 태워 마신다.

제五부 관직(官職) 및 재산에 대한 부적

1. 관직에 대한 부적

아무리 학문(学問)이 높아도 관운(官運)이 없으면 벼슬을 얻기가 어렵다. 관직을 구하는 부적을 사용한다고 해서 아무런 실력이 없어도 무조건 관(官)이나 직장을 얻는 것이 아니고, 충분한 실력을 배양(培養)하고 나서 운이 없어 관직을 얻지 못할 경우 이 부적을 활용하면 자기가 원하는 벼슬이나 직업을 얻는다는 것이다.

2. 재산(財産)에 대한 부적

재물에 대한 부적도 역시 사업경영이나 기타 재물 구하는 일에 최대한의 노력을 가하며 이 재수부(財数符)를 사용하면 자기가 노력한데 대한 최대의 성과를 얻는다는 것이다.

1. 관직(官職)에 대한 부적

대초관직부 (大招官職符)

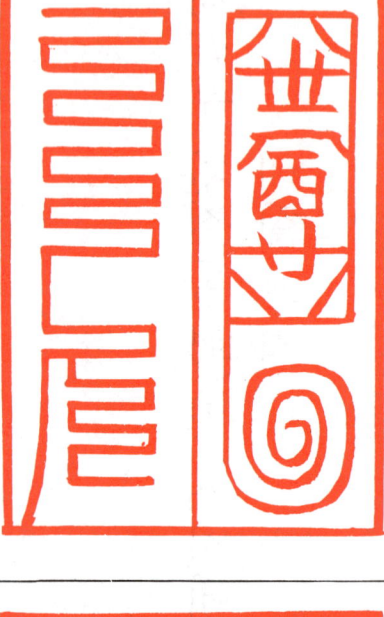

이 부적을 써서 몸에 지니고 다니면 자기가 원하는 벼슬이나 직장을 쉽게 얻을 수 있다.

견군밀호부 (見君密護符)

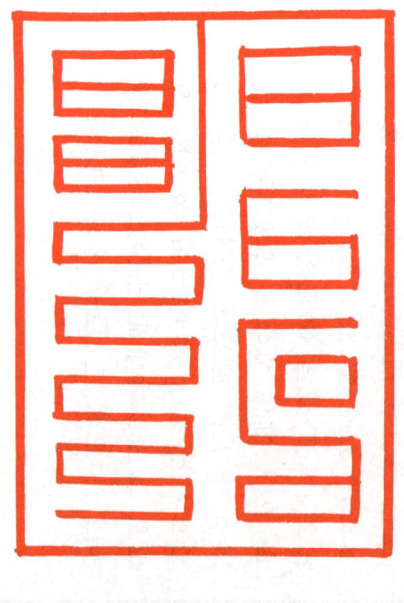

이 부적은 옛날 임금을 처음 알현(謁見)할 때 몸에 지니고 가는 부적인데 지금은 높은 사람이나 귀인(貴人)에게나 청탁(請託)을 드릴 때 주사로 써서 몸에 지니고 가면 자기의 뜻을 잘 받아준다는 부적이다.

합격부(合格符) (一)

이 부적은 출마(出馬)하거나 진학시험, 취직시험, 공무원자격시험 등에 응시코져 할때 이부적을 경명주사(鏡明朱砂)로 써서 응시주일전부터 몸에 지니고 다니면 머리가 맑아지며 소망을 성취할 수 있다.

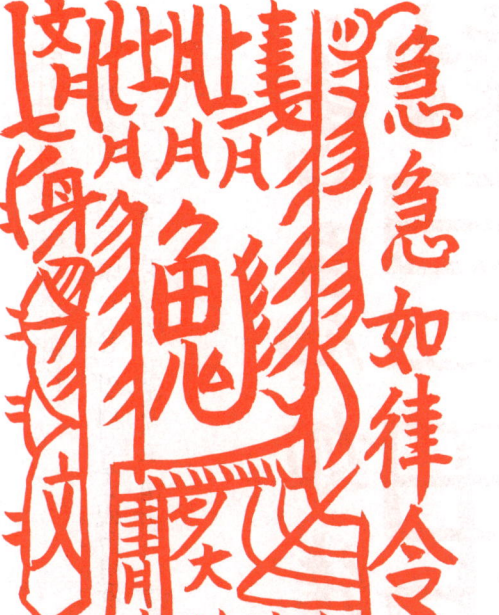

합격부(合格符) (二)

이 부적도 시험 당일에 몸에 지니고 있으면 무난히 합격된다는 부적이다. 소원성취부와 같이 사용하라.

학업진취부 (学業進就符)

이 부적의 원명(原名)은 연태성부(硯台星符)라고 하는데, 학업 중에 있는 사람이 몸에 지니고 있으면 정신이 맑아지고 머리가 총명해지므로 뜻한바 학업의 소망이 이루어진다.

2, 재산(財産)에 대한 부적

금은자래부 (金銀自來符)

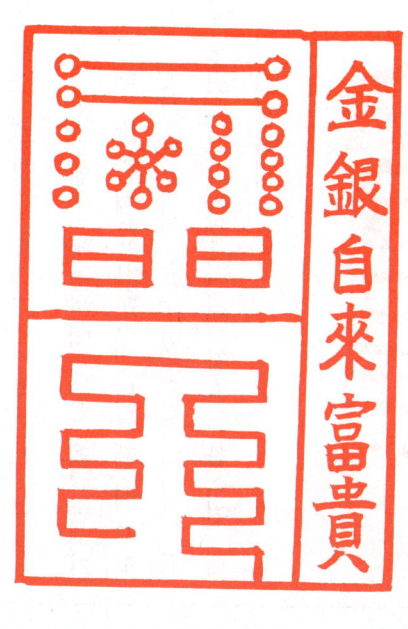

이 부적을 써서 안방 문 위에 붙여 두면 금은보화(金銀宝貨)가 자연히 집안에 들어온다는 것이니 즉 재물이 날로 번창해지는 부적이다.

구재산부 (救財産符)

이 부적은 실패하여 파산(破産)의 위기에 있는 재산을 구해내고 또는 원하는 재물이 자연 이르도록 하는데 쓰이는 부적이다. 주사로 써서 방안 문 위에 붙여놓는다.

초재부(招財符 — 재산을 부르는 부적)

경영하는 일이 부진하여 재산상의 손해가 있을때, 또는 재운(財運)이 나쁠때, 이 부적을 「주사」로 써서 살고 있는 집 내실문 위에 붙여두고 한장은 사업 장소에 붙이면 재수가 왕성하다.

준재부(準提符)

이 부적은 불경(佛経)의 준제진언(準提眞言)을 부적화(符籍化)한 것이다. 이 부적을 써서 몸에 지니면 수복(寿福)이 이르고 평생을 부족(富足)하게 지낸다고 한다.

손재방지부 (損財防止符) (一)

재물은 벌으나 모여지지 않고 또는 상상외로 엉뚱한 곳에 지출이 많게 되거나 기타의 손재수가 있을 때, 이 부적을 써서 집 사방 네귀에 붙이면 재물의 손실을 막게 된다.

손재방지부 (損財防止符) (二)

사업이 부진하거나 재수운이 없어 수입보다 지출이 많은 경우 비재살(飛財殺)이 있는 탓이니, 이 부적을 써서 몸에 지니고 다니면 경영지사가 순조롭고 무단한 지출이나 손재수를 막게 된다.

재수대길부 (財數大吉符) (一)

이 부적을 써서 몸에 지니고 다니거나 사업 장소에 붙여두면 모든 액이 자연 사라지고 장사가 잘 되며 사업이 번창하고 재수가 대길하다.

재수대길부 (財數大吉符) (二)

상업 또는 사업을 경영함에 재운이 막혀 어려움을 겪을 때 이 부적을 두장 써서 한장은 내실 문 위에 붙이고 한장은 몸에 지니고 다니면 재운이 왕성해 지고 모든 재난이 물러간다.

손재예방부 (損財豫防符)

집안에 연고없이 재물의 피해가 많을 때 이 부적을 「경명주사」로 써서 대문 혹은 내실 문 위에 붙여두면 재물의 손실을 방지시킨다.

인덕부 (人德符)

단독 사업이나 혹은 타인과 동업을 할때 구설시비가 따르고 재운이 불길하며 인덕이 없을때 이 부적을 「주사」로 써서 몸에 지니고 다니면 구설시비가 자연 사라지고 귀인의 도움을 받아 사업이 번창해진다.

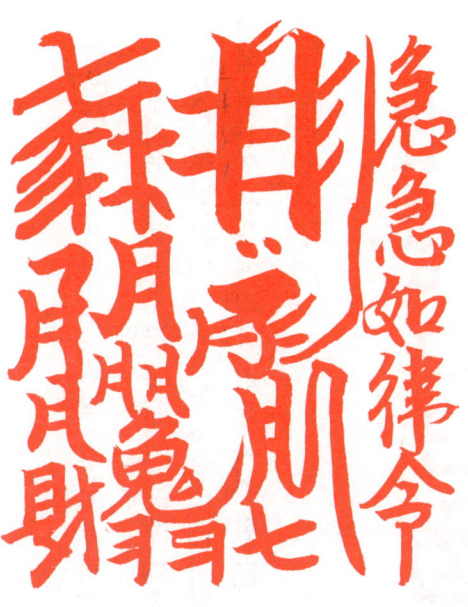

중악부 (中岳符 — 장사 잘 되는 부적)

이 부적은 특히 장사가 잘 되고 고객(顧客)이 많이 찾아오는 방법이다. 아무런 볼일 없이 찾아오는 손님이 많거나 말썽만 부리는 사람이 와서 사업이나 상업에 지장이 있을때 이 부적을 써서 점포나 기타 사업하는 장소에 붙여두면 대길하다.

재물보화자래부 (財物寶貨自來符)

재물을 불러들이고 사업이나 장사가 잘 되는 부적

주묘 = 신필양양 상지천정 신필일하 만병제근 급급여율령 봉칙

正月→餌尚餘　二月→尚餅　三月→尚飯
四月→尚鮮　五月→尚餘　六月→尚餼
七月→尚鰭　八月→尚節　九月→尚餄
十月→尚餄　十一月→尚餹　十二月→尚饌

재리부 (財利符)

사업이나 장사가 잘 되고 기타의 재물의 이익이 많이 있으라는 부적

복운자래부 (福運自來符)

복록이 이르고 운수가 대통하는 신부(神符)이니 동남 벽 위에 첨부하라.

재보자래부 (財寶自來符)

이 부적은 노란종이에 주사(朱砂)로 써서 몸에 지니면 재보가 항시 따른다.

제六부 동토(動土) 및 부정(不淨)에 대한 부적

1. 동토 및 수리(修理)에 대한 부적
2. 부정에 대한 부적

동토란 흙을 움직인다는 말이나 돌, 나무, 쇠붙이 등을 움직이다가 탈이 난 것을 통칭하여 동토라 한다. 동토는 원래 집을 짓거나 수리하거나 우물, 창고 등 기타 여러가지 역사(役事) 하는 것과 물건을 움직이는 것 등을 말하는데, 이런 일을 하다가 지신(地神)의 노여움을 받아 그로 인한 재앙이 닥쳐옴을 「동토탈」이라 일컬어 왔다.

부정(不淨)이란 불결(不潔)한 일을 한다든가 불결한 곳을 출입했다든가, 불결한 음식을 신(神)에 제사함으로써 신(神)의 노여움을 사서 재앙을 받는 것인데 이를 「부정탈」이라 한다. 동토탈이나 부정탈이 났을 경우 아래의 여러가지 부적 중 해당되는 것을 골라 사용하면 아무 탈 없이 집안이 편안해진다.

1、동토(動土) 및 수리(修理)에 대한 부적

백사동토부(百事動土符)

이 부적은 어떠한 동토를 막론하고 동토탈을 막아주는 부적이다. 주사로 넉장을 써서 집사방(四方)에 붙이면 모든 재앙이 소멸된다.

동토부(動土符)
— 흙을 다루는 부적

이 부적은 일반적으로 통용되는 동토에 대한 부적이다. 꼭 흙을 다루다가 탈이 난 것뿐이 아니고 작업상 신의 노여움을 받게 되어 재앙이 이르면 이 부적을 사역(事役)한 장소에 붙여두면 탈이 없다.

동목부 (動木符)

이 부적은 장차 나무를 다루려 하거나 나무를 다루다가 탈이 났을때 이 부적을 현장에 붙여두면 무사하다.

동석부 (動石符)

돌을 움직이려 할 경우 또는 돌을 다루다가 탈이 났을 경우 이 부적을 써서 현장에 붙여두면 탈이 없이 만사가 여의하다.

채토부 (採土符)

토목공사(土木工事) 등을 위하여 장차 흙을 파서 사용하고자 할 때 그곳에 이 부적을 써서 붙이고 흙을 파면 탈이 생기지 않는다.

토신부 (土神符)

다른 곳에서 흙을 파옮겨 집벽이나 부엌·부뚜막 등을 고친 일로 탈이 나서 질병이나 손재수 및 가정불화가 발생할 때는 이 부적을 써서 놓고 토신(土神)에게 기도해야 한다.

기물(器物) 동토부

무슨 그릇이거나 그릇을 잘못 다루어 탈이 났을 때 그 그릇으로 인한 물건에 이 부적을 써서 붙이면 재앙이 사라진다.

관화부(冠鞋符)

모자, 갓, 신발 또는 의복 등속으로 인한 경우 이것들을 집안에 들여놓은 뒤 탈이 났을 즉 오른편의 부적을 써서 그 원인이 된 물건에 붙여두면 곧 탈이 사라진다.

동공개공부 (動工開工符)

땅을 파서 흙을 다루거나 집을 짓거나, 수리하거나 또는 기타의 공사(工事)를 시작하기 전이나 이미 시작해서 탈이 생겼을 경우 등에 같이 쓰이는 부적으로 현장(現場)에 붙여두면 대길하다.

神符起隔界隔家斷清吉安大吉
門門招百福　大王
戶戶納千祥　左松

수주상량부(竪柱上樑符)

상량(上樑)하는 데는 길일(吉日) 길시(吉時)를 가려서 정성드려 제사하는 것인데 가장 부정을 타기 쉬운 것으로 불순물(不純物)이 제사 음식에 섞이거나 하면 집안에 우환·손재 등이 발생하는 것이니, 이러한 부정이 있을까 염려되는 경우 이 부적을 써서 상량문(上樑文) 있는 곳에 붙여 두면 아무런 부정탈이 생기지 않는다.

개공길리부(開工吉利符)

공사를 시작하기 전 모든 부정(不淨)을 없애 달라는 부적이다.

가옥개수부(家屋改修符)

새 집을 건축하거나 가옥을 수리할때 모든 부정이나 동토탈을 방지하기 위하여 공사 시작하기 전이 부적을 四장을 써서 건축부지 네귀(四方)에 묻으면 대길하다.

가옥수리상충부 (家屋修理相冲符)

가옥을 수리할 때 동토를 잘못 하였거나 살방(殺方)을 범하였거나 기타 부정이 들어 집안에 우환 및 손재수가 발생하면 이 부적을 써서 집 네귀퉁이(四方)에 묻어두면 자연 우환 질고가 사라진다.

완공부 (完工符)

집을 다 지었거나 수리가 끝날 때 이 부적을 대문 위에 붙이면 대길하다.

주문 = 「천지음양 일월성광 범유매구 변길상 오보태상로군 율령불주구송 사선완지」

조왕동토부 (竈王動土符)

다른 곳에서 흙을 파다 조왕을 고치거나 부뚜막을 함부로 헐거나 하여 탈이 났을 때 「조왕님성상」을 그려놓고 또 아래 부적을 써 붙인 뒤 기도하면, 재앙이 자연 사라진다.

조왕님 성상

삼살방 (三殺方) 동토부

삼살방에 가옥 수리 및 동토를 했거나 삼살방으로 이사를 해서 탈이 났을 때 이 부적을 써서 집 네귀(四方)에 붙이면 흉액이 자연 사라진다.

三殺
申子辰年—南方　　寅午戌年—北方
巳酉丑年—東方　　亥卯未年—西方

急急如律令

대장군방 (大將軍方) 동토부

대장군 방위를 범하여 탈이 났거나 장차 대장군방에 역사(役事)하고져 할때 이 부적을 사용한다.

大將軍方
亥子丑年—正西方
寅卯辰年—正北方
巳午未年—正東方
申酉戌年—正南方

안손방 (眼損方)

안손방으로 이사(移徒)를 가서 탈이 났거나 부득이하여 이 방위로 이사하게 될 경우, 이 부적을 써서 내실문 위에 붙이고 또 탈이 난 당사자가 몸에 지니면 무사하다.

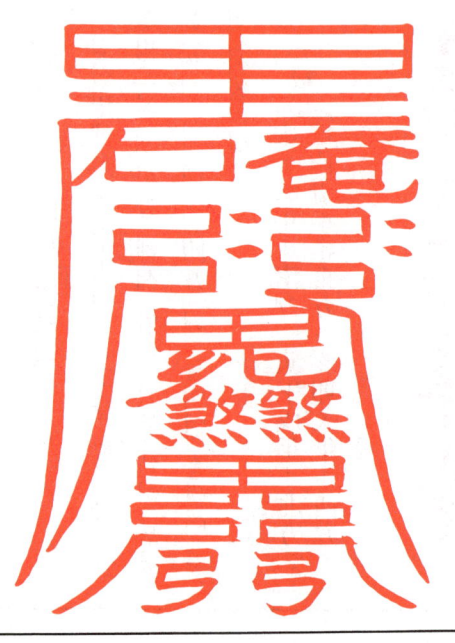

진귀방 (進鬼方)

진귀방으로 이사하여 집안에 우환이 생기거나 또는 부득이 진귀방으로 이사하게 될 경우, 이 부적을 써서 새로 이사간 집 내실문 위에 붙이고, 또는 환자에게 태워마시게 하면 곧 탈이 사라지고 무사하다.

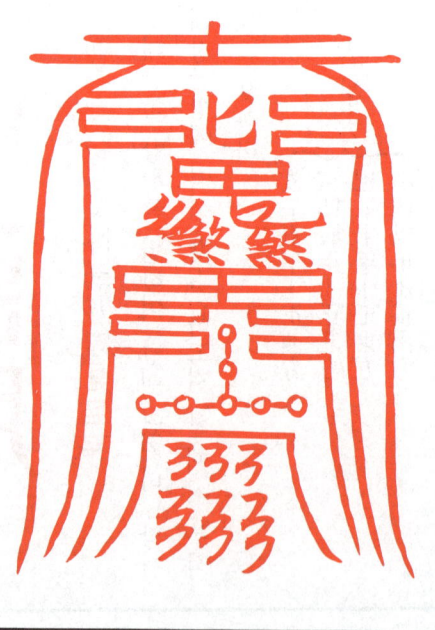

오귀방 (五鬼方)

오귀방으로 이사하여 가정에 우환 질고가 발생하였거나 또는 오귀방으로 부득이 이사하게 될 경우, 이 부적을 주사(朱砂)로 써서 새로 이사간 집 방문 위에 붙여두면 우환 질고가 침범치 않는다.

부증부 (釜甑符)

이 부적은 솥, 가마, 시루 등의 물건을 들여 놓고 탈이 나거나, 탈을 미리 막기 위하여 사용하는 부적이니 해당되는 물건에 붙여두면 우환이 자연 사라진다.

2、 부정(不淨)에 대한 부적

인동부(人動符)

인동탈이라 하는데 사람이 부정한 곳에 출입하여 탈이 나든가, 부정한 사람이 집안에 들어와 탈이나 우환이나 손재수가 발생하거든 이 부적을 써서 대문이나 방문 위에 붙여두면 우환이 사라진다.

동상부(動喪符)

이 부적은 초상집 혹은 묘지 또는 제사지내는 곳 등에 가서 부정탈이 났을 경우 또는 상문방(喪門方)을 범하여 탈이 났을때 쓰이는 부적으로 몸에 지니면 자연히 부정탈이 해소된다.

조상 · 문병부 (吊喪 · 門病符)

상가(喪家)에 문상(問喪)을 가게 되거나 병중에 있는 환자(患者)에게 문병(問病)을 가게 되거나, 또는 먼 거리에 여행을 가게 될 경우 이 부적을 지니고 다니면 신액과 우환 질고가 따르지 않는다.

지신발동부 (地神發動符)

역사(役事)를 하거나 부정(不淨)을 범하여 지신(地神)이 발동하여 집안에 재난과 풍파가 일어날 경우 이 부적을 주사(朱砂)로 써서 한장은 집에 붙이고 한장은 대문 앞 칠보(七步) 밖에 묻으면 재앙이 사라진다.

가내부정부 (家內不淨符)

이는 파예평안부(破穢平安符)라고 하는 부적으로 모든 집안이 부정을 타서 가내에 재앙이 이르거나 우환이 이를 징조가 보일 경우이 부적을 누런 종이에 주서(朱書)하여 주문(呪文)을 외우며 출입하는 문 위에 붙이고 한장은 몸에 지니고 다니면 부정탈 이 사라지고 만사에 길하다.

주문 = 근조파예 청수생명 오뢰사자 동득요정 복수국거 속거만리 최득봉행 부득구정 급급여율령

오뢰평안부 (五雷平安符—부정부적)

집안이 부정을 탔을 때에는 이 부적을 황지(黃紙)에 주서(朱書)하여 부정이 발생한 곳에 붙여두면 부정탈이 자연 사라지고 재산이 늘며 자녀들이 질병없이 잘 자란다.

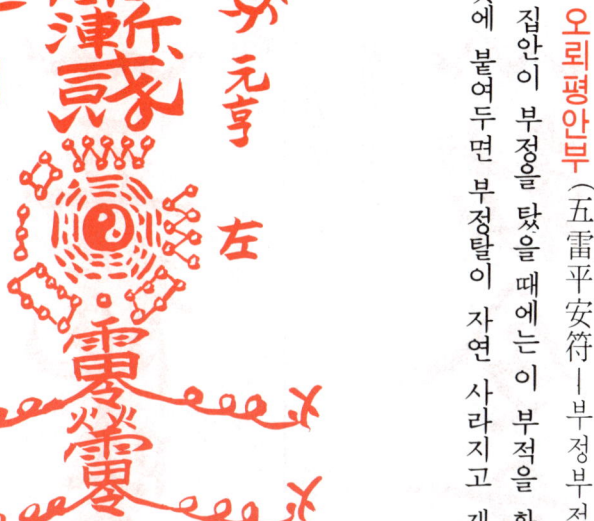

청정부(清浄符) (一)

부정을 제거하는 부적

五龍吐水洗清浄

청정부(清浄符) (二)

부정을 없애는 부적

勅令 淨

청정부 (淸淨符) (三)

모든 부정을 깨끗이 제거시켜주는 부적이다.

청정부 (淸淨符) (四)

모든 부정을 맑게 하여주는 부적이다.

청정파예령부 (淸淨破穢靈符)

이 부적도 모든 부정탈을 깨끗이 없애주고 재앙과 우환을 제거시켜 집안이 편하게 된다는 것으로, 두 장을 써서 한 장은 몸에 지니고 한 장은 불에 태워 맑은 물로 복용하면 신비한 효력이 발생한다.

제七부 선신(善神)이 수호(守護)해 달라는 부적

선신(善神)이란 우리네 인간에게 재앙을 소멸해주고 길복(吉福)을 불러주는 희신(喜神)을 말한다. 인간이 아무리 잘났다고 뽐낼지라도 신(神)의 가호(加護)가 없이는 안전한 삶을 영위 할 수 없다고 한다. 그러므로 이 항목에 수록되는 부적은 선신(善神)의 능력으로 요귀(妖鬼)나 사마(邪魔) 같은 우리를 괴롭히는 흉신(凶神)을 쫓아내고 행운(幸運)만이 찾아와 주기를 바라는 마음에서 만들어지며, 정성으로 기도한 이 부적을 붙이거나 지닌다고 한다.

선신수호부 (善神守護符)

이 부적은 방안에 붙여두면 집안이 항시 편안 하고 몸에 지니고 다니면 신령의 가호를 입어 일신이 안전하고 재수가 대길하다.

선신가호사귀퇴산부 (善神加護邪鬼退散符)

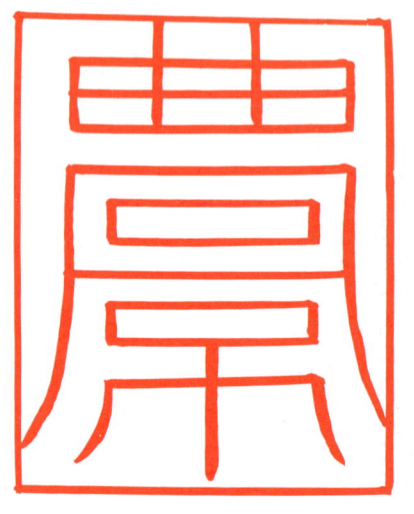

이 부적을 주사(朱砂)로 써서 몸에 지니고 있으면 선신이 항시 일신의 안전을 보호해주고 또는 사귀(邪鬼)가 범치 못하므로 흉액이 따르지 않는다.

금강부 (金剛符)

이 부적을 지니고 있으면 부처님과 보살이 보호해주므로 일체의 사귀(邪鬼)나 요마(妖魔)가 침범하지 못하여 건강과 장수를 누리며 또는 상서로운 일이 항시 따른다 한다.

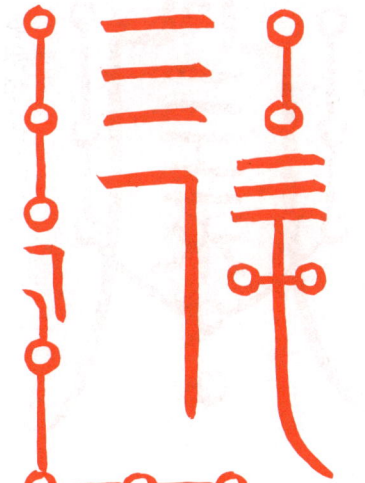

① 경문부 (景門符)

팔문신장부 (八門神將符)

다음에 있는 여덟개의 부적을 모두 몸에 지니거나 집에 붙이면 동서사방(東西四方)의 일체 사귀(邪鬼)가 침범 못하고 모든 신장이 보호하므로 우환 질고가 사라지고 만사 형통한다 하였다.

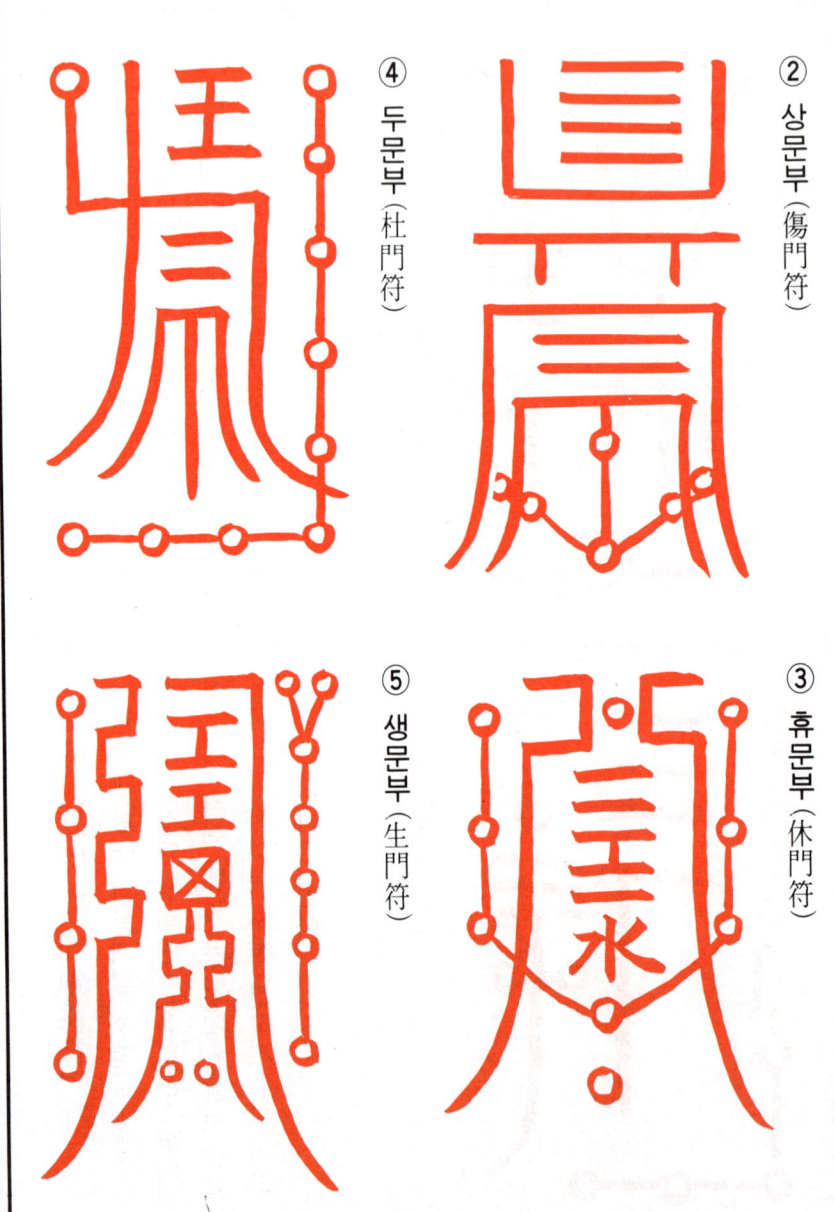

⑥ 경문부(驚門符)

⑧ 개문부(開門符)

⑦ 사문부(死門符)

제살부(除殺符)
흉살을 누르고 선신이 보호하는 부적

호신부 (護身符) — 몸을 보호하는 부적

이 부적을 주사(朱砂)로 써서 몸에 지니고 다니면, 항시 재물이 생기고 부귀를 얻으며 일신의 우환과 신액이 없이 태평히 지낸다.

보신부(保身符)

이 부적을 지니고 있으면 일신의 안전을 보호해주고 또는 모든 일이 뜻대로 성취된다.

보신령부(保身靈符)

이 부적을 노란종이에 붉은 글씨로 써서 몸에 지니고 다니면 비록 험한 곳이나 어두운 밤길을 다닐지라도 선신이 몸을 보호하여 준다.

보신평안부 (保身平安符)

귀곡조사(鬼谷祖師)가 마련한 재앙을 막는 부적으로, 자신이 모르고 귀신이나 요마가 우굴대는 곳을 잘못 들어가 사귀(邪鬼)에게 정신을 빼앗기고 생명의 위험을 받을 우려가 있는 경우, 또는 악귀가 침입하여 질병이 이르거나 재산의 손해, 가정의 우환 등 여러가지 흉악한 일을 당하였을 때 이 부적을 노란종이에 「주사」로 써서 지니면 모든 요마가 물러가고 일신이 편안하며 재수도 대통한다고 하였다.

제八부 악귀(惡鬼) 및 요마(妖魔)를 물리치는 부적

악귀(惡鬼)나 요마(妖魔)는 모두 잡귀(雜鬼)로서 우리네 인간에게 백해무익(百害無益)한 귀신들이다. 원인 모르게 집안에 우환(憂患)이 끊이지 않는다든가 또는 사업의 실패, 가정불화, 쟁송시비(爭訟是非), 살상(殺傷) 등의 온갖 상서롭지 못한 일들이 생길 때는 대개 이 악귀나 요마, 사귀의 장난이라고 한다. 그러므로 이것을 물리침으로써 이와 같은 여러가지 괴변(怪變)이 생기지 않는 것이며, 따라서 모든 일이 여의(如意)하다고 한다.

관음부(観音符)

이 관음부는 천상천하(天上天下)의 모든 악신(惡神)이나 사귀(邪鬼), 요마(妖魔)가 접근 못하는 부적이다. 그러므로 이 부적을 붙여논 곳이나 지니고 있는 사람에게는 제신(諸神)이 침범치 못하게 된다. 이 관음부로 악귀 및 귀신을 물리치라.

악귀불침부 (惡鬼不侵符)

악귀(惡鬼)란 즉 마귀(魔鬼)이니 부정을 범하거나 기타로 인해 악귀가 집안에 들면 우환 질고 및 손재(損財)、상패(喪敗)가 야기되는데 이 부적을 주사로 써서 대문 위나 내실 문 위에 붙여두면 악귀가 침범치 못한다.

(一)

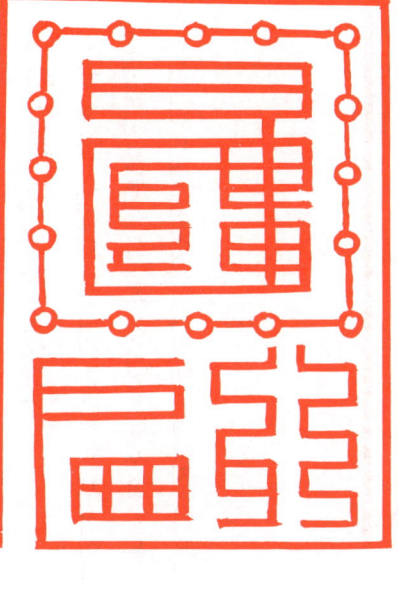

(二)

독송구불젼 염염심부젼
화염불능상 도명림최젼
남무관세음보살 (南無觀世音菩薩)
에노생환히 사자변섬활
막언차시허 제물불망셜

귀신불침부 (鬼神不侵符)

이는 모든 귀신이 범접치 못하는 부적이다. 경명주사(鏡明朱砂)로 두 장을 써서 한 장은 대문 위나 내실 문 위에 붙이고 한 장은 몸에 지니고 다니면 질병과 재앙이 따르지 않으며 가정의 안정을 유지하게 된다.

(一)

(二)

잡귀불침부 (雜鬼不侵符)

이 부적은 모든 잡귀(雜鬼)를 물리치는 부적이다. 역시 「주사」로 써서 대문 및 내실 문 위에 붙이고, 몸에 지니고 다니면 사귀(邪鬼)와 요마(妖魔)가 가정이나 사람의 몸에 범접못한다.

댁내백신불침부 (宅內百神不侵符)

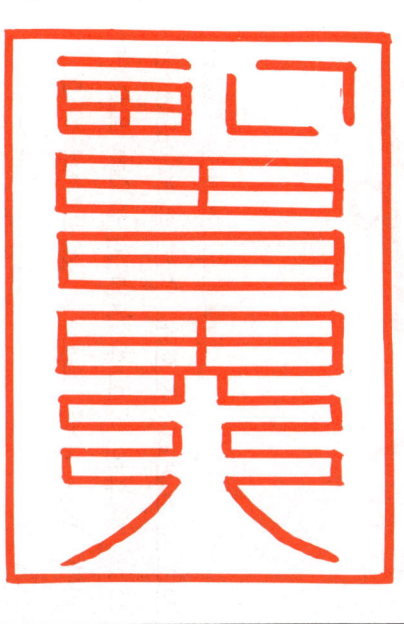

어떠한 귀신이나 잡귀 사귀(邪鬼) 등을 막론하고 집안에 침범못하게 하는 부적이다. 대문이나 안방 문 위에 붙여두면 집안에 우환 질고 및 기타의 재앙이 이르지 않는다.

벽사부(辟邪符)

이 부적을 써서 그 위에 범을 그려 놓고 문 위에 붙여두면 모든 잡귀나 요사한 귀신이 침범못하게 되는 것이며, 학질과 기타의 질병이 이르지 아니한다.

제요사부(除妖邪符)

요귀와 사마(邪魔)를 물리치는 부적

이 부적은 집안에 요귀가 장난하여 밤에 이상한 소리가 나거나, 사람이 갑자기 미쳐 날뛰거나 입으로 헛소리를 할 때 「주사」로 써서 불에 태워 마시면 신효하다.

옴마니발묘부 (唵摩尼発妙符)

이 부적을 지니면 못된 잡귀(雜鬼)가 침범치 않는다.

唵佛雷雷雷雷噤急急如律令

파사부 (破邪符)

집안에서 헛것(요괴)이 보이거나 헛소리가 나며, 집안 사람이 정신이상에 걸리게 되는 경우, 이는 남의 저주와 시기심을 받거나 부정을 범한 까닭이니 이 부적을 써서 대문 위에 붙여두면 이러한 요사스러운 일이 사라진다.

태을부 (太乙符)

이 부적을 벼락맞은 대추나무나 복숭아나무 혹은 천금목(千金木—길이 三寸 넓이 三寸 정도 되게), 甲子日이나 庚申日, 혹은 五月 五日 및 자기의 생기(生氣), 복덕(福德), 천의일(天宜日)에 목욕재계(沐浴齋戒)한 뒤 분향(焚香)하고 太乙經을 읽으며 음각(陰刻), 주사(朱砂)로 칠하여 비밀리에 가지고 있으면 모든 사귀(邪鬼)가 범접(犯接)을 못할뿐 아니라 만사가 형통한다.

축귀진택편안부(逐鬼鎭宅便安符)

이는 집안에 있는 잡귀, 요괴(妖怪)를 몰아내고 가정을 편안케 하는 부적인데 이 부적을 붙여놓으면 오뢰대장군(五雷大将軍)이 친히 와서 흉신과 마귀들을 주살하게 되어 가환(家患)이 사라지고 관재구설(官災口舌)도 물러간다는 것이다.

축귀진택부 (逐鬼鎭宅符)

집안에 잡귀(雜鬼) 및 요마(妖魔)가 침입하여 우환질고、시비구설송사(是非口舌訟事)、손재(損財) 등의 재앙이 떠나지 않을 때 먼저 제사(祭祀)를 지내고 이 부적을 붙여두면 모든 재액이 소멸된다.

九良星流方三煞 上会陰陽天上人間鎭九星

盂普庵菩薩中盡潛藏吾奉楊祖攸除盅

下 年月日時 百無禁忌靈符

진살평안부 (鎭殺平安符)

이 부적은 고옥(古屋)으로 이사하게 될 경우 그 집에 있는 모든 귀신 및 흉살(凶殺)을 제거(除去)시키는 부적이다. 이 부적을 붉은 천에 옮겨 그려서 들보에 붙이거나 대문 위에 붙여두면 잡귀가 사라지고 집안이 평안하다.

鎭宅 光明 欽奉八卦先天玉帝肯親臨到中營 禁忌
百無禁忌
年爲王鎭宅舍
日統天兵百煞
時逢剑子斬千邪
月位功曹守門庭

진살령부(鎭殺霊符)

집안에 붙여두면 모든 귀신이 침범치 않는다.

(一)

(二)

축사부(逐邪符)

이 부적을 주사(朱砂)로 그려 남자는 왼편 여자는 오른편에 차고 다니면 요귀가 침범 못한다.

제살령부 (除殺霊符)

이 부적을 두장 써서 한장은 문 위에 붙이고 한장은 몸에 지니면 흉살이 사라진다.

제사부 (除邪符)

이 부적을 써서 몸에 지니고 다니면 모든 사마(邪魔)가 침범 못한다.

흉살퇴치부(凶殺退治符)

두장을 써서 하나는 내실 문위에 붙이고 한장은 몸에 지니면 자연히 흉살과 잡귀가 물러난다.

사마제압부(邪魔制壓符)

사귀와 요마를 제압하는 부적으로 몸에 지니면 좋다.

피대화진살평안부 (避大禍鎭殺平安符)

이 부적을 주사(朱砂)로 그려 내실 문 위에 붙이면 재앙이 사라지고 흉살이 범접치 못하므로 집안이 평안하다.

압살부 (押殺符) (一)

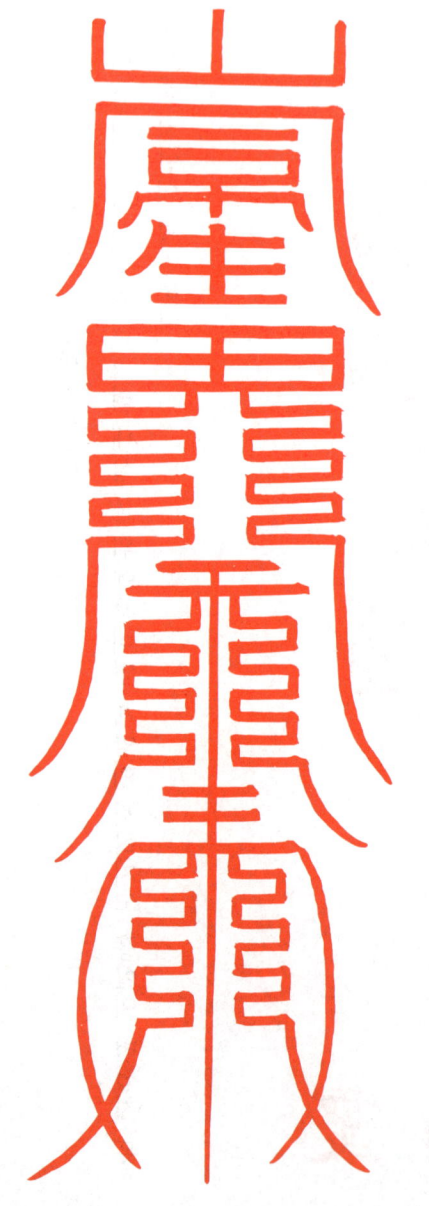

이 부적은 모든 흉살(凶殺) 및 귀신 악귀 잡귀 요마(妖魔) 등을 제거시키는 부적으로 집안에 붙이면 자녀들이 편안히 자라나고 몸에 지니고 다니면 재수있고 횡액을 당하지 않는다.

주문 = 령입백살잠장강옥내 급주복장
另入百殺潛藏罡獄內急走伏藏

압살부 (押殺符) (二)

이 부적은 동토탈이 났거나 부정(不淨)을 범하여 잡귀가 말썽을 부리는 경우에 쓰이는 것으로 동토나 부정이 든 자리에 붙이면 대길하다.

공인제살부 (工人除殺符) (一)

토공(土工) 목공(木工) 또는 기와공(瓦工) 철공(鉄工) 등이 이 부적을 몸에 지니고 있으면 작업 중 사고가 발생하지 않는다.

공인제살부 (工人除殺符) (二)

토목공(土木工)이 상충살(相沖殺)을 범할 시이 부적으로 예방한다.

범충살 제액부 (犯沖殺除厄符)

충살(沖殺) 맞은 사람을 안정시키는 부적이니 태워 마신다.

구귀벽사부 (驅鬼辟邪符)

도깨비나 잡귀(雜鬼)가 씌웠을 때 이 부적을 주사(朱砂)로 석장을 쓴다. 한장은 유향(乳香) 五分을 다린 물에 불살라 먹이고, 두장은 밤에 환자는 방안에서 유황(硫黃)과 같이 불살라 먹이면 잡귀가 자연히 떠나가고 환자가 쾌차하여진다.

고륜살제거부 (鼓輪殺除去符)

북이나 장고 꽹과리 및 악기(樂器)로 인한 동토 부정이 있을 때 쓰는 부적

佛勅令九紫到此九天玄女到斗母太陰到安鎭

제九부 꿈(夢)에 대한 부적

꿈은 사람마다 거의 꾸기 마련이다. 꿈에는 길몽(吉夢―좋은 꿈)과 흉몽(凶夢―惡夢―나쁜 꿈) 또는 객몽(客夢―길흉에 아무런 영향이 미치지 않는 꿈)이 있는데 길몽과 흉몽의 구분은 해몽책(解夢冊)이나 기타 잘 아는 사람에게 문의하기 바란다.

길몽을 주었을 경우 그 꿈을 현실화하기 위해 부적을 사용하면 금상첨화격(錦上添花格)이 되어 더욱 길한 것이며 흉몽이라 판단되면 이를 즉시 퇴치시켜야 하등의 재앙이 따르지 않는다는 것이다.

― 흉몽을 물리치는 요령

① 악몽을 꾸었을 때는 아무 말도 하지 말고 아침에 일찍 일어나 깨끗한

물(淨寒水)를 한모금 입에 물고 동쪽 해돋이를 맞이하여 뿜은뒤 「악몽착초목하고 호몽성주옥(惡夢着草木好夢成珠玉)」이란 주문을 세번 외운다. (그리고 악몽이 생각날 때마다 수시로 외운다.) 그리고 부적을 써서 태워 마시거나 몸에 지닌다.

② 아침에 일찍 일어나 동쪽을 향해 바른 자세로 서서 「동천에 해 돋으니 어둠이 간 곳 없구나. 내 마음 공허하니 악몽악사 어디 있으랴」라는 주문을 세번 외우고 물을 세번 내뿜는다.

③ 역시 아침 일찌기 동쪽을 향하여 바르게 앉아서 백지에다 붓으로 「악몽거(惡夢去)」라고 백번 쓰거나 백번 외운다.

이상과 같은 요령으로 악몽을 물리친뒤 반드시 악몽 퇴치하는 부적을 써서 일주일 동안 몸에 지니고 다녀야 한다.

⊙ 주문=혁혁양양 일출동방 차부 단각 악몽발제불상 급급여율령
赫赫陽陽　日出東方　此符　斷却　惡夢祓除不祥　急急如律令

위 주문은 부적을 사용할 때 쓰는 악몽퇴치 주문이다.

● 십이지일 몽(十二支日 夢)

子日꿈=자신이 질병을 얻거나 부부사이에 근심이 생긴다.

丑日꿈=남방(南方)으로 가면 기쁜 일이 있고 또 매사가 여의하다.

寅日꿈 = 남방에서 재물이 생기지 않으면 혹 송사시비(訟事是非)가 일어난다.
卯日꿈 = 집안에 질병이나 구설이 이를 징조이다.
辰日꿈 = 귀인을 만나게 되는 꿈이며 재물이 들어온다.
巳日꿈 = 우선은 기쁜 일이 이르나 三四日 뒤 흉액이 있을 징조, 구설수도 이른다.
午日꿈 = 주식(酒食)의 기쁨이 있고 만사가 형통한다.
未日꿈 = 동방에서 주식이나 재물이 들어올 징조이다.
申日꿈 = 혹 재물이 들어오게 되고, 상가집 같은데서 좋지 못한 소식이 이른다.
酉日꿈 = 한편으로 기쁜 일이 생길 징조이나 구설수를 의미한다.
戌日꿈 = 일신이 피로할 징조, 그렇지 않으면 손재수를 주의하라.
亥日꿈 = 주식(酒食) 등에는 길하나 관재수를 조심하라.

이상과 같이 일진에 따라 꿈의 길흉이 다르게 되는데, 만일 흉몽이라 생각되거나 상서롭지 못한 예감이 들면 다음 부적 가운데 일진별로 골라서 사용하고 악몽 퇴치에 대한 부적을 겸하여 사용하라.

자일꿈(子日夢) 몸 속에 지닌다.

인일꿈(寅日夢) 머리 속에 지닌다.

축일꿈(丑日夢) 머리 속에 지닌다.

묘일꿈(卯日夢) 출입문에 붙인다.

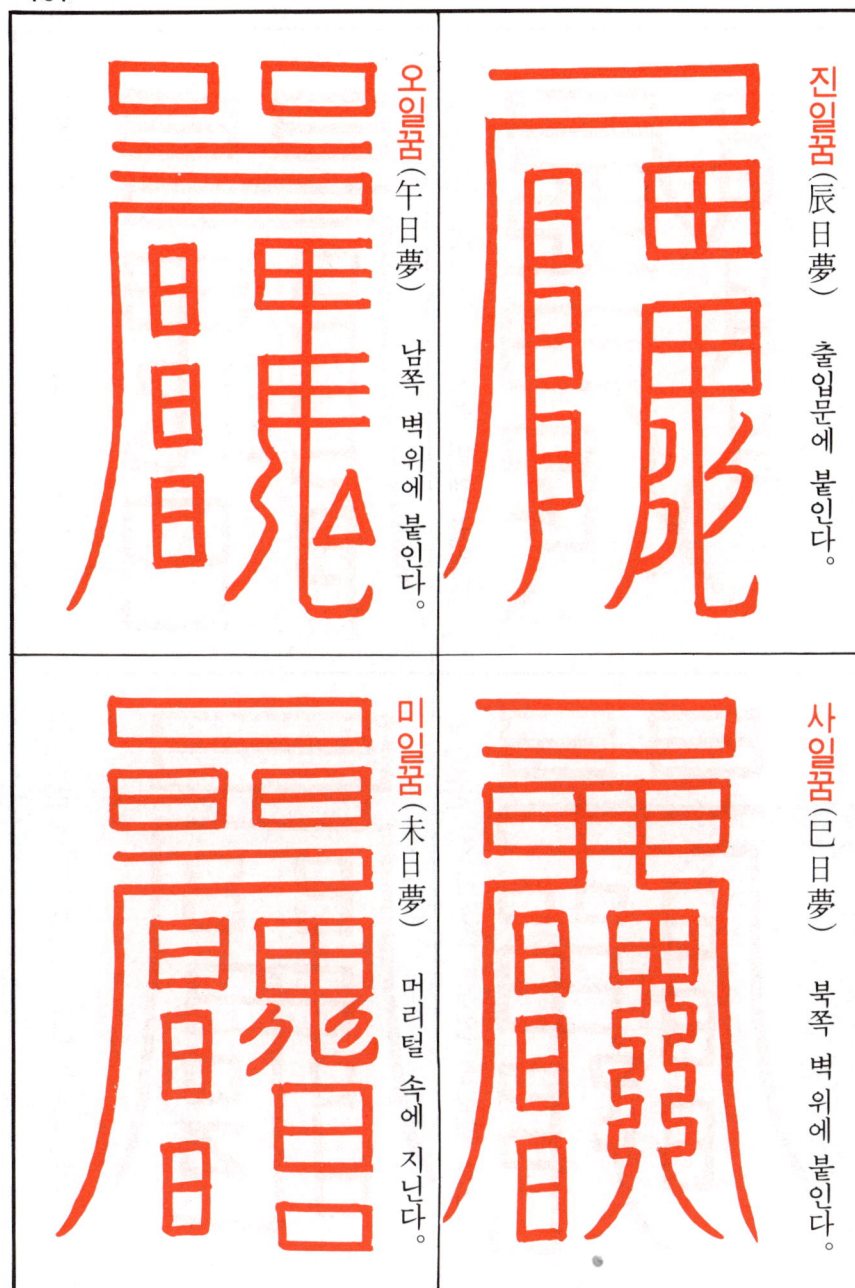

진일꿈 (辰日夢) 출입문에 붙인다.

오일꿈 (午日夢) 남쪽 벽 위에 붙인다.

사일꿈 (巳日夢) 북쪽 벽 위에 붙인다.

미일꿈 (未日夢) 머리털 속에 지닌다.

신일꿈 (申日夢) 왼쪽 몸에 지닌다.

술일꿈 (戌日夢) 서쪽 벽에 붙인다.

유일꿈 (酉日夢) 머리 속에 지닌다.

해일꿈 (亥日夢) 부엌 중앙에 붙인다.

호신탈식부 (梟神奪食符)

急急如律令
勅
令
龍

집안에 항시 우환 질고 및 괴변(怪變)이 자주 일어나고, 꿈자리가 뒤숭숭하거나 흉몽을 꾸었을 때, 또는 자면서 가위에 눌리거나 자주 놀랄 때 이 부적을 써서 벼개 속에 넣고 자면 (우환 질고에는 내실 문 위에 붙인다) 자연히 이러한 일이 사라진다.

제 十 부 신앙(信仰) 및 풍속에 대한 부적

1. 불도(佛道)에 대한 부적
2. 사령(死霊)을 위한 부적
3. 장사(葬事)와 풍수(風水)에 대한 부적

이 항목에서는 불도(仏道)를 수련(修練)하는 사람이 하루속히 도(道)를 통할 수 있도록 해달라는 부적과 사람이 장차 사망하거나 또 사망한 사람의 영혼의 명복(冥福)을 빌기 위한 부적 및 죽은 뒤 장사(葬事)를 모심에 있어 아무 탈없는 땅을 골라 첫째로는 고인(故人)의 유체(遺體)가 편안하고, 다음에는 고인의 자손들이 편안케 해달라고 원하는 마음에서 사용되는 부적이니, 임의로 골라쓰면 좋을 것이다.

1、 불도(佛道)에 대한 부적

위인염불부 (為人念佛符)

이 부적을 붙여놓고 불경을 외우면 효력이 빠른 부적이다. 부모가 자식을 위하여 자식이 부모를 위하여 또는 남편이나 아내를 위하여 불공을 드릴 때 이 부적을 사용하면 불심(佛心)이 쉽게 통한다 하였다.

당득견불부 (當得見佛符)

이 부적은 부처님을 뵙기를 원하는 사람이 정성을 다하여 염불하며 꾸준히 노력하면서 이 부적을 붙여놓으면 자기가 원하는 부처님을 뵈올수 있다는 부적이다.

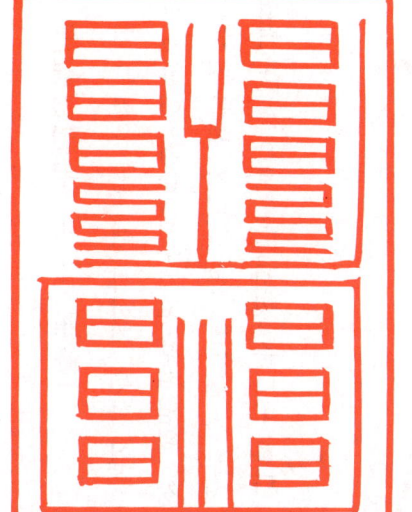

멸죄성불부(滅罪成佛符)

인생이란 일생을 살아가는 동안 자신이 알게 모르게 숱한 죄를 짓기 마련이다. 인생 말년에 혹은 중간에 자기의 죄를 깨닫고 곧 부처님께 죄를 소멸해줍시사고 염불하며 이 부적을 지니면 모든 죄를 멸하고 부처님의 제자가 된다 한다.

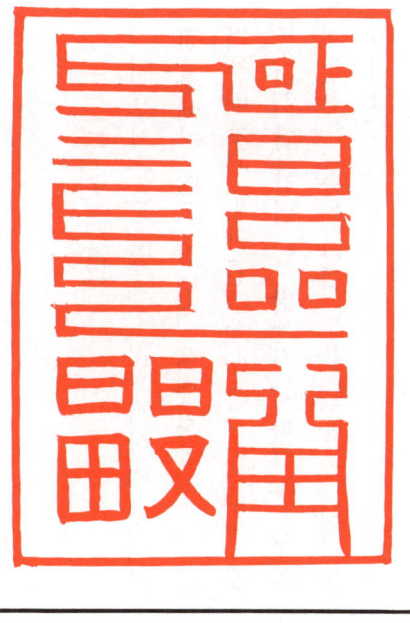

제죄능멸부(諸罪能滅符)

이 부적도 자기가 지은 죄과(罪過)를 부처님의 도력(道力)으로 소멸해 달라고 염불하며 죄를 뉘우칠 때 쓰이는 부적이다. 이 부적을 지니고 죄를 빌면 곧 모든 잘못이 소멸되느니라.

문경멸죄부 (聞経滅罪符)

이 부적은 평소에 착하지 못한 일을 많이 한 사람이 죄를 뉘우치고 부처님의 경문을 들을 때 몸에 지니면 곧 모든 죄가 부처님의 법력(法力)으로 소멸시켜 준다고 한다.

구도부 (求道符)

이 부적은 도(道)를 닦는 사람이 여러가지 장애가 많고 잡념이 생겨 도를 닦기 어려울 때 주사(朱砂)로 써서 몸에 지니면 모든 번뇌와 잡념 및 방해가 사라지고 순조롭게 좋은 스승을 만나 도를 닦을 수 있다는 것이다.

2、사령(死靈)을 위한 부적

파지옥생정토부 (破地獄生淨土符)

이 부적을 써서 사망인의 무덤에 같이 묻고 한장은 부처 앞에 붙여놓고 염불(念佛)하면 지옥을 벗어나 정토(淨土)에 다시 태어난다는 부적이다. 고인(故人)의 명복을 비는 의미에서 사용해 볼만한 일이다.

(一)

(二)

왕생정토부 (往生淨土符)

이 부적은 장차 죽게 될 사람이나 이미 죽은 사람을 위해서 사용되는 것으로 몸에 지녀주고 명복(冥福)을 빌면 죽어서 극낙세계(極樂世界)로 가거나 다시 정토(淨土)에 탄생한다는 부적이다.

왕생정토부 (往生淨土符)

정토왕생부 (淨土往生符)

영생정토부 (霊生浄土符)

사람이 죽으면 육체는 땅 속에 묻히고 오직 영혼(霊魂)만이 존재한다고 한다. 그러므로 그 영혼을 위하여 기도를 드리는 경우가 많은 바 이 부적을 붙이고 염불하면 죽은 영혼이 극락에 가거나 정토에 다시 탄생한다고 한다.

탈지옥부 (脱地獄符)

생시에 무지(無知)로 인하여 죄업을 지었더라도 모든 죄를 멸해주고 영혼이 지옥에 들어가지 말게 해달라는 부적이다. 살아있는 사람이 사망인을 위해 염불할 때 붙이거나 사망인의 몸에 지녀주면 지옥을 벗어난다.

3、 장사(葬事)와 풍수(風水)에 대한 부적

아래 부적은 초상(初喪) 면례(緬礼—移葬) 개장(改葬) 수분(修墳—무덤 고치는것) 등 묘를 다루는 일에 사용하는 부적이다. 또는 풍수해(風水害)로 인하여 묘지(墓地)가 파손되었을 때 먼저 손질을 끝마치고 나서 이 부적을 땅에 묻어두면 묘탈(墓頉)이 생기지 않는다.

풍수부(風水符) (一)

먼저 이 부적을 써서 땅위에 놓고 묘를 개수(改修)한다.

풍수부(風水符) (二)

乾尤癸水星君
白白白白
水車

풍수부(風水符) (三)

三玄三角寸 安前面大吉

용신보호부(龍身保護符)

용신을 상하면 재앙이 있다. 먼저 이 부적을 써놓고 흙을 다루면 용신이 상하지 않는다.

좌산안중궁부(坐山安中宮符)

이 부적을 써서 광중에 넣고 성분(成墳)한다.

진삼살부(鎭三殺符)

이 부적은 묘를 쓰고자 하는 사람이 산소국내(山所局內)가 제한되어 부득이 삼살방(三殺方)을 범하지 않을 수 없는 경우, 주사로 써서 복숭아 나무를 二尺三寸이 되도록 잘라서 그 위에 붙이고 장사를 지내면 삼살을 진압하게 된다.

성분압살부 (成墳押殺符)

이 부적은 장사(葬事)를 다 끝마치고 평토제(平土祭)를 지낼 때 붙여두면 모든 흉살을 제압한다.

사골투태살 (死骨投胎殺)

가정의 우환 질고나 손재 구설 및 인정(人丁)의 손상 등 가지가지의 재앙이 선조(先祖)의 묘(墓)가 잘못된 원인이라고 판단이 된 경우, 이 부적을 써서 그 무덤에 묻고, 우환 질고를 당한 당사자의 몸에 지녀주면 모든 재앙이 사라진다고 한다.

急急如律令
勅令令

상여부 (喪輿符)

이 부적을 지니고 상여 뒤에 따라가면 부정이 범접치 않는다.

佛勅令甲天罡神符一道下來收斬凶神惡煞喪去雌雄煞罡

상부정불침부 (喪不淨不侵符)

이 부적을 지니고 초상집에 가면 상부정(喪不淨)이 범치 않는다.

佛勅下天罡神符一道收斬喪事雌雄死煞罡

제十一부 육축(六畜) 및 충수해(虫獸害)에 대한 부적

1、 육축의 안전에 대한 부적
2、 충·수해에 대한 부적

이 항목에서는 집안에 소、개、돼지、양、닭、오리 등을 기를 때 전염병 등이 육축에게 침입하지 않고 번성케 해 달라는 부적과、또 한가지는 집안에 이롭지 못한 벌레들이 많이 들어오거나、사나운 짐승이 침입해서 육축에게 해를 끼치는 것 등을 미리 예방하는데 필요한 부적을 수록하였다. 편의에 따라 해당되는 부적을 가려 사용하면 그 효험이 신비할 것이다.

1、 육축(六畜)의 안전에 대한 부적

육축편안부(六畜便安符)

소, 말, 개, 돼지, 오리, 양 등 모든 가축(家畜)이 병 없이 잘 자라게 하려면 이 부적을 주사(朱砂)로 써서 축사(畜舍―외양간 또는 마굿간, 닭장 등)에 붙여두라. 돌림병에 걸리지 않을 뿐 아니라 육축이 왕성한다.

육축재온퇴치부 (六畜災瘟退治符)

이 부적은 모든 가축(家畜)의 돌림병에 쓰이는 것이다.

봄병 (春瘟)

여름병 (夏瘟)

가을병 (秋瘟)

겨울병 (冬瘟)

육축제온부 (六畜制瘟符)

모든 가축의 돌림병을 제압하는 부적으로 축사에 붙인다.

육축온역진압부 (六畜瘟疫鎭壓符)

모든 가축의 돌림병을 진압하는 부적으로 축사에 붙인다.

저온치료부(猪瘟治療符)

돼지가 돌림병에 걸렸거나 걸릴 우려가 있을 때 돼지우리에 붙인다.

저태보호령부(猪胎保護靈符)

돼지가 새끼를 배었을 때 그 뱃속의 새끼들을 보호해달라는 부적이다.

저계온역퇴치부 (猪鷄瘟疫退治符)

돼지 혹은 닭이 돌림병에 걸렸을 경우, 이 부적을 우리에 붙인다.

저구온역퇴치부 (猪狗瘟疫退治符)

이는 돼지와 개의 돌림병을 물리치는 부적이다.

우온퇴치부 (牛瘟退治符)

소가 돌림병이나 기타 병에 걸렸을 때 외양간에 붙여두면 곧 낫는다.

계압온역진압부 (鷄鴨瘟疫鎭圧符)

닭이나 오리, 거위 등이 돌림병에 걸리면 이 부적으로 물리친다.

육축대길부 (六畜大吉符)

이 부적을 축사에 붙이면 소, 말, 개, 돼지, 닭, 거위 등 모든 짐승이 병없이 잘 자라고 또 새끼가 번창하게 된다고 한다.

계아압성왕부 (鷄鵝鴨盛旺符)

이는 닭, 오리, 거위 등에 대하여 쓰는 부적이니, 해당되는 우리에 붙이면 매우 번성하고 병없이 잘 자란다 한다.

2、 충(虫)・수해(獸害)에 대한 부적

비수불침부 (飛獸不侵符)

날짐승이 집안이나 방안으로 들어와 귀찮을 때 이 부적을 대문 및 안방 밖 문 위에 붙이면 들어오지 않는다.

야수불침부

들짐승이 집안으로 들어오는 것을 막는 부적인데, 혹은 뱀、개구리、또는 맹수(猛獸)들의 침입도 방지하는 부적이다. 문지방 위에 붙이면 효력이 있다.

견굴토예방부 (犬堀土豫防符)

개가 땅을 파는 경우가 있다. 특히 아궁이 밑, 뜨락 밑 토담 밑 등 좋지 못한 곳을 파거든 이 부적으로 방지하라. 개가 땅을 파는 것은 그 집안에 상서롭지 못한 일이 생길 징조라 한다.

괴물퇴치부 (怪物退治符)

가지가지의 벌레, 뱀, 노래기, 날짐승 등 상서롭지 못한 것들이 집안에 들어올 때 이 부적을 대문 위에 붙이면 모든 괴물이 범접치 못한다.

벽서부 (辟鼠符)

쥐가 집안에 많을 때 이 부적을 써서 음력 정월달 첫번째 쥐날(子日)에 밤 자시에 아궁이 위 부뚜막에 놓아두면 일년 내 쥐가 들끓지 않는다고 한다.

날짐승이 몸에 똥을 누었을 때

날짐승이 하늘을 날아가며 갈긴 똥이 의관에 맞으면 재앙이 이른다는 속설이 있다. 이런 경우는 위의 부적을 써서 몸에 지니면 모든 액이 범접치 못한다고 한다.

피취충부(避嗅虫符)

이 부적은 냄새를 맡고 찾아다니는 모든 벌레, 특히 고약한 냄새를 풍기는 노래기 따위를 쫓는 부적이다. 노란 종이에 주사(朱砂)로 써서 집안 각처에 붙여두면 벌레가 들어오지 않고, 이미 들어온 벌레는 전멸된다.

神. 魃. 黃金萬. 祓. 禍

大將軍在此

開門見喜　出門見財
對我生財　招財進寶
天官賜福　開工大吉
開磅利市　開爐大吉
開市大吉　六畜興旺
福在拱照　姜太公在此
百無禁忌

위의 글 귀도 부 적 밑에 써두면 잡 귀가 범 접치 못 하며 만 사가 대 길하다.

봉충부(封虫符)

집안이나 농작물 등에 벌레가 많이 생기면 이 부적을 써서 제거한다.

목충제거부(木虫除去符)

책상, 농 등에 나무좀이 생겼을 때 이 부적을 붙이면 제거된다.

백의제거부 (白蟻除去符)

이 부적을 써서 집안 각처에 붙이거나 물에 풀어서 흰개미가 모이는 곳에 뿌리면 자연히 제거된다.

奉勅下

神符押起五方土公
土母白蟻等煞急去

제十二부 사주관살(四柱関殺)을 예방하는 부적

1. 일반관살(一般関殺)에 대한 부적
2. 소아관살(小兒関殺)에 대한 부적

관살(関殺)이란 사주(四柱)의 원국(原局)에 살이 범하여 있음을 말한다。 즉 말두살(抹頭殺) 오귀살(五鬼殺) 투정살(投井殺) 급각살(急脚殺) 상문(喪門) 조객(吊客) 삼형육해(三刑六害) 침수(深水) 뇌공살(雷公殺) 등의 갖가지 흉악한 살이 침범하여 재앙과 흉변을 불러 일으키는데, 이러한 흉살이 사주가 운데서 발견되었을 경우는 서슴치 말고 살을 제거시켜야 한다。그 제거시키는 방법의 한가지로는 그 살에 해당되는 부적을 사용하면 흉살의 작용력을 막고 흉화위길(凶化為吉)이 된다는 것이다。

다음은 각 관살에 대한 예방 부적이다。

1、 일반관살(一般関殺)에 대한 부적

말두살(抹頭殺)

말두살은 즉 상충살(相冲殺)이니 다음과 같다.

子午生—八月　　丑未生—九月
寅申生—十月　　卯酉生—十一月
辰戌生—十二月　　巳亥生—正月

이 살이 있는 사람은 남과 의사 충돌이 심하고 시비 구설(是非口舌)이 따르며 풍파가 심하여 사업에 실패가 많다. 여자는 가정불화가 많고 또는 해산(解産) 때에 난산(難産)을 면치 못한다. 주사(朱砂)로 써서 매년 몸에 지녀 주면 이 살이 해소된다.

勅令　急急如律令

오귀살(五鬼殺)

오귀살은 다음과 같다.

申子辰生―酉戌   巳酉丑生―丑午   寅午戌生―卯辰   亥卯未生―子丑

오귀살이 사주에 있으면 집안에 평지풍파(平地風波)가 많고 우환 질고(憂患疾苦)가 따르며 관재, 구설, 손재 및 심하면 부부 이별 또는 상패(喪敗)를 당하여 고독하게 지내는 경우가 많다. 오귀살이 있거든 이 부적을 써서 일년간 몸에 지녔다가 불살라 마신다.

奉姜太公 勅令 (鬼) 到此押煞走化吉祥

오귀살제거부 (五鬼殺除去符)

이 부적은 사주에 오귀살이 있거나 이사 혹은 집 수리 및 동토에 있어 오귀방을 범하여 탈이 생겼을 때 쓰는 것이니, 여하튼 오귀를 퇴치시켜주는 부적이다.

유혼살부 (遊魂殺符)

이 살이 있거나 범하면 남의 꼬임에 빠져 본의 아닌 실수를 저지르거나 손해를 당하게 된다. 주사로 두장을 써서 한장은 내실 문 위에 붙이고 한장은 본인의 몸에 지니고 다니면 이러한 일이 발생하지 않는다.

삼형살 (三刑殺)

삼형이란 사주에 다음과 같은 것이 있음을 말한다.

寅巳申、丑戌未、子卯、辰辰、午午、酉酉、亥亥

삼형살이 있으면 관재、살상、횡액 등이 있으니 이 부적으로 예방하라.

육해살 (六害殺)

육해살은 다음과 같다.

子—未、丑—未、寅—巳、卯—辰、申—亥、酉—戌.

또는 申子辰生—卯、巳酉丑生—子、寅午戌生—酉、亥卯未生—午

육해살이 있는 사람은 육친의 덕이 없고 일생 재복이 없어 식소사번 하며 혹 중이 될 염려가 있다.

상문부 (喪門符)

상문은 다음과 같다.

年 상문	子	丑	寅	卯	辰	巳	午	未	申	酉	戌	亥
상문	寅	卯	辰	巳	午	未	申	酉	戌	亥	子	丑

예를 들어 子年生은 사주에 寅이 있으면 상문살이요, 子年에는 寅日이나 寅方이 상문일이요 상문방이다. 사주에 상문이 있으면 질병과 손재수가 있고, 태세(太歲)에 상문방으로 문상이나 위문을 가면 질병과 손재수가 생긴다. 이 부적을 써서 예방하라.

조객부 (吊客符)

조객살은 다음과 같다.

子年戌	丑年亥	寅年子 卯年丑
辰年寅	巳年卯	午年辰 未年巳
申年午	酉年未	戌年申 亥年酉

사주에 조객살이 있거나 조객살 닿는 방향에 문상을 가서 우환이 생기면 이 부적으로 조객살을 퇴치시킨다.

백호살부 (白虎殺符)

백호살은 다음과 같다.

正二月申酉時　　三月子戌時
四六月卯丑時　　八十月卯時

사주에 백호살을 범하면 질병 불구(不具)등의 흉액이 있으니 이 부적을 써서 몸에 지녀야 한다.

백호살제거부 (白虎殺除去符)

원래 백호살(白虎殺)이란 사주에 있는 경우 재앙이 많이 따르기 마련이다. 집안에 식구가 상(傷)하고 악질에 걸리기 쉬우며, 부상(負傷) 복제수(服制數) 관액(官厄) 등이 빈번하므로 반드시 살을 제거시켜야 된다. 다음의 주문을 외우면서 소, 닭, 돼지고기를 같이 차려놓고 정성껏 제사하면 이 살을 물리치게 된다.

주문 = 천령지령 무사신명 축사겁괴 숭화무종 급급여율령칙

구교살 (勾絞殺)

구교살은 다음과 같다.

子生卯 丑生辰 寅生巳 卯生午
辰生未 巳生申 午生酉 未生戌
申生亥 酉生子 戌生丑 亥生寅

사주에 구교살이 있으면 관재, 구설, 시비가 많고, 손재수와 상신(傷身)의 액도 있으니 이 부적으로 예방하라.

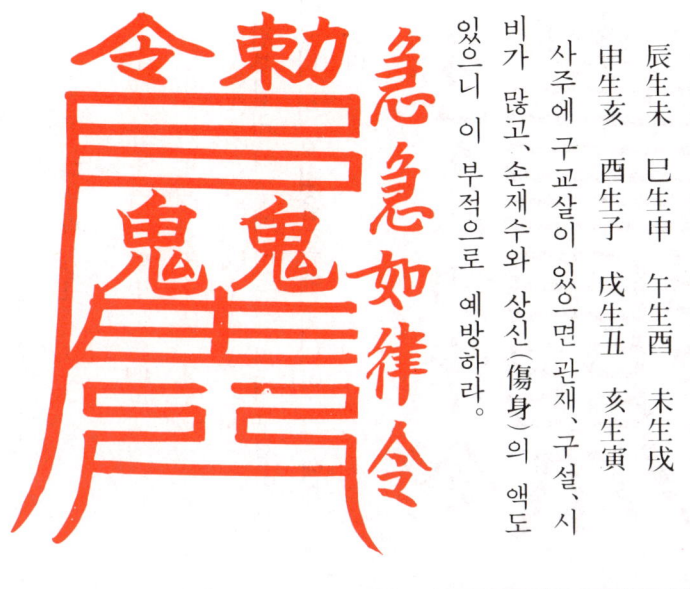

미혼살 (迷魂殺)

미혼살을 범하면 재난이 많고 남의 꾀에 빠져 집을 뛰쳐나가기도 하며 혹은 정신이 건전치 못한 경우가 있다. 주사(朱砂)로 이 부적을 써서 몸에 간직하면 무해하다.

관부살방지부 (官符殺防止符)

관부살은 다음과 같다.

子生辰　丑生巳　寅生午　卯生未
辰生申　巳生酉　午生戌　未生亥
申生子　酉生丑　戌生寅　亥生卯

관부살이 사주에 있으면 관재구설이 항시 따르니 이 부적을 몸에 지녀야 그 액을 방지한다.

호신살 (虎神殺)

호신살이 침범하면 수족의 활동이 불편하고 우환 질고가 따르며 객사(客死)하기 쉬운 흉살이다. 이와 같은 증상이 있는 것은 호신살이 침범한 까닭이니 "주사"로 이 부적을 써서 문 위에 붙이고 치료해야 된다.

병부살퇴치부 (病符殺退治符)

병부살은 다음과 같다.

子生—亥 丑生—子 寅生—丑 卯生—寅 辰生—卯 巳生—辰
午生—巳 未午—午 申生—未 酉生—申 戌生—酉 亥生—戌

병부살이 있으면 전염병에 걸리기 쉽고 몸이 항시 약하다. 이 살이 있는 사람은 문병(問病) 문상(問喪)을 주의해야 한다. 이 부적을 몸에 지니고 또는 병이 낫을 때는 이 부적을 써서 약대리는 곳에 같이 대려서 복용하면 질병이 즉시 낫는다.

사부살퇴치부 (死符殺退治符)

사부살은 다음과 같다.

子生—巳　丑生—午　寅生—未　卯生—申　辰生—酉　巳生—戌
午生—亥　未生—子　申生—丑　酉生—寅　戌生—卯　亥生—辰

이 사부살이 있으면 관재, 시비, 구설 및 손재 질병 등의 액이 따른다. 매년 정월초에 한 장씩 몸에 지녔다가 섣달 그믐날에 불에 태워 마시면 아무 탈이 없다는 것이다.

암해살 (暗害殺)

무단히 실물수가 있고 도적이 잘 들어 손재하고 뒷전에서 남의 비방과 모략을 당하여 곤경에 빠지고 횡액이 자주 일어나는 까닭은 암해살(暗害殺)이 침범한 때문이니, 이런 경우가 생기면 즉시 이 부적을 써서 집 네 귀에 붙이고 몸에 지니면 곧 해소된다.

오귀화태살 (五鬼化胎殺)

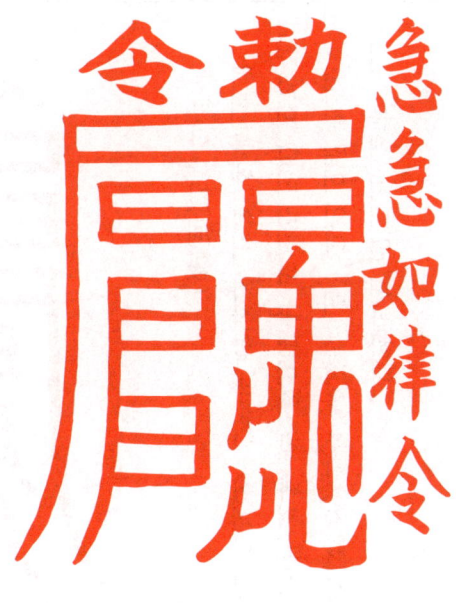

여자가 임신하여 십삭(十朔)이 되기 전 낙태(落胎)가 빈번하거나 유산(流産)이 자주 있을 경우, 이는 오귀가 태신(胎神)을 침범한 까닭이니 임신부가 이 부적을 주사(朱砂)로 써서 몸에 지니면 무사하다.

투정살(投井殺)

투정살이란 우물에 빠져 자살한다는 살이다. 사주에 이 살이 있으면 당자의 몸에 이 부적을 써서 지녀주면 흉액을 면할 수 있다.

투하살(投河殺)

역시 물에 빠져 자살할 우려가 있거나 연고 없이 낭떠러지나 구덩이에 잘 빠져 곤경을 겪는 일이 있다. 이 부적을 주사(朱砂)로 써서 몸에 지니면 편안하다.

충천살(冲天殺)

이 살이 있는 사람은 단명(短命)하거나 질병이 많다. 또는 관재 구설 송사가 끊이지 않을 것이니, 이 부적을 주사(朱砂)로써 몸에 지니고 있으면 무사하다.

호리살(狐狸殺)

호리살이란 여우나 이리에게 해(害)를 입는다는 살이니, 사주에 이 살이 있는 사람은 이 부적을 주사로 써서 항시 몸에 지니고 다니면 이 액을 면하게 된다.

급각살(急脚殺)

급각살은 다음과 같다.

甲乙生―申酉時 丙丁生―亥子時 戊己生―寅卯時
庚辛生―巳午時 壬癸生―辰戌丑未時

사주에 급각살이 있으면 낭떠러지 같은 데서 떨어져 다리를 크게 다치거나, 관절염 신경통으로 고생하게 될 것이니, 이 부적을 써서 몸에 지니면 그러한 액이 사라진다.

주도살(走跳殺)

이 살이 있는 사람은 자주 집을 뛰쳐나가 타관에서 방황하는 괴벽이 있어 가정에서 안정된 생활을 못한다. 이 부적을 써서 실 문 위에 붙여두면 집을 나간 사람은 돌아오고 집에 있는 경우는 나가지 않는다.

경안살(硬眼殺)

집안에 비극이 자주 발생하여 눈물이 마를 새가 없게 되거나 집안에 안질이 자주 발생하여 고생하는 경우는 이 경안살이 침범한 까닭이니 내실 문 위에 붙이고 환자가 태워 마시면 신효하다.

태음살부 (太陰殺符)

태음살은 다음과 같다.

生年	太陰殺
子	亥
丑	子
寅	丑
卯	寅
辰	卯
巳	辰
午	巳
未	午
申	未
酉	申
戌	酉
亥	戌

사주에 태음살이 있으면 의기가 소침하여 용기가 없고 여색에 빠져 패가 망신하며 손재수도 빈번하니, 다음의 부적을 주사(朱砂)로 써서 매달 二十六일 밤에 불태워 버리면 태음살이 소멸된다.

奉玉上 一月宮太陰星君此到鎭

세파부 (歲破符)

세파살(歲破殺)은 다음과 같다.

生年	子	丑	寅	卯	辰	巳	午	未	申	酉	戌	亥
歲破	酉	辰	亥	午	丑	申	卯	戌	巳	子	未	寅

사주에 세파가 있으면 모든 일이 어긋나 용두사미(龍頭巳尾)가 되고 관직이나 직장의 운이 없으며 일가친척의 덕이 없다. 이 살이 있는 사람은 이 부적을 써서 몸에 지니고 있다가 단오절(端午節)에 불태워 버리면 이러한 재앙이 소멸된다.

천공살 (天空殺)

천공살은 다음과 같다.

生時	子	丑	寅	卯	辰	巳	午	未	申	酉	戌	亥
天空	亥	戌	酉	申	未	午	巳	辰	卯	寅	丑	子

사주에 천공살이 있으면 모든 일이 여의치 않다. 특히 처자의 덕이 없고 재물이 모아지지 않으며 무슨 사업을 하든지 성공하기 힘들다. 이 살이 있으면 매월 二十七日 낮 동방을 향하여 이 부적을 들고 하늘에 축원하고 나서 불살라 버리면 이 살을 물리치게 된다.

진살부 (鎭殺符)

이 부적은 어떠한 살을 막론하고 살의 작용을 제압하는 것이다. 이 부적을 써서 매년 정월 초하룻날에 주문을 외우고 몸에 지니고 있다가 동짓날(冬至日)에 불태워버리기를 칠년동안 계속하면, 명중(命中)에 침입한 모든 살이 자연 물러가게 된다.

천구살부 (天狗殺符)

천구살은 다음과 같다.

生月	天狗殺
寅	巳
卯	午
辰	未
巳	申
午	酉
未	戌
申	亥
酉	子
戌	丑
亥	寅
子	卯
丑	辰

천구살이 사주에 들면 손재수가 있고 질병과 신액이 따른다. 이 살을 제거하려면 이 부적을 써서 몸에 지니고 있다가 음력 七월 十五일 전에 불태워 버리면 이러한 액이 사라진다.

奉太上老君勅 天狗殺急走

암시살(暗矢殺)

암시(暗矢)란 자기도 모르게 뒤에서나 옆에 숨어서 해치려는 것을 말하는데, 이러한 살이 있는 사람은 까닭없이 남의 모함에 빠지기 쉽고 또는 피할래야 피할 수 없는 횡액이 따라 잘못하면 생명마저 빼앗길 염려가 있다. 이 부적을 써서 항시 몸에 지니고 다녀야 한다.

기로살(気勞殺)

이 살을 맞은 사람은 칼 끝을 피하기 어려우며, 이 혈기가 몸에 머물면 재앙이 이르고 앓아 눕게 되는 바, 이 병에 걸리면 약의 효과가 없으며 때때로 구토와 기침을 하는 중세이다. 이 살을 풀지 않고 오래두면 생명이 위험한 것이니 이 부적을 써서 살을 풀어주어야 한다.

회개살부 (華盖殺符)

화개살은 다음과 같다.

申子辰年日―辰　巳酉丑年日―丑
寅午戌年日―戌　亥卯未年日―未

여자의 사주에 화개가 있고 도화가 있으면 창녀가 되거나 여러번 시집을 가게 된다. 다음의 부적으로 이 살을 제거하라.

삼형육해살 (三刑六害殺)

삼형육해란 다음과 같다.

三刑＝寅巳申・丑戌未・子卯
　　　辰辰・午午・酉酉・亥亥
六害＝子―未　丑―午　寅―巳　卯―辰
　　　辰―卯　巳―寅　酉―戌　申―亥

관재 구설과 시비가 따르고 육친의 덕이 없고 재수가 나쁘다.

연태성 (硯台星)

연태성을 띠고 있으면 어려서부터 무병(無病)하게 크고 자라서는 독립으로 출세해서 벼슬이 높게 오르나 하루 아침에 범죄를 짓고 형옥에 들어가 죽는다는 살이다. 이 부적으로 예방하면 일약 출세하여 일생 명성을 떨치게 된다.

비염살 (飛廉殺)

비염살은 다음과 같다.

子生―申　丑生―酉　寅生―戌
辰生―子　巳生―丑　卯生―亥
申生―辰　酉生―巳　午生―寅　未生―卯
　　　　　戌生―午　亥生―未

사주에 비염살이 있으면 정신이 건전치 못하고 간질 등의 악질에 걸리기 쉽다 이 부적을 써서 한장은 태워 마시고 한장은 몸에 지니면 무사하다.

모재살 (耗財殺)

모재살은 다음과 같다.

생년	子	丑	寅	卯	辰	巳	午	未	申	酉	戌	亥
大耗	午	未	申	酉	戌	亥	子	丑	寅	卯	辰	巳
小耗	巳	午	未	申	酉	戌	亥	子	丑	寅	卯	辰

이상의 대모(大耗) 소모(小耗)를 모재살이라 하는데, 돈을 벌어도 자연 쓸곳이 많아 모아지지 않고 사업의 실패 등으로 인해 빈궁해지기 쉬운 것이니 이 부적을 써서 집 대문이나 내실 문 위에 붙여두고 이 살이 범한 당사자가 지니고 다니면 손재수를 면한다.

매아살 (埋兒殺)

매아살은 다음과 같다.

生年	子	丑	寅	卯	辰	巳	午	未	申	酉	戌	亥
埋兒殺	丑	卯	申	丑	卯	申	丑	卯	申	丑	卯	申

사주에 매아살(埋兒殺)이 있으면 자식을 낳아도 기르다가 十세 전에 모두 잃고마는 까닭에 자손이 귀하다. 이 살이 있는 사람은 다음 부적을 써서 몸에 지니거나 태워 마시라.

현량살(懸樑殺)

현량살(懸樑殺)이란 들보에 목매어 자결(自決)한다는 살인데 다음과 같다.

申子辰生―壬子時　　巳酉丑生―辛酉時
寅午戌生―庚午時　　亥卯未生―乙卯時

이 살이 있는 사람은 순간적인 재앙이 이르면 능히 감내하지 못하고 충격을 받아 자칫하면 자살하기 쉬우니 이 부적을 써서 그러한 액을 예방하라.

투생귀(偸生鬼)

이 투생귀살이 명(命)에 붙으면 자식을 잃게 되며 또 낳아도 즉시 잡귀가 침범하여 三세 이전에 실패한다. 그러므로 자녀를 낳아 五、六세 이전에 실패하는 까닭은 대개 이 살이 범접한 바이니, 다음에 있는 부적을 주사(朱砂)로 써서 한장은 태워 마시고 한장은 문위에 붙인다.

2、소아관살(小兒関殺)에 대한 부적

낙정관살부(落井関殺符)―낙정살 예방하는 부적

낙정관살은 아래의 표와 같다.

甲己日生―巳、乙庚日生―子、丙辛日生―申、丁壬日生―戌、戊癸日生―卯

어린이가 사주에 이 살이 있으면 우물이나, 기타 개울에 빠져 생명을 잃게 될 염려가 있다. 아래의 부적으로 이 살을 방지시켜야 한다.

계비관살부 (鷄飛関殺符)

계비관살은 다음과 같다.

甲己日生―巳酉丑、乙丙丁戊日生―子
庚辛壬癸日生―寅午戌

이 살이 있는 사람은 어릴적에 살생(殺生)하는 것을 보지 말아야 한다. 만일 살생을 보면 살이 침입하여 신음신음 앓다가 죽기 쉽다. 이 부적으로 예방하라

취명관살부 (取命関殺符)

취명관살은 아래와 같다.

甲乙丙丁日生―申子辰月時
戊己庚日生―亥卯未月時
辛壬癸日生―寅午戌月時

취명관살이 있으면 사당이나 묘지에 가서 잡귀를 씨우게 되니 주의하라 이 부적을 써서 예방하라.

뇌공관살부 (雷公関殺符)

뇌공관살은 아래와 같다.

生日　申乙丙丁戊己庚辛壬癸
雷公関　丑午子子戌戌寅寅酉亥

이 뇌공살은 어릴적에 벼락맞을 염려가 있다는 것이다. 우뢰가 치는 날 높은 곳에 가지말고 이 부적을 사용하면 예방된다.

단장관살부 (断腸関殺符)

단장관살은 아래와 같다.

甲乙日生―午未　丙丁日生―辰巳
庚辛日生―寅　　壬癸日生―丑

이 살이 있으면 어릴적에 잘못하여 창자가 끊긴다는 것이다. 주의하고 이 부적으로 관살을 막으라.

천일관살부 (千日関殺符)

천일관살은 다음과 같다.

甲乙日生―辰午、丙丁日生―申、戊己日生―己
庚辛日生、 壬癸日生―丑亥、

천일내에 기르기 어렵다. 아래 부적을 써서 예방하고 그 모친은 남의 집에가서 숭돌질이나 매를 갈지 말아야 한다. 천일이 지나면 무방하다.

철사관살부 (鉄蛇関殺符)

철사관살은 다음과 같다.

甲乙日生―辰、丙子日生―未申
戊己日生―寅、庚辛日生―戌, 壬癸日生―丑

이 살이 있는 사주는 어려서 마마병((천연두) 앓는 곳에 가지 말아야 한다. 마마예방 접종하고 이 부적을 써서 살을 제거하라.

백호관살부 (白虎関殺符)

백호관살은 다음과 같다.

甲乙日生―酉　丙丁日生―子
庚辛日生―卯　壬癸日生―午
戊己日生―午

사주에 백호살이 있으면 특히 홍역이나 마마에 생명을 빼앗기기 쉬우니 주의하고, 이 부적을 써서 예방하라.

귀문관살부 (鬼門関殺符)

귀문관살은 다음과 같다.

子日酉　丑日午　寅日未　卯日酉
辰日亥　巳日戌　午日丑　未日寅
申日卯　酉日子　戌日巳　亥日辰

사주에 이 살이 있으면 먼 길에 출행하지 말고 사당, 묘지, 절 같은 음산한 곳에 가지 말라. 이 부적을 써서 살을 막으면 길하다.

천조관살부 (天吊関殺符)

申子辰日－巳午　　巳酉丑日－子午
寅午戌日－辰午　　亥卯未日－午申

사주에 이 관살이 있으면 일찍 부모와 헤어져 살거나 조실부모 하게 될 우려가 있으니 이 부적을 써서 몸에 지니고 있으면 이러한 액이 방지된다.

당명관살부 (撞命関殺符)

단명관살은 다음과 같다.

子寅日－巳　　丑戌日－未　　寅日－巳
卯日－子　　辰巳申日－午　　午未日－丑
酉亥日－亥

사주에 이 살이 있으면 어려서 경기등 질병이 많이 따르므로 기르기가 어렵다. 이 부적을 써서 해당자의 몸에 매년 한번씩 지녀 주라.

화상관 (和尚関)

화상관은 다음과 같다.

子午卯酉日生―辰戌丑未時
辰戌丑未日生―子午卯酉時
寅申巳亥日生―寅申巳亥時

화상관이란 중이 될 인연이 있다는 관살이다. 어릴 적에 그 어머니가 절(寺)이나 사당(祠堂) 같은 곳에 데리고 가지 말아야 하며 이 부적으로 예방해야 한다.

탕화살부 (湯火殺符)

탕화살은 다음과 같다.

子午卯酉日生―午
辰戌丑未日生―未
寅申巳亥日生―寅

사주에 이 살이 있으면 끓는 물, 끓는 기름, 및 불을 조심하지 않으면 액이 이른다. 이 부적으로 액을 방지하라.

야제관살부 (夜啼関殺符)

야제관살은 다음과 같다.

子寅卯辰巳午申酉亥日生―未
丑未戌日生―寅酉

이 살을 범하면 어린이가 밤만 되면 아무까닭없이 운다. 이럴 때는 이 부적을 「주사」로 써서 아기의 몸에 지녀주고 하룻밤 지낸 뒤 불에 태워 먹인다.

소아야제방지부 (小兒夜啼防止符)

한 장은 방안에 붙이고 한 장은 성명을 기입하여 불살라 버린다.

소아야제부 (小兒夜啼符)

이 부적은 명돈(命錢) 약간을 상위에 놓고 축원한 뒤 불살라 버린다.

소아야제관살부 (小兒夜啼関殺符)

소아야제살은 또 다음과 같은 사주이다.

正·二·三月生—午時　四·五·六月生—酉時　七·八·九月生—子時　十·十一·十二月生—卯時

이 부적으로 소아야제살이 풀리기 전(울음이 그치면 관살이 풀린 것임)에는 방에 불을 넣지 말아야 한다. 이상의 모든 야제살 부적이 듣지 않을 경우에 사용한다.

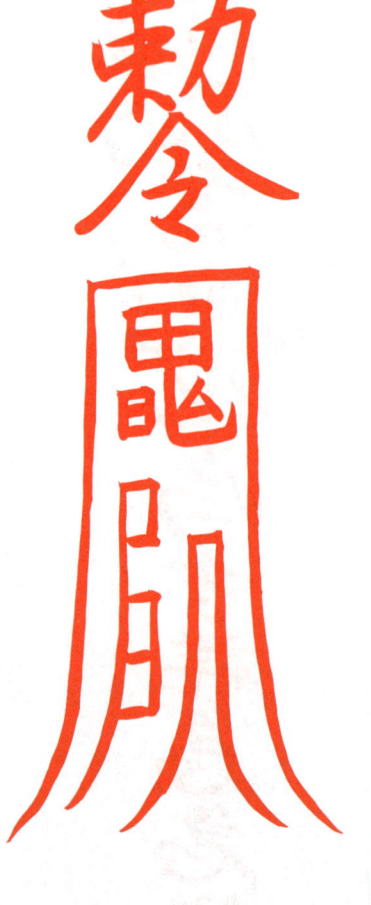

단명관살부 (短命關殺符)

당명관살은 다음과 같다.

申子辰日―巳時　巳酉丑日―寅時
寅午戌日―辰時　亥卯未日―未時

단명관살은 명이 짧다는 살이다. 대개는 어려서 액을 당하고 어릴 적을 지나더라도 명이 오십을 넘기 어렵다 한다. 어린이를 출산후 이 부적을 그려서 애기방 지나는 곳에 붙여 두고 축수하라.

직 난관살부 (直難関殺符)

직난관살은 다음과 같다.

正二月生—午　三四月生—未　五六月生—卯戌
七八月生—巳申　九十月生—寅卯　十一·十二月生—辰酉

이 살이 사주에 있으면 십세이전에 칼, 도끼, 낫 같은 연장을 가까이 하지 말아야 한다. 이 부적을 써서 사주 당사자에게 지녀주면 이 살이 해소된다.

사골투태살 (死骨投胎殺)

사골투태살이란 어려서부터 잔병이 많은 애를 천신만고 키워놓으면 네살 때 갑자기 병들어 죽게되는 무서운 살이다. 이 살이 있어 죽은 사람은 십중 구명이니 반드시 아래의 부적을 써서 액을 막아주라.

수화관 (水火関)

수화관살이 있는 사주는 다음과 같다.

春月生―未戌　　夏月生―丑辰
秋月生―丑戌　　冬月生―未辰

이 살이 있으면 물, 불, 혹은 끓는 물, 기름 등에 액을 당할 우려가 있다. 이 부적을 사용하면 수화관살이 제거된다.

심수관살부 (深水関殺符)

심수관살은 다음과 같다.

春生—寅申 夏生—未
秋生—酉 冬生—丑

이 살이 있는 사람은 어려서 청명제사나 칠석(七夕) 제사에 참석하지 말고 이 부적을 지녀주면 명이 길어 진다.

사주관살부 (四柱関殺符)

사주관살은 다음과 같다.

正七月—巳亥 二八月—辰戌
四十月—寅申 五·十一月—丑未
三九月—卯酉
六·十二月—子午

사주관살이 범하면 단명한 것이니 이를 방지하려면 가마 사인교 등을 타지 말고, 부모곁을 잠시간 떠나있으면 된다. 그리고 이 부적을 써서 살을 해소시키라.

장군전 (将軍箭)

장군전은 다음과 같은 사주이다.

正二三月生―辰戌酉　四五六月生―子卯未
七八九月生―丑寅午　十·十一·十二月生―
巳申亥

사주에 이 살이 있으면 장군묘(将軍廟)나 기타의 사당 같은 곳에 가면 액을 당할 염려가 있으니 주의하고 또 이 부적을 써서 액을 방지하라.

욕분관살부 (浴盆関殺符)

욕분 관살은 다음과 같다.

正二三月生―辰　四五六月生―未

이 살이 있는 사람은 봄에 辰日, 여름에 未日, 가을에 戌日, 겨울에 丑日을 피하여 목욕시켜야 한다. 그렇지 않으면 욕분관살이 닿는다. 이 부적으로 살을 막으라.

단교관살부 (斷橋関殺符)

단교관살이 있는 사주는 다음과 같다.

断橋関	生月
寅	正月
卯	二月
申	三月
丑	四月
戌	五月
酉	六月
辰	七月
巳	八月
午	九月
未	十月
亥	十一月
子	十二月

단교관살이 사주에 있으면 배 타거나 강을 건너지 말아야 하고 외나무 다리 위험한 다리(橋樑) 등을 건너지 말아야 한다. 다음 부적으로 액을 방지하고 일생 주의하라.

염왕관살부 (閻王関殺符)

염왕관살은 다음과 같다.

正二三月生―丑未　四五六月生―辰戌
七八九月生―子午　十·十一·十二月生―寅卯

이 살은 일찍 **염라대왕**이 불러간다는 살이니 예방하는 요령은 오래된 부처나 미륵이 있는 곳에 가지 말고 이 부적을 몸에 지니고 있으면 된다.

무정관살부 (無情関殺符)

무정관살은 다음과 같다.

春月生―寅酉子　夏月生―巳戌亥
秋月生―丑申　　冬月生―子午

이 살이 있으면 아비없이 편모 (偏母)를 모시게 되거나 혹은 두 부모를 모시는 사주다. 이 부적을 사용하여 그러한 일이 없도록 예방하라.

백일관살부 (百日関殺符)

백일관살은 다음과 같다.

正四七十月―辰戌丑未   二五八十一月―寅申巳亥   三六九十二月―子午卯酉

이 살이 사주에 있으면 출생 후 백일을 넘기기 어렵다는 관살이다. 예방하는 법은 다음 부적을 지녀주고 출생 날부터 백일이 되는날은 어린이를 문 밖에 안고 나가지 말아야 한다.

사계관살부 (四季関殺符)

사계관살은 다음과 같다.

正二三月生—巳丑 四五六月生—辰申
七八九月生—亥未 十·十一·十二月生—寅戌

이 살이 사주에 있으면 일생 질병이 떠날 날이 없다. 매년 이 부적을 지니고 있다가 선달 그믐날에 태워버린다.

매아관살부 (埋児関殺符)

매아관살은 다음과 같다.

子午卯酉日—丑 辰戌丑未日—卯
寅申巳亥日—申

이 매아살은 어릴 적에 땅속에 묻힌다는 흉악한 살이다. 이 부적을 주사로써서 十세 전까지 매년 한번씩 몸에 지녀주어야 이 액을 면한다.

금쇄관살부 (金鎖関殺符)

금쇄관살은 다음과 같다.

正七月生―申時　二八月生―酉時　三九月生―戌時
四十月生―亥時　五十一月生―子時　六十二月生―丑時

금쇄살이란 금(金)은 (銀) 쇠붙이, 자물쇠, 동전(銅錢) 같은 것을 가지고 놀다가 변을 당한다는 살이다. 이러한 물건을 가지고 놀지 않도록 주의할 것이며 이 부적으로 액을 방지하라.

제십삼부 질병(疾病)에 대한 부적

1. 질병총부(疾病総符)
   ① 질병 종합 예방방지 및 퇴치부
   ② 三十日병에 대한 부적

2. 질병 각과(各科)에 따른 부적
   ① 내과(内科)
   ② 외과(外科)
   ③ 돌림병
   ④ 부인병(婦人病)
   ⑤ 소아병(小児病)에 대한 부적
   ⑥ 기타(其他) 질병에 대한 부적

누구를 막론하고 병이 나거나 상처를 입으면 우선 병원이나 약방을 찾아가 치료하거나 약을 써야 한다. 그러나 치료가 더디거나 약의 효과가 적을 때는 그 원인이 잡귀 또는 부정탈 같은데 있는 것이니, 다음에 있는 부적을 써서 사용하면서 치료를 받으면 속히 쾌차할 것이다. 다음 부적은 질병의 종합적인 부적과 아울러 각 과별로 분류하였으니 해당되는 곳을 찾아 부적을 써서 예방하거나 치료하면 효력이 매우 신비할 것이다.

1、 질병총부(疾病總符)

질병의 종합 예방 및 퇴치부

질병소멸부(疾病消滅符)

이 부적을 주사(朱砂)로 써서 내실 문위에 붙여두면 질병과 재앙이 사라지고 아울러 수복(壽福)이 자연히 이른다.

질병대길부(疾病大吉符) (一)

환자가 지니고 있으면 대길하다.

질병대길부(疾病大吉符) (二)

백병치료부 (百病治療符)

내과(內科)나 외과(外科)를 막론하고 환자가 복약(服藥) 또는 치료를 하여도 효력을 받지 못할 경우 이 부적을 주사로 써서 밤 간직하였다가 다음날 아침 불에 태워 먹으면 곧 약효를 본다.

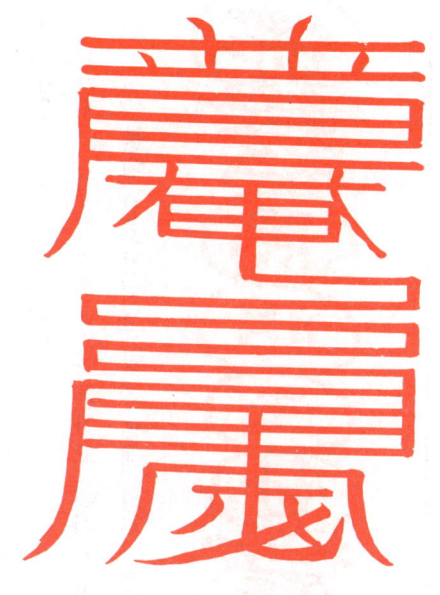

백병치료부 (百病治療符)

이 부적은 모든 병에 치료가 빨리 되라는 부적으로 병원 치료 및 약을 먹어도 병이 낫지 않을 경우 이 부적을 주사로 써서 불에 태워 먹은 뒤에 치료를 받거나 약을 먹으면 효력을 본다.

만병통치부 (萬病統治符)

사람이나 가축(家畜)을 막론하고 어떠한 병이든 치료되는 부적이다. 이 부적을 주사로 그려 불에 살라가지고 맑은 물에 타서 복용하라.

오뢰통치백병부 (五雷統治百病符)

모든 병을 치료하는데 약을 쓴 후 사용하면 효험이 빠르다.

통치백병오뢰부 (統治百病五雷符)

병세가 이상하고 알 수 없는 잡증(雜症)에 사용하는 부적으로 다른 부적과 같이 사용하라. 사용하는 방법은 「경면주사」로 붉게 써서 베개 속에 넣고 하룻밤 자고 난 뒤 아침에 태워 마신다.

만겁불수생사부 (萬劫不受生死符)

이 부적은 환자가 의식을 잃고 깨어나지 못하거나 기타 사고나 중환(重患)으로 인하여 생명이 경각간에 있을 때 주사(朱砂)로 써서 태워 마시면 곧 의식을 회복한다.

만병치료부 (萬病治療符)

이 부적도 모든 병을 치료하는 비결이다.

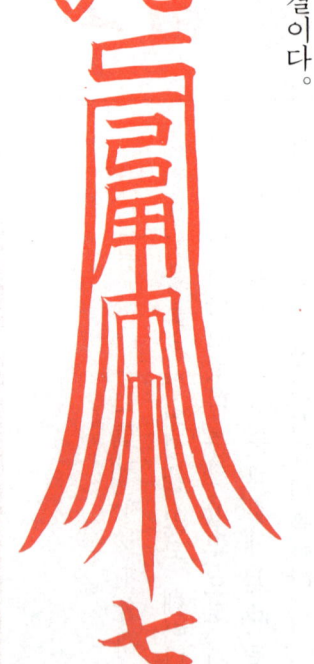

질병치료부 (疾病治療符)

이 부적을 써서 푸른 참대(靑竹)에 매어달아 집 남쪽에 세워두면 효험이 있다.

복약효력부 (服藥效力符)

환자가 약을 복용하여도 효력을 보지 못하고 오랜 시일을 고생할 경우 이 부적을 「주사」로 써서 몸에 지니고 하룻밤 자고나서 다음 날 불살라 먹는다. (몇번이고 되풀이 하라)

복약효력부 (服藥效力符)

이 부적도 환자가 치료를 하거나 약을 먹어도 좀체로 낫지 않을 때에 「주사」로 써서 베개 속에 넣어두고 하룻밤 지내고 난 뒤에 불 태워 마시면 효험이 있다.

2、삼십일병부 (三十日病符)

이 부적은 병이 발생한 날짜를 알아서 그 날짜에 해당되는 부적을 사용하면 효력이 빠르다고 한다. 다음의 진언을 외우라.

주문= 질줄혁혁양양 일출동방 오직차부 보세불살 구토삼매지화 복비문읍지광 차괴사 천봉역사 파질용 예적금강 항복요괴 화위일상 급급여율령 사바하

먼저 고치삼통 (叩齒三通 — 이를 세번 딱 마주치는 것) 하고 정한수 (淨寒水) 한 모금을 입에 물고 동방을 향하여 뿜은 뒤 앞의 진언을 외운다.

초일일병 (初一日病)

초하루에 병이 발생하거든 이 부적을 그려 한장은 불에 태워 마시고 한장은 환자가 거처하는 문 위에 붙여 놓으면 신효하게 병이 낫는다.

초이일병 (初二日病) 두장을 써서 한장은 불에 살라 마시고 한장은 내실 문 위에 붙여 두면 질병이 자연 낫는다.

초삼일병 (初三日病) 초삼일에 병을 얻은 경우에 「주사」로 이 부적을 써서 불에 태워 가지고 물에 타서 마시면 효험이 있다.

초사일병 (初四日病)

초사일에 병이 생기면 위 부적 두장을 써서 한장은 불에 태워 마시고 한장은 문 위에 붙이면 길하다.

초오일병 (初五日病)

초오일에 병을 얻은 사람은 위 부적을 두장 그려서 한장은 불에 살라 마시고 한장은 몸에 지니고 있으면 병이 쾌차하여진다.

초육일병 (初六日病)
초육일에 병이 발생하거든 위 부적 한장을 그려 내실 문 위에 붙여두면 자연 약효가 있고 질병이 사라진다.

초칠일병 (初七日病)
초칠일에 병이 생긴 사람은 위의 부적을 한장만 써서 환자가 거쳐하는 방문 위에 붙여두면 효험이 있다.

초팔일병 (初八日病)

초팔일에 병이 생긴 사람은 위 부적을 「주사」로 한장만 써서 불에 태워 마시면 신효하게 병이 낫는다.

초구일병 (初九日病)

초구일에 병이 발생하면 위 부적을 두장 써서 한장은 불에 태워 마시고 한장은 환자가 거처하는 문 위에 붙이면 길하다.

초십일병 (初十日病)

초십일에 병이 발생하면 위 부적을 한장만 그려서 불에 태워 병자가 곧 쾌차하여진다.

십일일병 (十一日病)

십일일에 병이 발생하거든 위 부적을 한장만 그려서 병자가 거처하는 방문 위에 붙여두면 효력이 신비하다.

십이일병 (十二日病)

십이일에 병이 생기거든 위 부적을 한장만 써서 환자가 거처하는 방문 위에 붙여두면 곧 효력이 있다.

십삼일병 (十三日病)

십삼일에 병이 생기면 위 부적 두장을 써서 한장은 불에 태워 마시고 한장은 문 위에 붙여두면 대길하다.

십사일병 (十四日病)

십사일에 병이 발생하거든 위 부적을 두장 써서 한장은 불에 태워 마시고 한장은 환자가 거처하는 문위에 붙여두면 효력이 있다.

십오일병 (十五日病)

십오일에 발생한 질병은 위 부적을 두장 써서 한장은 불에 태워 마시고 한장은 문 위에 붙이면 병이 속히 낫는다.

십육일병 (十六日病)

십육일에 병이 발생하거든 위 부적 두 장을 써서 한 장은 불에 태워 마시고 한 장은 몸에 지니고 있으면 병마가 자연 물러간다.

십칠일병 (十七日病)

십칠일에 병이 발생하거든 위 부적 두 장을 「주사」로 그려 한 장은 불에 태워 마시고 한 장은 환자의 몸에 지녀주면 곧 효험이 있다.

십팔일병 (十八日病)

십팔일에 병이 발생하거든 위 부적 두장을 써서 한장은 불에 태워 마시고 한장은 머리 속에 지니고 있으면 곧 쾌차하여 진다.

십구일병 (十九日病)

십구일에 병이 생기거든 위 부적 두장을 써서 한장은 불에 태워 마시고 한장은 머리에 지니고 있으면 질병이 자연 사라진다.

이십일병 (二十日病)

이십일에 병이 발생하거든 위 부적 두 장을 써서 한장은 불에 태워 마시고 한장은 환자가 거처하는 문 위에 붙이면 대길하다.

이십일일병 (二十一日病)

이십일일에 병이 발생하면 위 부적을 한장만 써서 불에 태워 마시면 질병이 점차로 물러간다.

이십이일병 (二十二日病)

이십 이일에 병이 발생하거든 위 부적 두 장을 써서 한 장은 몸에 지니고 한 장은 문 위에 붙여두면 질병이 자연 물러간다.

이십삼일병 (二十三日病)

이십 삼일에 병이 생기거든 위 부적 두 장을 써서 한 장은 불에 태워 마시고 한 장은 환자의 몸에 지녀 주면 대길하다.

이십사일병 (二十四日病)

이십 사일에 병이 발생하거든 위 부적 두장을 써서 한장은 불에 태워 마시고 한장은 환자가 있는 문 위에 붙여두면 병이 물러간다.

이십오일병 (二十五日病)

이십 오일에 병이 발생하거든 위 부적을 한장만 써서 환자가 거쳐 하는 문 위에 붙여두면 질병이 자연 물러간다.

이십육일병 (二十六日病)

이십 육일에 생긴 병은 위 부적을 한장만 써서 환자가 거처하는 문 위에 붙여두면 자연히 약효가 발생한다.

이십칠일병 (二十七日病)

이십 칠일에 병이 생기거든 위 부적을 한장만 써서 환자의 머리 속에 지니거나 벼개 속에 넣어두면 질병이 물러간다.

이십팔일병 (二十八日病)

이십 팔일에 병이 발생하거든 위 부적 두장을 써서 한장은 불에 태워 마시고 한장은 환자의 몸에 지니면 효험이 신비하다.

이십구일병 (二十九日病)

이십구일에 생긴 병은 위 부적을 한장만 그려 환자가 자는 침대 위에 붙이거나 벼개 밑에 넣어두면 곧 질병이 물러간다.

삼십일병 (三十一病)

두 장을 써서 한 장은 불에 태워 마시고 한 장은 몸에 지니고 있으면 질병이 곧 낫는다.

십전보허부 (十全補虛符)

이 부적은 선천적으로 허약한 체질을 타고 난 사람을 보호하는 것인데 丙子日에 셋번째 글짜부터 매일 한자씩 인삼 대린물과 불에 태워 마신다.

2. 질병 각과(各科)에 대한 부적

① 내과(內科)

가. 두통·두풍 및 기타 풍증

두통치료부(頭痛治療符)

이는 급구취운부(急救猝暈符)인데 갑자기 머리가 어지러워지며 인사불성이 되었을 경우 이 부적을 불살라 생강을 대린 물에 타서 입에 흘려넣으면 신효하게 낫는다.

입지두통부(立止頭痛符)

두풍(頭風)이나 두통(頭痛)이 났을 경우 「주사」로 위의 부적을 써서 재를 만들어 천금 한도 반중대린 물에 타서 마시면 곧 통증이 가신다.

두풍부(頭風符)

풍증으로 머리가 아플 때 백유향(白乳香) 대린 물에 부적을 태운재를 타서 마시면 신효하다.

두통부(頭痛符)

이 부적을 써서 백지(白芷)한돈중 대린 물에 부적 재를 타서 마신다.

두풍치료부 (頭風治療符) (一)

이 부적을 「경명주사」로 정성 들여 그려 「풍화주문」을 일곱번 외운후 몸에 지니고 있으면 두풍 이 침노하지 않는다.

두풍치료부 (頭風治療符) (二)

다음의 주문을 일곱번 외우고 불에 살라 복용하라.

주문 = 자기 청령 낭랑대조 원진소강 강응구림 섬손강중 진도안 정유공

중풍부(中風符)(一)

이 부적을 내실문 위에 붙여 놓고 다른 중풍부적을 태워 마신다.

唵部帝靈
喃玆吒拜

중풍부(中風符)(二)

중풍으로 입과 손이 비뚜러지는 경우 위의 부적을 「주사」로 서 불살라 재를 만든 다음 아주 까리씨 껍질 벗긴 것 三돈중 조각 五푼중과 부적 재를 혼합시켜 갈아서 입이나 눈의 반대 쪽에 붙인다.

중풍부 (中風符) (三)

중풍을 앓은 뒤에 수족을 쓰지 못할 경우 이 부적을 붉은 글씨로 二十장을 써서 오동나무 열매를 진하게 대리고 소주를 약간 타서 부적 한장씩 태워 아침 일찍 공복(空服)으로 마신다. 二十日간을 계속하면 수족이 자연 풀린다. 남은 물은 하루에 몇차례 마비된 수족을 닦는데 이렇게 二十日간을 계속하면 수족이 자연 풀린다.

중풍부 (中風符) (四)

이 부적을 석장을 그려 불살라 재를 만든 다음 대순(竹荀)과 생강즙 三잔을 만들어 재와 합해서 하루 세끼에 나누어 마시면 효험이 있다. 말을 더듬는 사람은 형개(荊芥) 이삭 두 돈중에 부적재를 타서 복용하라.

나, 위병(胃病) 및 가슴앓이

위통부 (胃痛符)

위가 좋지 못하여 명치 끝즉 중완 부근이 아플 때 또는 위가 쓰리고 아플 때나 소화불량증에 괴로울 때 이 부적을 써서 태운 재와 목향(木香) 한돈 중을 같이 대려 복용하면 신효하다.

평위지 토부 (平胃止吐符)

먹은 음식이 메시꺼워지거나 구토(口吐)증이 자주 일어나 고생할 때 이 부적을 글씨 한자씩 세조각으로 나누어 불에 태워서 아침 점심 저녁의 세 때에 생강 대린 물과 같이 복용하면 효험이 있다.

위통치료부 (胃痛治療符)

간기를 하거나 위통 또는 모든 가슴앓이에 쓰이는 부적이다. 위의 부적을 「주사」로 써서 불에 태운 뒤 향부자 한돈반중을 대린 물에 부적 재를 타서 마시면 효험이 있다.

가슴아플때 (胸痛符)

소화불량이나 기타의 원인으로 가슴이 두근거리거나 찢어지는 듯이 아플 때에는 음식도 먹을 수 없다. 이런 경우 위의 부적을 각각 한자씩 써서 재를 만들고 박하 한돈중을 끓인 다음 부적 재를 타서 아침 점심 저녁으로 복용하면 신효하다.

가슴알이(胸痛符)

가슴알이로 고통이 심할 때 위의 부적을 주사로 써서 불에 태운 재를 자소·목향(紫蘇·木香) 각 오푼중을 대린 물에 타서 복용하면 곧 가슴알이가 낫는다.

다、복통(腹痛)

헛배부를 때

뱃속에 적이 생겨 때때로 아프거나 헛배가 불러 거북할 때 위의 글씨를 주사로 써가지고 불태워 재를 만든 다음 당귀 두돈중을 넣고 대린 물에 부적 재를 혼합하여 복용하라. 효험이 좋다.

복통부(腹痛符) (一)

원인 모르게 배가 갑자기 아프면 부적재와 오수유 한돈반 대린 물에 타서 먹고, 음식이 체해서 구토 및 설사가 나오면 천곡 두돈중을 삶아 부적재와 혼합하여 복용하라.

복통부(腹痛符) (二)

소화불량 및 배탈로 인하여 배가 아플때 이 부적을 태워 복용하라.

복통부(腹痛符) (三)

배가 거북하거나 아플때 이 부적을 태워서 복용하라.

佛勅普庵月鳳㐫㐫七

복통부(腹痛符) (四)

이 부적도 배가 아플때 불에 태워 마시면 길하다.

山山山
山山山
山山山

唸急如律令

라、기침(咳嗽) 및 담(痰)

입지담천부(立止痰喘符)

가래가 많거나, 숨차거나 기침이 자주 나오거나 하는데 치료하는 부적이다. 위의 부적을 붉은 글씨로 써서 무우를 즙낸 물에 부적을 불태워 혼합 복용하면 이러한 증세가 없어진다.

해소치료부(咳嗽治療符)

감기에 걸렸거나 가래가 많아 기침이 심할 때는 석고 세돈중을 삶은 물에 위의 부적을 써서 불태워 재를 혼합해서 복용한다. 추위로 인하여 기침이 심한 경우는 「노소경」을 대려서 부적 재와 복용하고, 담이 많아 기침이 나오면 무우씨를 대려 부적 재와 같이 복용하라.

급구담궐부(急救痰厥符)

담이 성하거나 옆구리나 팔, 다리, 허리, 어깨 등이 절릴때 위의 부적을 써서 불살라 반 두돈중 대린 물에 혼합해서 복용하거나 생강 세쪽을 삶아 부적 재를 타서 복용하라. 가래가 많이 생길때는 무우 즙에 혼합해서 복용하면 가래가 없어진다.

숨찬병방지부

숨이 차고 가쁜 증세로 고생하거든 위의 부적을 써서 불태운 재를 관동화(款冬花) 한돈중 대린 물에 타서 마시면 숨찬병이 신효하게 낫는다.

담질부 (痰疾符)

모든 담병(痰病)으로 고생하는 사람은 위의 부적을 써서 불에 살라 금계랍(金鷄納)을 삶은 물에 부적 태운재를 혼합해서 복용하면 효험이 있다.

입소풍담부 (立消風痰符)

살이 비대한 사람은 담이 많아서 풍습(風濕)을 끼게 되며 배와 가슴쪽에 조체되어 밥맛이 없고 정신이 혼미해지고 또 손가락의 감각이 이상하여지며 마치 간질 환자같이 되는 것이니 이 부적 석장을 써서 한장씩 불태워 생포도즙과 부적재를 혼합하여 마시면 신효하다.

마、 한열(寒熱) 및 냉습(冷濕)

육도거병부 (六道祛病符)

한열병(寒熱病)에 걸려 몸이 갑자기 추워 떨다가 갑자기 열이 나는 증세로 담열 혹은 학질과 같은 병이다. 위의 부적을 써서 불사르고, 시호 한도반중을 대린 물에 타서 복용하면 이러한 증세가 없어진다.

한열령부 (寒熱靈符)

열이 나거나 한기(寒気)가 일어나는 사람의 잠자리 위에 붙여둔다.

한기치료부 (寒氣治療符) (一)

한기가 일어나면 이 부적을 써서 몸에 지니면 오한이 사라진다.

한기치료부 (寒氣治療符) (二)

이 부적도 한기를 치료하는 방법으로 춥고 떨리면 몸에 지니라.

한열치료부 (寒熱治療符)

이 부적은 한열이 심하면 병이 일어난 다음 날에 몸에 지닌다.

한열퇴치부 (寒熱退治符)

춥고 떨리거나 열이 심할 경우 이 부적을 써서 남자는 왼손 여자는 오른손에 쥔다.

한열병치료부 (寒熱病治療符)

어떠한 질병을 막론하고 병세가 가중(加重)되어 갑자기 한열이 심하거나 기타 감기 몸살로 인한 한열 등이 일어날 경우는 일어난 삼일째 이 부적을 써서 몸에 지니면 길하다.

소해화열부 (疏解火熱符)

일체의 화열증 (火熱症)에는 다음의 부적을 붉은 글씨로 써서 불에 태워 그 재를 시호 (柴胡) 한돈반중과 박하 (薄荷) 팔푼중을 대린 물에 타서 복용하면 잠시 후 증세가 훨씬 완화된다.

바、간질(癎疾)

간질퇴치부(癎疾退治符)

간질병 환자를 부적으로 완전히 치료한다는 것은 불가능한 일이다。 병원 치료나 약리치료(藥理治療)를 해야 되는 바 간간히 일어나는 증상은 부적으로 잠시 멈출 수 있다는 것이다。 간질이 발작되거든 이 부적을 주사(朱砂)로 써서 재를 만든 다음 산조인탕(酸棗仁湯)에 부적재를 혼합하여 복용하면 곧 증세가 멈추어진다。

통치 오간부 (統治五癎符)

양두풍을 앓거나 심사병 또는 간질을 앓는 사람은 이 부적을 「주사」로 써서 부적 쓴 종이를 불에 살라 재(灰)를 만든 다음 산조인(酸棗仁) 한돈중을 삶은 물에 부적 재를 타서 복용하면 이러한 증세가 차츰 나아간다.

사、대소변(大小便) 및 이질(痢疾)·설사(泄瀉)에 대한 부적

소변통리부 (小便通利符)

소변(小便)이 마려워도 잘 나오지 않거나, 소변보기가 거북하거나 또는 소변이 아주 불통되는 경우, 이 부적을 주사(朱砂)로 써서 불에 태워 차전자(車前子) 두 돈중을 대린 물에 혼합, 공복(空腹)으로 복용하면 효험이 있다.

설사정지부 (泄瀉停止符)

소화불량이나 배탈, 이질(痢疾) 등으로 설사가 계속되는 경우 위의 부적을 불에 살라 목향 한돈중을 대린물에 타서 복용하라. 백리증(白痢症)이나 적리증(赤痢症)에는 황금、백작약 각 한돈중을 삶아 부적 재를 타서 먹으면 증세가 그친다.

입지비설부 (立止脾泄符)

이 부적도 설사에 사용하는 것으로 설사가 그치지 않으면 위의 글씨를 「주사」로 써서 불에 태워 복숭아씨 두돈중을 삶은 물에 부적 태운 재를 타서 마시면 설사가 멈추어진다.

통변화적부 (通便化積符)

여러 날이 되도록 대변을 누지 않아 굳어서 변비증이 심하면 아래의 부적을 다음 불태워 재를 만든 다음, 가벼운 증세일 경우에는 「사약」 한돈중을 대린 물에 부적재를 타서 마신후 다음 날에는 「당귀」 두돈중을 대려 역시 부적을 불태운 재와 혼합하여 마시면 대변이 쉽게 나온다.

이질치료부 (痢疾治療符)

부적을 써서 불태워 석류(石榴) 껍질 대린 물에 타서 복용하라.

구설치료부 (久泄治療符)

오래 묵은 설사를 치료하는 부적인데 양귀비 꽃잎 세푼중 대린 물에 부적을 불태워 섞은 뒤 복용하라.

토사치료부 (吐瀉治療符)

심히 토하거나 설사하는데는 이 부적을 주사로 써서 약과 같이 불태운 재를 복용하면 증세가 곧 멈춘다.

곽난토사부 (霍亂吐寫符)

곽난토사(霍亂吐写)로 어려움을 겪을 때 다음에 있는 부적을 「주사」로 써서 불에 태운 다음 그 재를 백반 두 도중을 끓는 물에 녹이고 부적재를 배합하여 복용하면 곧 토사 곽난이 멈춘다.

하부루설치료부 (下部漏泄治療符)

대변이 항시 마려운듯 하고 막상 변소에 가서 용변(用便) 하려면 나오지 않으나 변소에서 나와 있으면 묽은 변이 찔끔 찔끔 새어나와 옷을 버리는 경우 이 부적을 써서 불에 태워 재를 만든 다음 회향(茴香)을 갈아서 부적 재와 혼합하여 붙이거나 복용하면 곧 이러한 증상이 신기하게 멈춘다.

방귀부

방귀가 자주 나오면 이 부적을 물에 태워 마신다.

대변불통부 (大便不通符)

변비중이나 기타의 증세로 대변이 나오지 않을 때 태워 마신다.

2, 외과(外科) 각 부문에 대한 부적

가, 상처(傷処) 및 종기(腫氣)

외과백방부 (外科百方符)

모든 외과(外科)에 속하는 병을 치료할 경우 치료하기 전 먼저 이 부적을 써서 방문 위에 붙이고 한장은 환자의 몸에 지녀주면 선신(善神)이 보호해주므로 안전하게 치료를 받을 수 있다.

금속피상부(金屬被傷符)

쇠붙이에 다치거든 이 부적을 써서 태워 마시라.

금속상처치료부(金屬傷處治療符)

특히 칼로 베이거나 창으로 찔리거나 화살촉 같은 것이 박혀 독종(毒腫)이 났을 경우 「말똥굴레벌레」세개와 파두(巴豆) 네알과 부적을 태운 재를 섞어 찌어서 상처에 바르면 신효하다.

화상치료부(火傷治療符)

불에 데어 부풀어 오르는 경우는 이 부적을 써서 불살라 그 재를 주묵(硃墨)을 갈은 것과 섞어 환부(患部)에 붙인다. 그러나 화상이 오래된 경우는 수화자금정(水火紫金錠)을 불살라 부적재와 혼합해서 화상 입은 곳에 붙이면 신효하다.

상지외증부 (上肢外症符)

팔이나 어깨 그리고 손등, 손바닥, 손가락 등에 종기(腫気)가 생기거나 다쳐서 진물렀을 경우는 이 부적을 다섯장을 써 가지고 태을자금정(太乙紫金錠)을 대린 물에 한번에 한장씩 불태워 재를 섞어 이겨가지고 환부에 바르면 신효하다.

창종치료부 (瘡腫治療符)

이 부적을 써서 다음 주문을 외우고 나서 불태워 마신다.

주문 = 자과응령 천덕합성 진광대덕 화응만행 섭예도 조중성 장광경

唵提吒那婆應尼捫

면종치료부 (面腫治療符)

얼굴에 종기가 나거나 다쳤을 경우 위의 부적을 불태워 패모(貝母―조개, 굴 껍질 등) 가루와 식초에 개어서 환부에 바르면 신효하다.

태퇴 경종통부 (胎腿經腫痛符)

다리나 종아리에 종기가 생겨 벌겋게 독(毒)이 올랐을 때 위의 부적을 「주사」로 써서 불에 태워 재를 만들고 화입과 구기자 잎을 진하게 대린 물에 부적 재를 섞어 바른다. (약을 바르기 전 약물이나 생강쪽으로 여러번 환부를 깨끗이 닦아낸다)

슬부종환치료부 (膝部腫患治療符)

무릎 부위에 생긴 종기나 상처독(傷処毒)에는 위의 부적을 「주사(朱砂)」로 써서 불태워 재를 만들어서 「자금정(紫金錠)」에 물을 축여 숫돌에 갈아 부적재를 섞은뒤 환부에 바르면 신기하도록 효과가 좋다.

유주치료부 (流注治療符)

유주병(流注病)을 앓는 사람이 약을 쓰거나 치료를 받아도 좀체로 낫지 않을 때는 위의 부적을 「주사」로 써서 불에 태운뒤 그 재를 밥물에 혼합하여 복용하면 효험이 빠르다.

주황정치료부 (走黃疔治療符)

독종(毒腫)이 생겨 좀체로 낫지 않고 통증이 심하거든 (이런 증상을 走黃이라 한다) 파초뿌리(芭蕉根)를 깨끗이 씻어 부적을 불태운 재에 섞어 이겨가지고 즙(汁)을 한 그릇 정도 만들어 복용하면 곧 효험이 있다.

가래덧과 부스럼 치료부

부스럼이 진물르거나 독종으로 인한 가래덧이 생기거든 위의 부적을 「주사」로 써서 불태워 재를 받아서 백국화(白菊花) 나무 줄거리, 잎(枝葉)을 깨끗이 씻어 즙을 만든 다음 부적 재를 섞어 약간의 탁주(濁酒)를 타서 마시면 신효하다.

발바닥종기 (治足底瘡符)

발바닥 밑을 다치거나 종기가 나서 거북하면 위의 부적을 「주사」로 써서 불태워 재를 만든 다음 붉은 눈이 달린 대극(真紅芽大戟)의 심을 빼고 입으로 씹어서 부적 태운 재와 섞어 환부에 바르면 신효하다.

염창치료부 (溓瘡治療符)

다리 앞정강이에 종기가 생겨 약을 써도 낫지 않거든 「주사」로 위의 부적을 써서 불태워 재를 만들고 「장뇌(樟腦)」 세돈중과 동록(銅綠) 한돈중 그리고 돼지 기름 한덩이를 같이 합하여 찧어서 조석(朝夕)으로 두차례 씩 四·五일을 계속 환부에 바르면 신효하게 낫는다.

음낭종기치료부 (陰囊腫気治療符)

음낭이란 불알이다. 즉 불알이 산증(疝症)처럼 부어오르거나 종기가 생겨 낫지 않거든 「주사」로 위의 글씨를 써서 재를 만들어 가지고 목화씨(棉花子)를 대린 물에 섞어 환부를 씻으면 (몇번이고) 차츰 완치된다.

악창치료부(惡瘡治療符)

악창이 생겨 치료를 받거나 약을 써도 잘 낫지 않거든 「주사」로 위 부적을 써서 불태워 재를 만들어서 「유기노초」를 대린 물에 섞은 뒤 짖이겨 붙이라. 또 마른버즘을 고치려면 식초에 위의 부적 재와 섞어 바르면 신효하다.

화단독종치료부(火丹毒腫治療符)

「화단독종」이란 속칭 도장병이라 하는데 이 증상이 발생할 경우는 인주(印朱)를 찍어 바르거나 위의 부적을 써서 불태워 가지고 인주에 섞어 바르면 효력이 빠르다.

종독치료부 (腫毒治療符)

원인 모르게 부스럼이 생긴 뒤 환부가 점차 탈을 잡아 마침내 종독(腫毒)이 되었을 때는 「주사」로 옆의 부적을 그려 불태운 재와 원화근(護花根)을 짓찧어서 섞어가지고 환부(患部)에 바르면 신효하게 낫는다.

수롱지혈부 (収膿止血符)

모든 종기나 가래덧 부종(脖腫) 등으로 고생할 경우는 다음의 부적을 써서 불살라 마시고 다음과 같은 주문을 외우면 효험이 있다.

주문 = 일월성두진 풍상우로신 수호수질병 즉멸불루정 토산상붕 토지지열 일수불출농 이수불출혈 급급여율령칙

주문을 외울때 종기나 기타 환부를 눈을 똑바로 뜨고 보며 외워야 한다.

蝕餘餎飦鉄陰陽火帝消除

족종치료부 (足腫治療符)

발목 및 부위에 종기가 생기거나 다쳐서 잘 낫지 않을 때는 판율(板栗) 二十二개를 만들어 판율 한개마다 부적 하나씩을 써서 자기 전에 부적 쓴 판율을 하루 두개씩 씹어 삼키면 자연히 종기가 치료된다.

설창독부 (舌瘡毒符)

혓바닥에 종기가 생겼거나 혓바늘이 선 사람은 이 부적을 불사른 재와 오수유(吳茱萸) 한돈 반중을 곱게 빠아서 식초에 같이 개어서 잠자리에 들어갈 무렵 발바닥에 붙여두면 곧 효험이 있다.

설상생창부 (舌上生瘡符)

혀를 다쳐 피가 나오거나 혀(舌)에 독종이 생겨 아플때는 다음의 부적을 주사로 써서 불에 태워 재를 만든 다음 대추씨(棗仁)를 빠아서 가루로 만들어 부적재와 섞어 아픈 곳에 바르면 신효하다.

인중종환부 (人中腫患符)

인중(人中)이란 코 밑 입술 위 오목한 곳인데 이곳이 헐거나 부스럼이 생길 경우는 위의 부적을 써서 불태운 재(灰)와 생포황(生蒲黃) 두돈중, 그리고 천련(川蓮) 한돈중, 얼음 조각 한돈중을 섞어 곱게 빻은뒤 마유(麻油)로 개어서 환부에 바르면 곧 효험이 있다.

압상부 (壓傷符)

담장이 무너지거나 나무토막 등이 굴러드는 바람에 그것에 깔려 중경상(重輕傷)을 입었을 때는 우선 병원에 가서 치료를 받음이 마땅하나, 환부가 좀체로 낫지 않거든 이 부적을 써서 불태운 재를 소주(燒酒)에 타서 상처에 붙여두면 치료가 빠르다.

상처치료부 (傷処治療符)

어떠한 형태로든지 일신의 어느 곳이다쳐서 상처를 입었을 경우 병원이나 약물의 치료를 받아도 잘 낫지 않거나 또는 시간이 급박하여 병원이나 약방을 가기 전에 응급 조치를 하고 나서 다음 부적을 써서 환자의 몸에 지녀주면 증세가 악화되지 않는다.

주문 = 천진원응 합은천진 조오도법 원합원진 섭조통 류도 가중

독정치료부 (毒疔治療符)

이 부적을 써서 불에 태운 재와 석회(石灰)와 물에 혼합하여 바르거나 녹두(綠豆)를 씹어 먹으면 치료가 속하다.

창독치료부 (瘡毒治療符)

위의 부적을 주사(朱砂)로 그려 불에 태워가지고 애교(魚膠—부레)를 물에 끓여 녹인 뒤 부적재를 타서 환부(患部)에 바르면 효험이 있다.

설상생창부 (舌上生瘡符)

혀(舌)에 부스럼이나 종기가 나거나 다쳐서 아플 경우는 대추씨(棗仁)를 곱게 가루내어 위의 부적을 써서 태운 재와 섞어 바르면 신효하다.

일체손상치료부 (一切損傷治療符)

어떠한 곳에 상처를 입든지 일체 치료하는 부적이다. 송향(松香)과 백반을 곱게 빻아서 위의 부적을 그린 종이를 불태워 섞어 가지고 상처에 바르면 길하다.

경물손상부 (硬物損傷符)

단단한 물건에 타박상을 입었을 때에는 혈갈초(血竭草)를 짓찌어 그 위의 부적을 그린 종이를 불태워 그 재와 혈갈초를 섞어 바르면 신효하다.

창전피상치료부 (槍箭被傷治療符)

창이나 화살촉 또는 기타의 쇠붙이로 다쳤을 경우 위의 부적을 주사로 써서 불태운 재를 금창약(金槍藥)에 섞어 바르면 속히 치료된다.

구교상처부 (狗咬傷処符)

이 부적은 개에 물린데 사용하는 것으로 주사로 써서 불에 태워 바른다.

도금독치료부 (刀金毒治療符)

칼이나 낫, 호미, 기타의 연장으로 다쳐 독이 오른데 향로에 불살라 연기를 쏘이면 독이 제거된다.

태양창부 (太陽瘡符)

이 부적은 햇볕에 몹시 그슬려 그로 인한 부스럼이 생기거나 고름이 나오는 경우 위의 부적을 주사로 써서 불에 태운 재를 환부에 바르면 신효하다.

지혈령부 (止血靈符)

다치거나 기타의 사고로 피가 몹시 흐를 때 부적을 태워 바른다.

종환치료부 (腫患治療符)

부스럼 혹은 종기가 나서 낫지 않을 때 이 부적을 물에 적셔 종기에 붙여둔다.

토혈중지부 (吐血中止符)

입으로 계속 피를 토할 때에는 위 부적 四자를 써서 각각 하루에 二자씩 당귀 두돈중 대린 물에 부적을 태워 재를 섞어 가지고 아침과 저녁으로 복용한다. (한끼에 당귀 두돈중을 사용해야 한다.

치이인상골부 (治利刃傷骨符)

예리(銳利)한 칼이나, 낫, 자귀 또는 도끼 등으로 깊은 상처를 입었을 경우 다음 부적을 정성껏 「주사」로 그려 불에 살라서 재를 만든다. 그리고는 강랑(蜣螂 — 말똥굴레) 세마리를 이깨어서 부적재와 혼합하여 바르면 상처가 신효하게 낫는다.

사람에 물린데 (人咬符) (一)

사람에게 물려 덧나고 곪으며 아플 때에는 위 부적을 써서 불태운 재와 뇌환을 섞어서 상처에 문지르면 탈 없이 완치된다.

사람에 물린데 (人咬符) (二)

사람에게 물려 상처가 낫지 않고 독종(毒腫)으로 번질 우려가 있을 때는 우선 쌀 뜨물로 상처를 깨끗이 씻어내고 감초를 씹은 뒤 부적재와 같이 상처에 바르면 독이 제거된다.

광견(狂犬)에 물린데

미친 개에게 물리면 우선 환자의 정수리에 있는 머리털 가운데 붉은 털이 있으면 하나도 남기지 않고 뽑아버린 뒤 뉘여놓는다. 그리고는 위 부적 三장을 써서 한장을 태워서 그 재를 물에 타 물린 곳을 씻어내고, 한장은 불살라 살구씨(杏仁) 한 돈중을 빠아서 부적 재와 같이 환부에 바르고, 한 장은 생배추 즙(汁)을 내어 부적재를 섞어 마시는데, 七日에 한번씩 이와 같은 순서를 거듭한다.

독사(毒蛇)에 물린 경우

독사에 물리면 즉시 치료해야 독이 전신에 퍼지지 않는다. 위의 부적을 태워 그 재를 대통(竹筒) 속에 넣고 대통 밑을 불지르면 연기가 위로 솟구치는데 그 연기를 뱀에 물린 자리에 쏘이면 독이 제거된다.

뱀이 몸속 구멍으로 들어갔을 때

혹 뱀이 사람의 입이나 코, 귀, 항문 등을 뚫고 들어가는 일이 있는데 잡아빼도 비늘이 거슬려 빼어내기 곤란하다. 이런 경우는 위의 부적을 불살라 부적재와 후추가루를 뱀꼬리 구멍에 넣으면 뱀이 스스로 물러나온다.

벌레에 물린데

독벌레(毒虫)나 기타의 짐승에 물려 독이 오르고 아프면 이 부적을 써서 불사른 재를 진흙창 속의 흙과 섞어서 바르면 충독(虫毒)이 자연 제거된다.

범에 물린데

흑 범에게 물려 상처가 크면 위의 부적을 써서 불태워 재를 받은 뒤 뽕잎(桑葉)을 삶은 물에 백반가루와 부적 재를 섞어 상처에 바르면 물린 독이 제거된다.

지네(蜈蚣)에 물린데

지네에게 물린 자리는 위의 부적을 써서 그 종이를 불살라 사람의 손톱을 곱게 갈아서 부적재와 같이 물에 타서 바르면 지네 독이 제거된다.

화상(火傷)을 입었을 때

끓는 물에 데거나 불에 데여 상처가 부푸르고 아프며 좀체로 낫지 않을 경우에 치료하는 부적이다.

불에 데었을 때는 하수구(下水口)에 있는 흙에 마유(麻油)를 섞어 부적을 태운 재와 같이 환부(患部)에 바르고 나서 설탕을 끓여 먹어야 하며, 끓는 물에 데었을 때는 풀을 쑤어 썩힌 다음 간장에 섞어 부적 재와 같이 바른 뒤 역시 백설탕(白雪糖)을 끓여 마셔야 한다.

나, 안과 (眼科)

안과통치부 (眼科統治符)

이 부적은 안과(眼科)에 속하는 모든 증세에 종합적으로 치료하는 부적이다.

주문 = 령광보소 구청청진 두강옥극 만상구존 섭맹숙안 조강중 엽천궁증복

위의 주문을 외우면서 처방(処方)하면 대길하다.

목통령부 (目痛靈符)

눈 아플 때 몸에 지니면 좋다.

영풍와루부 (迎風渦淚符)

바람을 맞아 눈물이 흘러내리는 것이 오래 가면 낫지 않는다. 이 부적재를 숙지황 두 돈 중 대린 물에 타서 복용하면 곧 낫는다.

눈이 항상 침침할 때

눈이 항시 침침하여 눈물이 흐르는 사람은 위의 부적을 「주사」로 써서 불태운 재를 숙지황 삶은 물에 섞어서 복용하면 시력(視力)이 맑아진다.

눈이 맑아지는 부적

다음의 부적을 태워 구기자(枸杞子) 한 돈중 대린 물에 혼합하여 마신다.

적안치료부(赤眼治療符)

눈이 붉게 충혈되었을 때는 천황련(川黃蓮) 두 돈중을 대린 물에 위 부적을 주사로 그려 불에 태운 재를 타서 복용하면 이러한 증세가 차츰 가시게 된다.

적안치유부 (赤眼治愈符)

청맹치료부 (青盲治療符)

눈동자가 청태가 끼어 침침하거나 일시적으로 안보일 때 천궁(川芎)을 대린 물에 부적태운재를 혼합해서 복용하면 효험이 있다.

돌림병(도라홈 같은 것)에 걸려 눈이 붉어지고 눈꼽이 많이 끼게 될 경우는 만형자(蔓荊子)、천황련(川黃蓮)을 각각 한돈중씩 대린 물에 부적태운재를 타서 아침 점심 저녁 세때에 나누어 복용하면 증세가 치유된다.

백응제거부 (白䚰除去符)

한쪽 눈이나 혹은 양쪽 눈에 백태가 낀 경우는 속히 치료하지 않으면 실명(失明)할 우려가 있다. 의사의 치료는 물론이며 위의 부적을 구기자(枸杞子) 한돈중 대린 물에 부적재와 타서 복용하면 치료가 빠르게 된다.

목풍치료부 (目風治療符)

위 아래의 눈까풀이 붉어지고 뒤집힐듯 들떠있고 가려움증이 심한 것은 풍증이니, 위 부적을 九벌을 써서 형개(荊芥)、방풍(防風) 대린 물에 한끼 한장씩 불태워 혼합해서 三일간을 씻어내면 이러한 증세가 없어진다.

청맹복 명부(清盲復明符)

눈에 백태도 끼지 않고 잘 보이지 않는 것을 청맹(清盲)이라 하는데 부적을 태운 재를 천궁(川芎) 두돈중을 대린 물에 타서 복용한다.

양안종통부(両眼腫痛符)

눈에 열이 오르거나 종기가 나서 쓰프거든 위 부적을 불태워 재가루를 천련(川蓮) 두돈중 대린 물에 타서 복용한다.

안통치료부(眼痛治療符)

두 눈이 붉지도 않은데 뒤집힐듯 하거나 몹시 가렵거나 아플때 위 부적을 九장 써서 한끼에 한장씩 불에 태워 그 재와 형개(荊芥) 한돈중씩 대린 물에 혼합하여 三일간을 걸쳐 눈을 씻어내면 신효하다.

다、코병(鼻疾)

코병치료부(鼻疾治療符)

위의 글씨는 코병에 대하여 일체를 치료하는 부적이다. 부적을 써서 불사른 재와 목필(木筆) 꽃송이 다섯개를 따서 속살、턱、씨 등을 버리고 파초(芭草) 대린 물에 하루밤을 담그어서 말린뒤 곱게 갈아서 사향 일리중을 같이 섞어 파뿌리 잘 른 것으로 하루 六・七회 바르면 좋다.

비눅속치부(鼻衂速治符)

몸에 열을 받거나 몹시 피로하여 코피가 계속 흘러나오는 경우 위의 부적을 불살라 그 재를 생배추 짓찌은 즙(汁)과 혼합해서 복용한다. 또한 방법으로는 냉수를 대야에 떠놓고 그 위에 부적을 불살러 재를 불에 넣고 환자의 두 발을 천천히 담그면서 머리통까지 담그었다가 몇분 후에 꺼내면 코피가 멈춘다.

비종치료부(鼻腫治療符)

위의 부적을 써서 불태워 재를 만든 뒤 사향(麝香)에 잘 섞어가지고 코안으로 불어 넣으면 치료가 빠르다.

비악창치료부(鼻惡瘡治療符)

자금정(紫金錠)을 물과 같이 갈아서 위 부적을 태운 재와 섞어 환부에 바르면 효험이 빠르다.

라、귀병(耳疾)

귀농혈치료부(耳濃血治療符)

귀속이 상하거나 또는 다른 원인으로 귀가 아프거나 고름이 계속 나올 때는 위 부적을 써서 불태운 재와 금사하엽((金絲荷葉)을 찧어 즙과 함께 섞어 귀속에 몇 방울씩 흘려넣으면 치료된다.

이통치유부(耳痛治愈符)

귀가 막히거나 귀속이 헐거나 몹시 아플 때는 큰 우렁이 한 개를 잡아다가 사향(麝香) 一리돈중을 우렁이 딱지 속에 넣어 두면 물이 되는데, 그 물을 작은 그릇에 딸아서 위 부적을 태운 재를 넣고 잘 혼합해서 한 방울씩 흘러넣고 파줄기로 귀를 막아 두면 차츰 치료된다.

귀에 벌레가 들었을 때

[부적: 雨 魍 鬼]

날벌레 혹은 기어다니는 벌레가 귀속에 들어가 잘 나오지 않을 때는 위의 부적을 「주사」로 써서 양손에 한장씩 쥔 다음 한 손으로는 코를 꼭 눌러막고 한 손으로는 벌레가 들지 않은 다른 귀를 막고 있으면 (벌레 들어간 귀는 막지 않는다) 잠시 후에 벌레가 스스로 나온다.

귀속에 버섯같은 것이 돋아날 때

[부적: 宋水鬼水水]

귀속에 버섯같은 것이 돋아나오거나 또는 절구공이처럼 매달리는 것이 생기는 경우가 있다. 이럴 때에는 주사(朱砂) 한 돈중, 경분 두돈중, 얼음三푼을 같이 곱게 갈아서 물이나 기름에 걸직하게 반죽하여 부적을 태운 재와 섞는다. 그리고는 곡초 끝을 입으로 잘근 잘근 씹어 붓 모양처럼 만들어서 이것으로 약을 찍어 환부(患部)에 자주 바르면 점차 없어진다.

이정치유부 (耳錠治愈符)

귀 속에 목화씨 같은 것이 생겨 나는 것을 「이정(耳錠)」이라 한다. 이러한 현상이 생기면 때때로 쑤시고 아픈데 이럴 경우 위의 부적을 써서 종이를 불사르고, 사람의 손톱을 곱게 갈아서 붓 대통으로 귀속에 불어 넣으면 차츰 치료 된다. 아질만큼 말린뒤 얼음조각을 약간 섞어 부적재를 넣고 곱게

이롱치료부 (耳聾治療符)

두귀 또는 한쪽 귀가 막히거나 먹어서 들리지 않을 경우 전갈(全蝎) 한개를 독을 제거해서 술에 담구었다가 부적을 태운 재를 섞어 귀속에 한방울씩 흘러넣으면 효험이 있다.

이독치료부 (耳毒治療符)

귀 속에 독종(毒腫)이 생기거나 악질(惡疾)에 걸려 괴로울 때는 배추즙(韮菜汁)을 만들어 다음의 부적을 써서 불에 태운 재와 섞어서 하루에 몇차례고 몇방울씩 흘려 넣으면 차츰 낫는다.

마、치과부 (齒科符)

풍충진통부 (風虫鎭痛符)

풍치병 혹은 충치로 인하여 이가 몹시 아플때는 관중(管中) 쌀을 삶은 물에 위 부적을 태운 재와 섞어 마시고 또 몇번이고 양치질하면 효험이 있다.

치통치료부 (齒痛治療符)

풍이나 충으로 이가 아플때 위의 부적을 「주사」로 써서 재를 만든다 음 박하(薄荷) 한돈중 대린 물에 혼합해서 입에 물고 몇번이고 양치질을 되풀이하면 통증이 가신다.

치통 멈추는 부적 (止齒痛符)

풍치 또는 충치로 이(齒)가 몹시 아프거든 위의 부적을 「주사」로 써서 불태워 재를 물 타서 마시면 치통이 멈춘다.

치통치류부 (齒痛治癒符)

이 부적을 써서 아픈 이(齒)에 물고 있으면 통증이 사라진다.

有二
作口

二四七鬼急急如律令

아통치료부 (牙痛治療符)

풍증이나 열(熱)로 인하여 어금니가 몹시 아플때는 이 부적을 붉은 글씨로 쓴 다음 불에 태워 재를 만들고, 석고(石膏) 다섯돈중을 대린 물에 부적 재를 타서 양치질하거나 복용하면 자연히 통증이 사라진다.

치아종궤치료부 (齒牙腫潰治療符)

이(齒)를 다치거나 이틀이 곪아 헤어지거나 기타의 종기가 생긴 경우는 위의 부적을 써서 불태워 재를 만들어서 형개방풍(荊芥防風) 대린 물에 타서 복용하고 또는 이 물로 옥물어뱉으면 치료된다.

바、인후병(咽喉病)

후풍치 료부(喉風治療符)

목구멍에 병통이 생겨 아플 때는 이 부적을 써서 불사른 재와 청감낭(橄欖) 흰 무우(白蘿蔔)를 대린 물에 섞어서 복용하면 병이 곧 낫는다.

후풍치 유부(喉風治愈符)

목구멍이 풍증 등으로 아플 때에는 만년청근(萬年靑根)을 씻어가지고 즙(汁)을 한 잔 정도 만든 것에 식초 반 잔을 섞은 뒤 위의 부적을 써서 태운 재를 섞어 입안에 넣고 옥물었다가 잠시 후 삼킨다. 이렇게 몇번이고 거듭하면 마침내 가래(痰)를 많이 토하게 됨과 동시에 아픈 증상이 낫는다.

후풍치류부 (喉風治愈符)

풍증이나 기타의 증세로 목구멍이 아플 때에는 우선 병원이나 약방의 치료를 하는 것이 원칙이나, 그렇게 해도 잘 낫지 않을 경우 다음의 부적을 주사(朱砂)로 써서 재를 만들어 놓고, 다음에는 생감람(生橄欖)과 무우를 삶은 물에 부적 재를 타서 복용하면 효험이 있다.

후증치료부 (喉症治療符)

목구멍에 종기가 생기거나 붓거나 풍증으로 인하여 몹시 아플 때는 칠성어(七星魚) 쓸개를 삶은 물에 다음 부적을 그려 불태운 재를 타서 복용하면 매우 효험이 있다.

백후병치료부(白喉病治療符)

백후병(白喉病)에 걸렸을 경우는 협사구(夾蛇龜—거북 종류) 한쌍을 구하여 위의 부적을 주사(朱砂)로 거북 등 위에 쓴다. 환자를 반듯하게 뉘여놓고 거북이를 입과 입술 사이에 갖다 대고 거북의 머리를 환자의 입안으로 향해주어 거북의 혀로 환부(患部)를 핥도록 하면 곧 병이 낫는다.

입 천장에 종기가 난 경우

입 천장에 부스럼이나 종기가 생겨 고생할 때는 식염(食鹽)을 볶아서 덩이 백반 세푼중과 섞어 빠아서 위의 부적을 태운 재와 섞어놓고 귀우지개 같은 것으로 약을 떠서 종기가 생긴 곳에 하루 五、六차 바르면 환부가 치료된다.

목젖이 생겼을 때

목구멍에 목젖이 생겨 음식을 먹든가 물을 삼키기가 거북할 경우 위의 부적을 써서 불살라 재를 만들어 놓고 우슬초(牛漆草＝鷄脚骨郎草라고도 한다)를 뜯어다가 즙을 내어 부적재와 섞어서 입안에 잠시 옴물었다가 삼키기를 몇 번이고 되풀이 하면 목젖이 자연 가라앉는다.

딸꾹질이 자주 나올 때

딸꾹질이 며칠을 두고 계속 멈추지 않을 때는 깨끗한 물을 한 그릇 정도 데워 가지고 위의 부적을 불태운 재에 섞어 단숨에 마시면 자연 딸꾹질이 멈추게 된다.

생선가시가 목에 걸렸을 때 (二)

고기를 먹다가 잘못하여 생선 뼈가 목구멍을 넘어가기 전 걸리는 경우가 많다. 이럴 경우에는 다음의 부적을 붉은 글씨로 다섯벌을 써서 네벌은 불에 태워 놓고 큰 마늘 쪽으로 두 코구멍을 막은 뒤 흰 설탕을 부적 재를 타서 서서히 삼키면 걸린 뼈가 녹아버린다. 만약에 닭고기 뼈가 걸린 경우는 새모시 마전한 것을 불살라 재를 받아서 만년청근을 즙(汁)을 내고 식초 반잔 정도에 부적 재와 모시 재를 섞어 입에 넣고 몇번이고 옥물었다가 삼키면 가래가 나오기 시작하면서 가시가 사라진다.

생선가시가 목에 걸렸을 때 (二)

몸에 생선가시가 걸렸을 때 이 부적을 태워 마신다.

돼지 뼈가 목에 걸렸을 때

돼지 뼈가 넘어가기 전 목구멍에 걸리면 이 부적을 태워 마신다.

화골부 (化骨符) ⑴

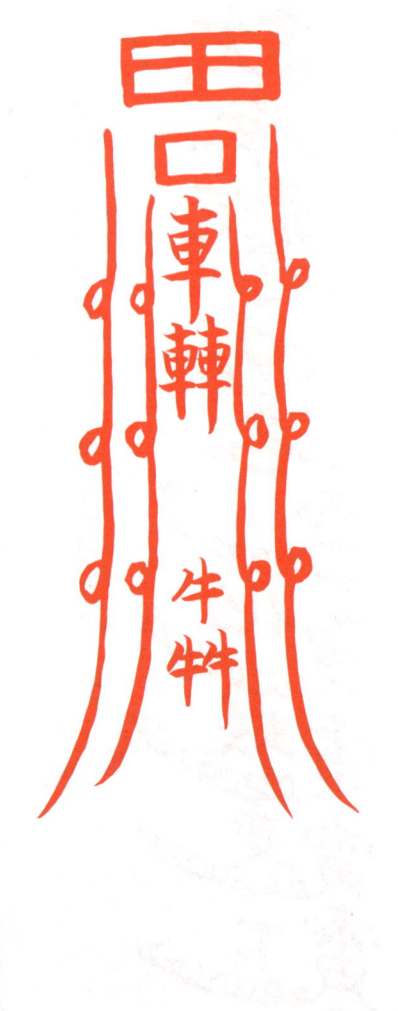

화골부(化骨符)란 생선 및 기타 고기의 가시가 목구멍에 걸린 것을 녹여 없앤다는 부적인데 다음에 기록하는 화골부를 임의로 골라 사용하는데 다음과 같은 주문을 외운 뒤 부적을 태워 복용하라.

주문 = 문설산동자도 목살장류귀 아사탄오귀 탄거만물화성수 화위 양 대해 오봉태상로군칙 신장신병 화급여율령

화골부 (化骨符) (2)

두 벌을 써서 음양수 (陰陽水―들판 우물물이나 맑은 개울물)에 태워 마신다.

화골부 (化骨符) (3)

주문을 속으로 외운뒤 이 부적을 불에 태워 복용한다.

화골부 (化骨符) ⑷

魖 (생선가시)
魁 (잔뼈)
魃 (짐승뼈)
魖 (생선가시)
魃 (잔뼈)
魃 (짐승뼈)

화골부 (化骨符) ⑸

勅令來九鯉化龍押殺

청수 한 그릇을 왼손에 받들고 주문을 왼 다음 오른손으로 물 위에 아래와 같은 부적을 그린 다음 마시면 걸린 뼈가 녹아버린다.

사、피부(皮膚)

풍습치료부(風濕治療符)

습진으로 고생하는 사람은 위의 부적을 주사(朱砂)로 써서 재를 만든 다음 파두(巴豆) 五十알을 껍질 벗겨 부적 태운 재와 같이 대려서 솜으로 찍어 습진 있는 곳을 문지른다. 습진이 헤어져 진물이 흐르거든 잠사(蚕沙) 한 되에 물 다섯 홉을 부어 진하게 끓인 다음 찌꺼기를 버리고 그 물에 부적재를 타서 환부를 여러 차례 닦아내면 치료된다.

마른버즘 고치는 법

피부에 마른버즘(乾濕)이 생기거든 창이초(蒼耳草=도꾸마리대) 풀을 뜯어다가 부적재를 섞은 뒤 짓찌어 버즘 자리에 붙이거나 연분(鉛粉)을 역시 부적재와 섞어서 바르면 버즘이 자연 없어진다.

반점치료부(班點治療符)

몸에 반점이 생긴 사람은 눈이 붉어지고 숨도 가쁘기 마련이다. 이러한 증세가 있을 때 위의 부적을 써서 재를 만든다음 곱돌가루(滑石粉) 한돈중과 백반 五푼중을 대린물에 타서 먹거나 또는 오수유말(吳茱萸末)을 따뜻한 식초에 개어서 양쪽 발바닥에 발라두면 효험이 있다.

사마귀 및 혹 떼는 방법

몸에 사마귀나 혹이 생겨 미관상 좋지 못하여 떼려 할 경우 앵도씨(櫻桃子)를 곱게 갈아서 식초에 부적 태운재와 같이 섞어서 사마귀나 혹이 생기는 곳에 발라두면 자연히 삭아없어진다.

아. 치질 및 임질(淋疾)

옴을 치료하는 법

몸에 「옴」이 올라 고통을 받을 경우 진천복(眞川樸)을 참기름에 섞어 갈아가지고 간장과 백반을 조금씩 섞은 뒤에 위의 부적을 써서 불에 태운 재를 역시 혼합하여 옴이 옮은 자리에 바르면 효력이 좋다.

치질(痔疾) 치료부

치질(痔疾)이 생겨 괴로움을 당할 때 위의 부적을 「주사」로 써서 불태운 재를, 목별자(木鱉子)를 식초에 진하게 갈아서 부적재와 혼합하여 치질 있는 곳에 바르면 효험이 있다.

③ 돌림병(痘疫)

임질치료부(淋疾治療符)

임질병이나 그와 비슷한 성병(性病)에 걸렸을 경우 은소(銀硝) 한돈중을 대린 물에 위의 부적을 써서 태운 재를 섞어서 복용하면 치료가 빠르다.

돌림병예방부(痘疫豫防符)

돌림병이 부근에 돌아다니면 자칫 전염될 우려가 있으니 이 부적을 써서 허리에 지니고 다닌다. 이미 전염된 사람은 술에 유향을 약간 넣어 이 부적을 태운 재를 섞어서 복용하면 효험이 있다.

불설벽온부 (佛説辟瘟符)

이것은 불경에 있는 부적으로 역시 돌림병(장질부사 뇌염 등 전염되기 쉬운 것)을 방지하는 부적이다. 「주사」로 그려 한장은 내실 문 위에 붙이고 한장은 몸에 지니고 다니면 전염되지 않는다.

학질퇴치부 (瘧疾退治符)

학질을 예방하거나 이미 학질을 앓는 사람을 물리치는 부적이다. 자라 껍질을 식초에 담그었다가 구어서 곱게 가루를 만든다음 술이나 끓는 물에 부적을 태운 재와 같이 타서 복용하면 학질이 침범치 못하거나 낫게 된다.

④ 부인병(婦人病)

학질퇴치부(瘧疾退治符)

이 부적도 학질(하루걸이 병)을 예방하거나 학질을 물리치는데 쓰이는 것으로 주사로 그려 몸에 지니고 다닌다.

유종치료부(乳腫治療符)

부녀자가 젖 몸살을 하거나 젖에 종기가 생겨 낫지 않을 경우 위의 부적을 두벌 만들어 불에 태운 재를 술에 골고루 저어서 때때로 아픈 곳에 바르면 차차 환부(患部)가 치료된다.

산중보호부(産中保護符)

부녀자(婦女子)가 임신 중에 있거나 해산(解産)에 임박하였을 경우 주문을 외우고 나서 이 부적을 주사로 써서 몸에 지니고 있으면 태아(胎兒)에게 이상(異常)이 없을 뿐 아니라 순산(順産)하여 산모(産母)의 건강을 보호해 주고 젖(乳)도 풍부하게 나온다.

주문 = 구천감생 주생응령 도지급응 보고진종 섬범중이 강화백 조개왕신

唵 吸 啼 喃
哎 靈 吒 揌

조경부(調経符) (一)

부녀자가 월경(月経)이 불순(不順)하거나 대하증(帯下症)이 있으면 건강에 해로울 뿐 아니라 애기를 낳지 못할 염려가 있다. 이런 경우 향부자 한돈반중을 대려 부적을 살라 혼합해서 복용하면 효험이 있다.

조경부(調経符) (二)

월경이 고루지 못하거든 위의 부적을 그려 불태운 재를 천궁(川芎) 한돈반중 대린 물에 타서 복용하면 곧 월경이 좋아진다.

부인병치료부 (婦人病治療符)

부인병이란 월경불순(月経不順) 대하증(帯下症) 냉병(冷病) 등의 여러 가지가 있는데 이러한 병이 쉽게 치료되지 않거든 위의 부적을 태워 대추 대린 물에 타서 복용하면 신효하다.

부녀백병치료부 (婦女百病治療符)

이 부적은 부녀자의 산전 산후(産前産後)에 체질이 약해질 우려가 있을 경우 또는 기타의 부인병을 치료하는데 신효한 부적이다. 이 부적을 써서 의사의 처방한 약과 같이 복용하면 길하다.

⑤ 소아과 (小兒科)

오줌싸게 치료법

오줌싸는 어린이 모르게 이 부적을 써서 불살라 먹인다.

龍鳳虎鬼 化爲吉祥急急如律令

소아과소신부 (小兒科召神符)

모든 소아병(小兒病)을 치료하기 전 우선 위의 부적을 불살라 먹이고 다음과 같은 주문을 외운다.

주문=건원법상 일기류 병 합진응감 진 원강령 섭하 종휘 대동심 하 명희유

출두안전부 (出痘安全符)

어린애가 마마 (속칭 홍역)를 시작할 때 이 부적을 「주사」로 써서 재를 만들어 젖에 타서 먹이면 쉽게 「마마」를 끝마친다.

감적부 (疳積符)

어린애가 음식을 잘못 먹어 위(胃)와 대소장(大小腸)에 적체(積滯)가 되어 얼굴이 누렇거나 발육이 부진할 경우 이 부적을 써서 하루에 한장씩 불에 살라 복룡한돈중대린 물에 타서 먹이면 신효하다.

토유치료부 (吐乳治療符)

어린애가 젖을 먹기만 하면 소화를 못하고 토할 경우 백출 오푼중을 대린 물에 위 부적을 태운재를 젖에 섞어 먹이면 효험이 있다.

급만경기부 (急慢驚氣符)

급성이나 만성을 막론하고 어린이의 경기는 매우 위험하다. 이런 경우는 질경이 풀과 초련자를 같이 찌어 즙을 만들고 그 즙에 부적 재와 꿀물을 섞어 먹인다.

수경부(収驚符)

어린애가 경기로 깜짝 깜짝 놀라고 열이 갑자기 오르내릴 때는 이 부적을 「주사」로 써서 불태워 그 재를 젖에 개어서 먹이면 경기가 멈추어진다.

奉佛勅 三昧老人到此定三魂七魄歸本身

경기 멈추는 부적 (収驚符)

어린이가 갑자기 놀라거나 갑자기 울어대는 경우 이것을 「경기」라 하는 것이니 곧 이 부적을 불살라 젖에 타서 먹인다.

경기 멈추는 부적 (収驚符)

어린 애기가 갑자기 놀라거든 이 부적을 써서 태워 먹인다.

침구전소신부 (針灸前 召神符)

소아병에 침을 맞칠 경우 안전을 도모하기 위해 위의 부적을 불살라 먹인 뒤 다음과 같은 주문을 외운다.

주문 = 원명진결 영웅함명 대기종범 만옹금령 섭창주

⑥ 기타 질병부 (其他疾病符)

더위 피하는 부적 (立愈中暑符)

여름철에 날씨가 무더워 더위를 참기 어려울 때 편두 두돈중 대린 물에 위 부적을 한장씩 태워 섞어서 세차례 복용하면 더위가 물러간다.

피열부 (避熱符)

몹시 열(熱)을 내는 공장에서 일을 하거나 여름철에 더워 견디기 어려울 때 이 부적을 써서 한장은 태워 마시고 한장은 몸에 지니면 더위가 물러간다.

피로회복부 (疲勞回復符)

이 부적은 심신과로(心神過勞)로 인하여 기운이 탈진(脫盡)되었을 경우 불에 살라서 유향, 인삼을 각 두돈중을 대려 타 마신다.

허탈증치료부 (虛脫症治療符)

밥이나 음식을 아무리 먹어도 식욕이 한이 없는 증세이다. 이 부적을 써서 한장은 불에 태워 마시고 한장은 몸에 지니면 허탈증이 차차로 없어진다.

식욕촉진부 (食慾促進符)

장마철을 맞이하거나 봄, 여름철에 구미(口味)가 없어 조석을 먹지 않았는데도 배가 부른 듯 하거나 식욕이 없을 때에는 위의 부적을 써서 재를 만들어 약수(藥水)에 타 복용하면 소화도 잘되고 곧 구미(口味)가 돌아난다.

해민장력부 (解悶長力符)

근심 걱정으로 인하여 고민이 많을 경우는 밥맛도 없기 마련이다. 이럴 때에는 위의 부적을 태워 재를 만들어서 무우씨 대린 물에 타서 먹으면 고민도 사라지고 식욕이 왕성해진다.

초대방맥부 (召大方脈符)

크게 다치거나 기타의 사고, 또는 기절(氣絶)하여 인사불성이 되거나 가사(假死) 상태에 있어 심히 위급할 때에 이 부적을 급히 써서 불태워 먹이고 다음과 같은 주문을 외우면 대방맥이 뛰기 시작한다.

주문 = 양광일기 일월합형 주지응강 내외통령 섭황광경 람수도 장자 주범경 양지학

唵部霊 鳥乇 霊拝

진경안신부 (鎭驚安神符)

걸핏하면 놀라거나 까닭없이 무서워지며 조그마한 일을 당해도 가슴이 울렁거리는 사람, 즉 무서움을 심히 타는 사람은 이 부적을 써서 불태워 재를 만든 뒤 탁주(濁酒)에 타서 복용하면 신효하다.

식일치료부 (食壹治療符)

수분(水分)이 입안에 부족하거나 해서 밥을 먹을 때 침이 말라 잘 넘어가지 않는 사람은 소화불량증도 걸리기 마련인데, 이러한 때에는 위 부적을 「주사」로 써서 불살라 향연(香櫞) 한 돈 반 중을 달인 물에 부적재와 혼합하여 복용하면 치료가 된다.

주취해소부 (酒醉解消符)

술을 과음(過飮)하여 좀처럼 깨어나지 않을 때는 이 부적을 써서 불살라 따뜻한 물에 복용하면 곧 술이 깬다.

멀미병 치료부

기름 냄새 또는 악취(惡臭) 혹은 차멀미 배멀미 그리고 원인 모르게 갑자기 머리가 어지러워지며 아플 때는 생강을 대린 물에 부적을 써서 재를 만들어 섞어 먹으면 신효하게 머리 속이 개운해진다.

유정치료부 (遺精治療符)

꿈속에 남녀가 성행위(性行為)를 하다가 실제로 정액(精液)을 발사(発射)하는 사람이 간혹 있는데 이런 경우를 몽정(夢精)이라고도 한다. 몸이 허약하면 발생하기 마련이므로 위의 부적을 태워 등심초 한 묶음을 삶은 물에 부적 재를 타서 복용하면 신효하다.

상한잡증부 (傷寒雜症符)

상한은 여러가지의 증세가 있는데 한약방이나 양약방에 가서 증세에 적합한 약을 구하여 복용하되 반드시 위의 부적을 써서 불에 태워 약과 같이 복용하면 약효가 빠르다.

놀란병부 (治驚符)

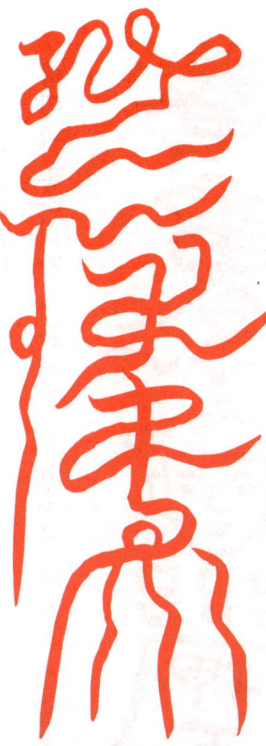

무슨 일에 몹시 놀라 그로 인하여 병을 얻었을 때는 위의 부적을 주사로 써서 재를 만들어 대추 삶은 물에 타서 복용하면 곧 치료된다.

상한불한부 (傷寒不汗符)

상한(傷寒) 병으로 땀이 나오지 않는 증세에는 마황(麻黃) 두돈중을 끓인 물에 위의 부적을 그린 재를 타서 복용하면 곧 치료된다.

바늘이 살속에 박혔을 때

霄餠

쇠불이나 바늘이 잘못하여 목구멍에 걸렸을 때는 「갈가마귀」의 깃털 五、六개를 빼서 기와 위에 놓고 노랗게 되도록 볶아서 위의 부적을 태운 재를 섞어 같이 곱게 갈은 뒤 술에 개어서 바늘이 박힌 자리에 붙이면 저절로 쇠꼬챙이가 나온다.

수각부 (修脚符)

다리나 종아리가 아플 때는 이 부적을 주사로 그려 불에 태워 마신다.

庵零ㅇㅇ押五方鬼陰兵

수금귀전부 (収禁鬼箭符)

산이나 들을 거닐다가 갑자기 허리나 수족이 아프거나 쥐가 나든지 저리면 위의 부적을 붉은 글씨로 써서 불태운 재와 천산갑 한돈중에 볶은 황태 三돈중 난잎 三돈중을 진하게 대린 물에 타서 술을 섞어 먹으면 효험이 있다.

소풍지통부 (疏風止痛符)

풍습을 받게되면 두 다리에 통증이 생겨 걸음걷기가 어렵다. 이런때는 송오 두근과 부적을 같이 태워가지고 형겊 둘에 나누어 싸아서 남비 속에 데운뒤 아픈 곳에 번갈아 붙이면 잠시후 쾌차하여진다.

거풍산한부(祛風散寒符)

사지(四肢)가 마비되어 힘줄이 당기는 듯 아픈 것은 찬바람이 뼈에 들어간 원인인데 이런 경우에는 자소(紫蘇)를 끓인 물에 부적 글씨 한자씩 태운 재를 타서 하루 세끼씩 복용하면 신효하다.

냉병치료부(冷病治療符)

냉병으로 고생할 경우 이 부적을 불에 태워 복용하거나 몸에 지니고 다니면 효험이 있다.

요·배 통치료부 (腰背痛治療符)

허리나 등을 다쳤거나 다치지 않았더라도 날이 음습 (陰濕)하게 되면 쑤시고 아픈 경우에 위의 부적을 써서 강활 (羌活) 한돈중을 대려 부적재와 같이 복용한다

견비통치료부 (肩臂痛治療符)

두 어깨가 아프거나 양팔이 쑤시고 아프든지 움직이기가 거북할 때는 계지 (桂枝) 한 돈중을 삶은 물에 이 부적재를 타서 복용하면 신효하다.

요통치료부 (腰痛治療符)

허리를 다쳤거나 절리거나 혹은 신경통으로 쑤시고 아플 때는 아래의 부적을 「주사」로 쓴 다음 불에 살라 재를 만들어서 적감초(赤甘草)와 백강(白薑) 한 도중 대린 물에 혼합해서 매일 二, 三차 복용하면 차차로 치료된다.

제十四부 기타 비법(秘法)에 대한 부적

자물쇠 푸는 부적 (解鎖符)

잠겨진 자물쇠가 녹이 슬거나 해서 잘 열리지 않을 경우 「경명주사」로 이 부적을 써서 자물쇠에 붙이면 잠긴 자물쇠가 자연히 풀린다.

밤길에 무섭지 않는 부적

흰 종이에 붉은 글씨로 써서 몸에 지니고 밤길을 걸으면 무섭지 않다.

(一)

我是鬼

(二)

뻠뻠急急如律令

수렵・어렵부 (獸獵・魚獵符)

산짐승, 산새, 들새 및 물고기 등을 잡을 때 쓰이는 부적인데 맨 처음 잡은 짐승이나 물고기를 놓아주면서 「나무보승여래」라는 주문을 일곱번 외우고 불살라 버리면 짐승이나 물고기가 잘 잡히며 종일 잡아도 아무런 탈이 생기지 않는다.

欠我青卅木爪錢勅令

보행신비법 (步行神秘法)

하루에 백리(百里)를 걷거나 태산준령(泰山峻嶺)을 넘어도 다리가 아프지 않고 빨리 걸을 수 있는 비법이다. 가운데 손가락을 위로 쭉 펴고, 엄지 손가락과 새끼 손가락을 안으로 오무리고, 무명지와 식지(食指)를 가운데 손가락 밑으로 넣고 걷는데 이는 도인(道人)들이 주로 사용하는 방법이다.

걷는 사람의 신발 위에 이 부적 칠자를 거꾸로 붙이고 걸으면 신기한 효력이 있게 된다.

금압몽마부 (禁壓夢魔符 — 가위 눌릴 때)

잠을 자다가 꿈 속에 자주 가위에 눌려 잠자기가 두렵고 또 편한 잠을 자지 못하는 사람이 있다. 이는 정신(精神)이 쇠약한 원인인데, 이 부적을 석장(三枚)을 써서 종이에 싸서 그 위에 (勅令)이라 쓴다. 벼개 밑에 넣고 자다가 꺼내어 방문 위에 붙이고 두장은 불살라 그 재를 복신(茯神) 一돈중 대린 물에 타서 먹으면 신효하다.

결승부 (決勝符)

이 글씨를 써서 손에 쥐고 싸우면 승리한다.

문병부 (問病符)

이 글씨를 손에 쥐고 문병가면 안전하다.

승소부 (勝訴符)

勝

이 글씨를 주사로 써서 손바닥에 쥐고 법정에 출두하면 소송에 승리한다.

이거부 (移居符)

萬年青

붉은 종이에 아래 글씨를 써서 넣어두고 이사하면 대길하다.

매고부 (埋古符)

金貴大德

낡은 물건 및 오래된 물건을 땅에 묻을 때 이 부적과 같이 묻으면 탈이 없다.

소아범 신방살부 (小兒犯新房殺符)

이 부적을 써서 어린애들이 처음 신방에 출입할 때 모르게 지녀주면 신방살을 피하게 된다.

(一) 奉天勅節 玄天上帝到奉行

(二) 勅鳳霳耳 發郊到此大吉

화합세정부 (和合洗淨符)

상대방과 타협을 보고자 할 때 이 부적을 지니면 서로 뜻이 화합한다.

상차향부 (相借向符)

남의 돈이나 물건이나 기타를 빌려서 일을 할 때 뜻대로 이루어지는 부적이다.

화합부 (和合符)

상대방이 누구든지 막론하고 그 상대방과 뜻이 화합하고자 할 때 이 부적을 지닌다.

通天玄女耗过九天玄女口舌打電乙

탄전부 (呑錢符)

어린이가 동전을 삼키고 욕을 볼 때 이 부적을 써서 태워 마신다.

勅元龍

사계부 (四季符)

사계부(四季符)란 봄, 여름, 가을, 겨울의 사철에 따라 몸에 지니면 만사 대길한 부적인데 「태현선옹신위(太玄仙翁神位)」 앞에 고치삼번(叩齒三次 — 이를 딱딱 세번 마주치는 것)하고나서 황지(黃紙)에다 이 부적을 써서 신위(神位) 앞에 놓고 술을 부어 올린다음 사용한다.

봄부적 (春季符)

봄에 이 부적을 써서 몸에 지니고 다니면 재액이 따르지 않고 대길하다.

여름부적(夏季符)
여름에 지니면 길한 부적이다.

가을부적(秋季符)
가을에 지니면 길한 부적이다

겨울부적(冬季符)
겨울에 이 부적을 지니면 모든 화를 면하고 만사가 여의하다.

이동부 (移動符)

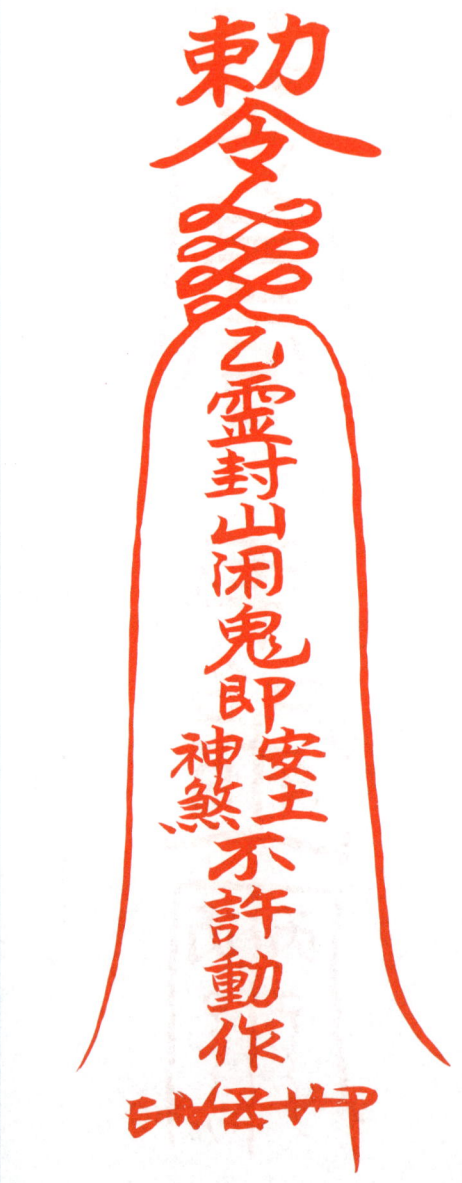

중요한 물건을 옮겨 놓을 때 이 부적을 써서 붙여두면 탈이 생기지 않는다. 이동하기 전에 쌀 씻은 뜨물을 옮겨놓을 자리에 뿌려놓은 뒤에 이 부적을 붙이고 다음에 물건을 옮겨 놓아야 한다.

增補●追錄

靈符神書

一、家庭吉利에 대한 부적／三九三
二、夫婦에 대한 부적／四〇二
三、子孫에 대한 부적／四〇九
四、事業、財物、財數에 관한 부적／四一三
五、學業、試驗、官職에 대한 부적／四二一
六、災難防止에 대한 부적／四二六
七、三災에 대한 부적／四三三
八、安全에 대한 부적／四三四
九、旅行에 대한 부적／四三七
十、移徙에 관한 부적／四三九
十一、訴訟에 대한 부적／四四三
十二、惡、邪鬼 및 怪物 退治符／四四四
十三、六畜에 대한 부적／四五三
十四、꿈에 대하여／四五八
十五、疾病에 대한 부적／四六〇
十六、動土 및 修造／四六六
十七、初喪 및 墳墓에 대한 부적／四七五
十八、氣象에 관한 부적／四七九
十九、其他 秘法에 대한 부적／四八一

目次

一、家庭吉利에 대한 부적 ……三九三

만사대길부 /三九三
安宅符・家内大吉符 /三九四
百事大通符 /三九五
五公靈符 /三九六
觀音靈符・呂祖靈符 /三九七
家業繁榮符・子孫繁榮長壽符 /三九八
家内和合符・父子和睦符 /三九九
鎭子孫不和・鎭父子不和 /四〇〇
迷魂符・家出防止符 /四〇一

二、夫婦에 대한 부적 ……四〇二

鳳凰符・麒麟符 /四〇二
諸和合符・和合符 /四〇三
夫婦合心符 /四〇四
夫婦相愛符・夫婦和合符 /四〇五
鎭夫婦不和符・夫妻和睦符 /四〇六
남편 바람 방지부・아내 바람 방지
부 /四〇七
애정을 받는 부적・교제를 끊고
싶을 때 /四〇八

三、子孫에 대한 부적 ……四〇九

生子女法 /四〇九
生子符 /四一〇

四、事業・財物・財數에 관한 부적 ……四一三

如意符・達成符 /四一三
富貴安泰符・家運隆昌符 /四一四
事業興旺符・繁榮符 /四一四
得利符・得財符 /四一五
經營符・鎭耗神符 /四一六
失敗豫防符・損財防止符 /四一七
安全順調符・目的達成符 /四一八
所願成就符・부탁이 성취되는
부적 /四一九
採用符・主人에 충성하는 부적 /
四二〇

五、學業 試驗・官職에 대한 부적 …………………… 四二一
　정신이 맑아지는 부적・合格符/四二二
　功名符・利官符/四二三
　官職을 얻는 부적・좋은 직업을 얻는 부적/四二三
　志公符・郎公符/四二四
　좋은 主人을 만나는 부적・寵爰符/四二五

六、災難 防止에 대한 부적 …………………… 四二六
　雷電不侵符/四二六
　벼락 예방부・官災・口舌・是非・訟事 소멸부/四二七
　橫厄을 면하는 부적・官厄 防止符/四二八
　火災不侵符・水厄豫防符/四二九
　鎭官災不侵・鎭口舌符/四三〇
　鎭瘟符・強盜 및 도적 예방부/四三一

七、三災에 대한 부적 …………………… 四三二
　드는 三災符/四三二
　묵는 三災符・나는 三災符/四三三

八、安全에 대한 부적 …………………… 四三三
　天災防止符・旅行安全符/四三四
　航海安全符・入鑛安全部/四三五
　保身符・平安符/四三六

九、旅行에 대한 부적 …………………… 四三七
　遠行安全符・旅行大吉符/四三七
　水陸遠行符・險路安全符/四三八
　不利한 곳으로 여행할 때・路上橫厄 방지부/四三九

十、移徙에 관한 부적 …………………… 四四〇
　移徙平安符/四四〇
　移徙大吉符/四四一
　移徙頉 소멸부・新屋移徙符/四四二

十一、訴訟에 대한 부적 …………………… 四四三
　勝訴符・訴訟符/四四三

十二、惡・邪鬼 및 怪物退治符 ……… 四四
　惡鬼退治符・鬼怪不侵符/四四
　除邪氣符・鎭惡邪符/四五
　怪物退治符・妖怪退治符/四六
　人鬼退治符・百怪不侵符/四七
　除邪魔符・除惡魔符/四八
　避怪符/四九
　禍害鬼退治符/四五〇
　惡鬼逃走符・客鬼不侵符/四五一
　怪獸不侵符/四五二

十三、六畜에 대한 부적 …… 四五三
　六畜旺符/四五三
　養畜平安符・家畜興旺符/四五四
　六畜이 달아날 때・육축이 잘
　　죽으면/四五五
　家畜病防止符・六畜瘟疫防止符/四五六
　육축이 살찌게 하는 부적・
　　육축이 잘 죽거나 달아나면/四五七

十四、꿈에 대하여 ……… 四五八
　惡夢을 꾸면・惡夢退治符/四五八
　꿈자리 사나울 때・凶夢을 吉夢
　　으로/四五九

十五、疾病에 대한 부적 … 四六〇
　百病不侵符・諸病治療符/四六〇
　疾病退治符・食物中毒符/四六一
　疾病大吉符・頭通治療符/四六二
　止通符・止血符/四六三
　百病退治符・耳痛治療符/四六四
　神經痛治療符・寒熱治療符/四六五

十六、動土 및 修造 …… 四六六
　十二支年 押殺符/四六六
　三殺符/四六七
　집짓는 운이 맞지 않을 때/四七四

十七、初喪 및 墳墓에 대한
　　부적 ……… 四七五
　시체가 웃으면/四七五

靈車不行／四七六
喪主受殃／四七七
鎭墓符・押壙符／四七七
六、氣象에 관한 부적……四七九
祈雨符・祈晴符／四七九
晴明符・呼風符／四八〇
九、其他 秘法에 대한 부적……四八一
당첨부・집 잘 팔리는 부적／四八一
紛失物 찾는 부적・도적을 잡는 부적／四八二
잠이 잘 안올 때・가위 눌릴 때／四八三
모기 쫓는 부적・放蕩을 막는 방법／四八四
개미를 쫓는 부적・나무벌레를 없애는 방법／四八五
쥐를 쫓는 부적／四八六
鎭鼠食物符・쥐가 옷을 씹을 때

四八七

罪刑免除符・改惡符／四八八
小兒夜啼符・安定符／四八九
通仙符・延壽符／四九〇
如意符・請吉夢符／四九一
待人歸來符・愛敬符／四九二
酒食을 부르는 부적・入水符／四九三
降神符／四九四

一、가정길리(家庭吉利)에 대한 부적

가정길리란 첫째 집안이 화목하고 자손이 창성하며 사업이 잘 되고 육축 농사 등이 잘 되며, 모든 일이 소원대로 이루어지는 것을 말한다. 또는 우환이 따르지 않고 괴이한 일이 발생치 않으며 벼슬이 여의하고 경영이 순조로운 것 등을 포함한다.

만사대길부

아래 부적을 朱砂로 그려 매년 立春日 立春時에 재수부와 같이 一장씩 그려 몸에 지니거나 집안에 붙여두면 가내 대길하고 일신이 형통한다.

안택부 (安宅符)

아래 부적을 그려 모든 방이며 부엌 그리고 창고 등에 붙여 두고 안택경(安宅經)을 읽으면 집안에 재난이 생기지 않고 모든 길상(吉祥)이 날로 이른다.

가내대길부 (家內大吉符)

위 부적을 그려 대문(大門)에 붙여두면 모든 재앙이 不侵하고 질병과 근심이 자연 사라지며, 집안이 화목하고 재산이 늘며 또는 육축(六畜)이 번성한다.

백사대통부 (百事大通符)

이 부적을 경면주사로 그려 內室 벽 위에 붙여두면 백사대통이니 즉 우환질고가 침입치 않고 가정화목에 자손 창성이오 모든 사업이 잘 되어나간다.

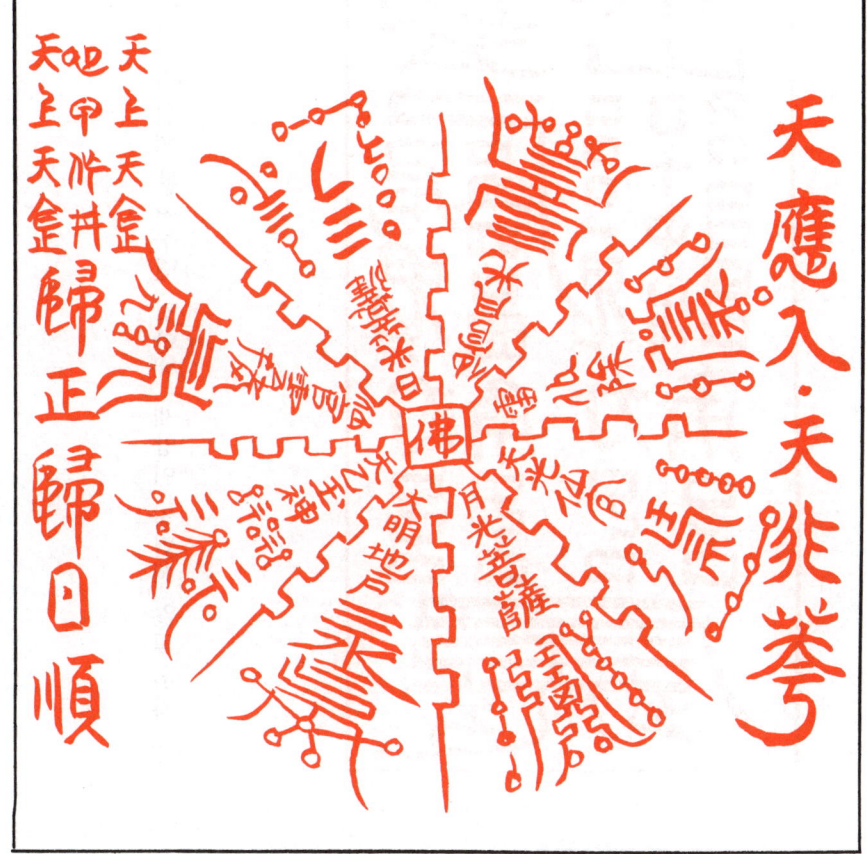

오공령부(五公靈符)

이 부적을 黃紙에 朱砂로 써서 門 위에 붙여두면 집안에 재앙이 침범치 않고 만사 대길하다.

관음영부(觀音靈符)

唵觀音勅令甘露神到此消滅水火災罡

여조령부(呂祖靈符)

呂帝勅令星君到救苦救難罡

위 관음령부와 여조령부는 집안이 평안하라는 안택부(安宅符)이다. 그러므로 위 부적을 써서 집안에 붙여두면 삼재팔난(三災八難)이며 수화액(水火厄) 그리고 도병화(刀兵火) 등 모든 재난이 침범치 않는다. 朱書로 써서 방에 붙이거나 몸에 지니고 다니면 대길하다.

자손번영장수부(子孫繁榮長壽符)

이 부적을 그려 항시 붙여두면 가문이 융창하고 자손이 창성하며 식구마다 부귀장수한다.

가업번영부(家業繁榮符)

이 부적 두 장을 그려 한 장은 집에 붙이고 한 장은 몸에 지니면 사업이 흥왕하고 집안 일이 순조로우며 특히 장사에 이익이 많다.

가내화합부 (家內和合符)

집안 식구끼리 의사가 불합하거나 정이 없이 지내는 경우가 있다. 아래 부적을 그려 가주(家主)가 항시 지니면 자연히 집안이 화순해진다.

부자화목부 (父子和睦符)

부모와 자녀간에 거리감이 생겨 서먹서먹 하거나 찬 바람이 도는 집안이 있다. 이럴 때는 위 부적을 그려 부모와 자녀들이 각각 몸에 지니면 서로 애정이 두터워지고 집안이 훈훈해진다.

진 자손불화 (鎭子孫不和)

자손들끼리 의가 좋지 못하거나 화목치 못하며 서로 싸우는 등 가정불화가 있을 때는 이 부적을 그려 방안에 붙여두면 길하다.

진 부자불화 (鎭父子不和)

父子간에 정이 없거나 화목치 못하거든 이 부적을 그려 內室門 위에 붙여두라 父子의 정이 두터워지고 자연 화목해진다.

미혼부(迷魂符)

남편 혹은 아내 혹은 자녀 중에 까닭없이 집을 나가 타판에서 방황하는 경우가 있다. 이는 미혼살(迷魂殺)이 침입한 연고이니 이 부적을 써서 방안 문위에 붙여 두면 나간 사람이 스스로 돌아온다.

가출방지부(家出防止符)

가족 중에 까닭없이 가출하였거나 자주 가출하는 사람이 있을 경우 이 부적을 그려 내실 문위에 붙여두면 이미 나간 사람은 돌아오고, 잘 나가는 사람은 마음을 잡고 가출하지 않는다.

二、부부(夫婦)에 대한 부적

이 부적은 신랑 신부가 초례청에서 결혼식을 올릴 때 쓰는 부적으로 아래 봉황부와 기린부를 각 한장씩 그려 초례상 양쪽에 붙여놓고 초례(결혼식)를 올리면 부부가 화목하고 백년해로(百年偕老) 한다.

봉황부(鳳凰符)

奉勅令 鳳凰先到此罡

기린부(麒麟符)

奉勅北極上帝令 麒麟先師到此大吉

화합부(和合符) ─ 男子用

이 화합부는 남편의 몸에 지닌다.

화합부(和合符) ─ 女人用

이 화합부는 아내의 몸에 지닌다.

부부가 각각 지니면 일생동안 부부가 화합하고 이별 없이 백년해로 하며 자손도 많이 둔다고 한다.

부부합심부(夫婦合心符)

이 부적을 부부가 거처하는 房에 붙여놓고 다음과 같은 주문을 읽으면 부부가 합심 화목해지고 만사 대길하다.

천정지정 일월지정 천지합기정

天精地精 日月之精 天地合其精 日月合其明 神鬼合其形 余心合我心 我心合余心

일월합기명 신귀합기형 여심합아심 아심합여심

천심만심만만심의 합아심 태상노군급급여율령칙

千心萬心萬萬心意合我心 太上老君急急如律令勅

夫 성명 ○○○
婦 성명 ○○○

부부상애부 (夫婦相愛符)

아래 모양의 부적을 白紙에 먹으로 그려 남녀의 연령과 성명을 기입한 뒤 他人이 모르게 각각 지니면 부부가 자연 서로 사랑하여 화목해진다.

부부화합부 (夫婦和合符)

이 부적을 경면주사로 그려 부부 동침하는 방에 붙여두기나 부부의 베개 속에 각각 넣어두면 부부가 화합한다.

진 부부불화부 (鎭夫婦不和符)

이 부적을 그려 婦人의 몸에 지니고 있으면 부부 불화를 방지하고 아울러 부부가 화목하니라.

부처화목부 (夫妻和睦符)

위 부적을 紅紙에 두 장 그려 부부가 각각 한 장씩 몸에 지니면 자연히 부부가 화목해지고 가정이 평온해지며 부부간에 일생동안 애정이 두터위지게 된다.

남편 바람 방지부

남편이 현재 바람을 피우거나 또는 바람피울 우려가 있다고 생각되거든 아래 부적을 그려 남편의 베개 속에 남편 모르게 넣어두면 신효하다. 부부 화합부를 같이 사용하면 더욱 좋다.

아내 바람 방지부

아내가 바람기가 있어 바람을 피울 염려가 있거나 현재 바람을 피우거든 위 부적을 그려 화합부 一枚와 같이 비밀리에 아내의 베개 속에 넣어두라. 곧 바람기가 멈추느니라.

애정을 받는 부적

남편, 아내 또는 이성의 사랑을 독점하고 싶을 때는 이 부적을 그려 상대방(남편, 아내 또는 애인)의 생년월일과 성명을 부적 옆에 기록하여 몸에 지니거나 베개 속에 넣고 자면 신효하니라.

교제를 끊고 싶을 때

남녀가 사귀다가 어느 한쪽이 싫어져서 교제를 끊고자 해도 상대방이 응하지 않거든 위 부적을 그려 몸에 지니면 상대방이 자연 나를 싫어하여 물러난다.

三、 자손에 대한 부적

생자녀법 (生子女法)

아들 딸을 막론하고 낳지 못하거나 혹 낳더라도 실패하는 것은 소위 전태살(轉胎殺)이 있는 까닭이다. 十二月에 설수(雪水—눈 녹인 물)를 적토(赤土)에 반죽하거나, 나무를 사용하며 인형(人形) 七개를 만들어서 각각 머리에 바늘 한 개씩을 꽂아 오색실(五色絲)로 묶은 뒤 들판 적당한 곳에 묻고 기도를 드린 뒤 다음 부적을 방 벽에 붙여놓고 부부가 합방하면 원하는 자녀를 낳게 된다고 한다.

생자부 (生子符)

다음은 모두 아들을 낳는 부적이 각각 설명에 따라 사용한다.

이 부적은 부부가 자는 내실벽 위에 붙여둔다.

이 부적은 女子가 태워 마신다.

이 부적은 방안
에 붙여 둔다.

이 부적은 出入
門 위에 붙여두면
신효하다.

이 부적은 부
부가 자는 내실
아랫목 벽에 붙
여 두면 효력이
좋다.

四、 사업 · 재물 · 재수에 관한 부적

여의부 (如意符)

만사여의재리부 (萬事如意財利符)라 한다. 이 부적을 붉은 종이에 검정색으로 써서 마음으로 원하는 바를 빌고 몸에 지니면 재물은 물론이고 소원이 이루어진다.

달성부 (達成符)

이 부적을 백지(白紙)에 주사로 써서 항시 지니고 다니면 재물이 따르고 목적한 소원이 쉽게 이루어진다.

부귀안태부 (富貴安泰符)

아래 부적을 정성스럽게 그려 몸에 지니고 다니면 가는 곳마다 財寶가 구름같이 모이고, 모든 일이 자유자제로 된다 한다.

가운융창부 (家運隆昌符)

이 부적을 깨끗한 白紙에 朱書로 그려 戶主의 몸에 지니면 가정이 원만해지고 재산이 날로 융창해진다.

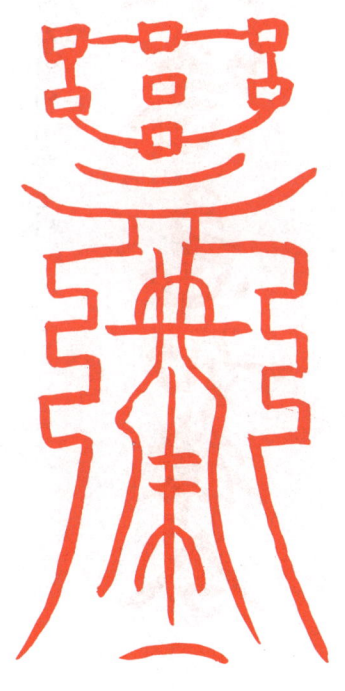

사업흥왕부 (事業興旺符)

이 부적을 그려 방안 문 위에 붙이면 사업이 잘 되고 자손이 창성하며 경사가 면면하다.

번영부 (繁榮符)

이 부적을 內室 門 위에 붙이면 집안과 사업이 번창한다.

天風來人來唸急如律令

득리부 (得利符)

위 부적을 백지에 붉은 글씨로 써서 密封하여 깊이 지니면 금은재보(金銀財寶)가 자연이 르고 운수가 형통하니라.

득재부 (得財符)

위 부적을 그려 사업장소에 붙여두거나 금庫內에 넣어 두면 사업이 흥왕하고 금전 재물이 날로 번창한다.

경영부 (經營符)

이 부적을 두장 그려 한장은 사업장소에 붙여 두고 한장은 몸에 지니면 경영이 순조로와 사업이 크게 발전하느니라.

진모신부 (鎭耗神符)

까닭 없이 財物의 손해가 따르는 것은 집안에 모신(耗神)의 장난함이라 이 부적을 붙여두면 모신이 물러나 손재수를 방지하게 된다.

실패예방부 (失敗豫防符)

사업을 처음 시작하거나, 또는 자본을 늘리거나 변경 등 사업상의 중요한 시기에 임했을 때 이 부적을 그려 몸에 지니면 실패없이 사업의 경영이 잘 이루어진다고 한다.

손재방지부 (損財防止符)

운명학적 판단에 의하여 손재수가 있거나 손재할 징조가 있을 때는 이 부적을 그려 한 장은 사업장소에 붙이고 한 장은 몸에 지니면 최소한으로 손재를 줄이게 된다.

안전순조부 (安全順調符)

아래 부적을 깨끗이 그려 항시 지니면 자연히 무슨 일이나 순조롭게 되고 안전하며 근심이 따르지 아니한다.

(가) 日日尸田鬼唵急如律令
(나) 尸田鬼
日日日 唵急如律令

목적달성부

위 부적 두가지 중 임의로 골라 그려서 몸에 지니면 목적한 일이나 계획한 일이 순조롭게 이루어진다.

소원성취부

아래 부적을 朱砂로 써서 紅紙에 봉하여 몸에 지니고 다니면 무슨 일이나 남보다 우선하게 되고 소송, 입찰, 경쟁 등에 승리하게 되며 소원이 이루어진다.

부탁이 성취되는 부적

이 부적을 몸에 지니면 자신이 계획한 일이 잘 성취될 뿐 아니라 어떤 일을 남에게 부탁한 경우 그 사람이 성의껏 돌보아 준다.

채용부 (採用符)

사업을 목적하거나 기타 일로 인하여 고용인 혹은 部下 식모 등을 채용하게 될 때 이 부적을 붙여두면 자연 좋은 사람을 채용하게 된다.

주인에 충성하는 부적

고용인을 채용한 사업주 혹은 부하를 거느린 上司의 경우 고용인이나 부하가 진심으로 도와주어야 사업이 잘 되고, 윗사람으로서의 체면이 서게 된다. 이 부적을 지니면 부하나 고용인이 충성으로 주인을 도운다.

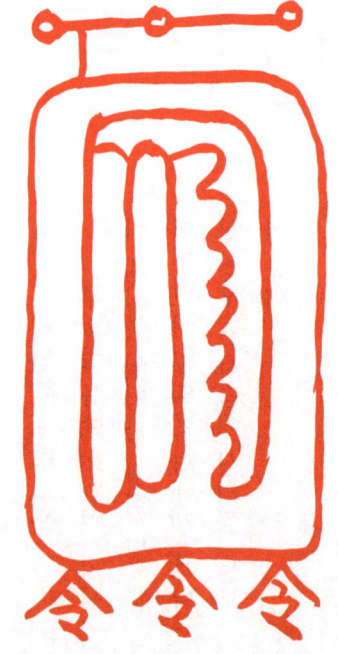

五, 학업・시험・관직에 대한 부적

정신이 맑아지는 부적

工夫하는 학생, 여러가지 시험에 응하는 사람, 연구가 발명가, 아이디어 맨 등은 아래 부적을 그려 몸에 지니면 항시 머리가 맑아져서 우수한 성적으로 실력을 발휘할 수 있다.

또는

합격부 (合格符)

입학시험, 취직시험 및 기타의 시험에 응시하거나 혹은 어떤 일에 出馬하여 당선되기를 원하는 사람은 위 부적을 그려 몸에 지니라 정신이 맑아져서 평소의 실력을 만분 발휘하게 되고 또 出馬者는 당선의 행운이 온다.

공명부 (功名符)

이 부적을 그려 항시 몸에 지니고 다니면 뜻하는 관직을 얻고, 관직에 있는 자는 공명이 현달하여 순풍에 돛단듯이 입신출세(立身出世) 한다.

이관부 (利官符)

관직(官職)을 구하려는 사람은 좋은 관직을 얻고, 관직에 있는 이는 직위와 녹봉이 오르는 부적이다. 이 부적을 그려 몸에 지니라 大吉하리라.

관직을 얻는 부적

이 부적을 그려 봉안하고 소원성취에 대한 경문을 읽으면 좋은 벼슬이나 좋은 직장이 쉽게 얻어진다.

좋은 직업을 얻는 부적

이 부적을 朱砂로 그려 몸에 지니면 이상에 맞는 직업이나 좋은 직장을 얻어 소원을 이루게 된다.

지공부(志公符)

이는 천태산(天台山) 조화신(造化神)의 부적이다. 이 부적을 써서 몸에 지니면 관록이 따르고 일신이 태평하다.

랑공부(郎公符)

이 부적은 貴人이 도와주고 어진 사람이 구원해주는 부적으로 몸에 지니면 부귀가 이를 뿐 아니라 人口가 平安하다. 더욱이 이 부적을 지니고 佛經을 외우면 복록이 무량하다.

좋은 주인을 만나는 부적

이 부적을 몸에 지니면 관직에 있는 자는 좋은 上司를 만나 귀염을 받고, 고용인의 입장이면 마음씨 좋은 主人을 만나 총애를 받게 된다.

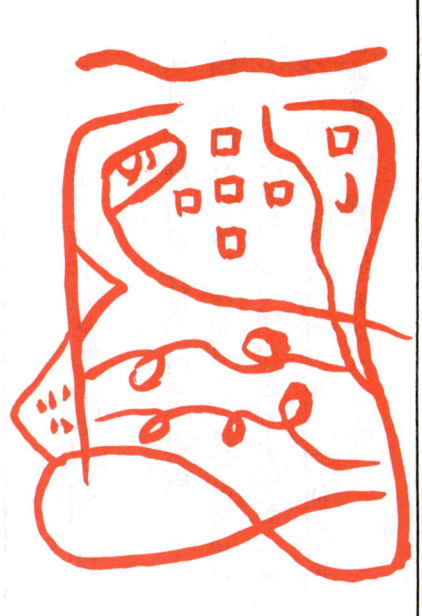

총애부(寵愛符)

관직에 근무하거나 남의 고용인이 되어 윗사람이나 主人의 총애를 받지 못하면 不幸한 일이다. 이 부적을 그려 몸에 지니면 윗사람 및 主人의 특별한 사랑을 독차지 하게 된다.

六、재난(災難) 방지에 대한 부적

재난(災難)이란 官災、口舌、疾病、水火厄、失物、殺傷 등 여러가지의 厄을 말하는데 失物 損財와 疾病에 대해서는 다른 항목에서 다루기로 하고 여기에서는 특히 官災、口舌、水火厄 雷電厄의 방지에 대한 부적만을 수록한다.
다음 각 부적을 참고하여 적절히 使用하면 아래와 같은 재난을 미연에 방지하여 재산 상생명상의 平安을 期할 수 있다.

뇌전불침부 (雷電不侵符)

운명학적 판단에 의하여 뇌전의 액이 있다고 생각되거나, 電氣業 등 感電의 우려가 있는 직업에 종사하는 사람은 마땅히 위 부적을 써서 항시 몸에 지니면 身이 安全하다.

벼락 예방부

아래 그림도 벼락을 예방하는 부적이니 신수가 불길하거나 사주학적으로 뇌공살(雷公殺) 등이 있을 때는 이 부적을 그려 항시 몸에 지니고 다니면 善神의 수호를 받아 벼락 따위의 참변을 당하지 않는다.

관재 구설 송사 시비 소멸부

이는 官災、口舌、訟事、是非 등 모든 厄을 예방하는 부적이니 몸에 지니면 大吉하다.

횡액을 면하는 부적

신수가 불길하다고 판단되거나, 직업·생활의 여건에 의하여 부득이 위험한 일에 종사하는 사람, 短命의 우려가 있는 사람 등은 이 부적을 그려 항시 몸에 지니면 모든 재앙과 횡액을 면하게 된다.

관액방지부 (官厄防止符)

운명학적인 판단에 官厄 또는 刑厄이 있거나, 故意 혹은 過失로 인하여 罪를 犯한 경우 이 부적을 朱砂로 그려 몸에 지니면 관액수가 방지 되고, 이미 범한 罪라도 그 벌을 면제 받거나 가볍게 받는다.

화재불침부 (火災不侵符)

이 부적은 黑紙에 白色으로 그려 출입문 위에 붙여두면 火災를 방지한다. 신수에 화재수가 있거나 화재의 위험이 있다고 볼 때 사용하라.

수액예방부 (水厄豫防符)

신수나 사주의 판단에 水厄이 있다고 보거나 환경상 생활상 水厄의 우려가 있을 때 이 부적을 그려 집에 붙여두거나 몸에 지니면 水魔를 퇴치하여 건물 및 일신의 안전을 도모한다.

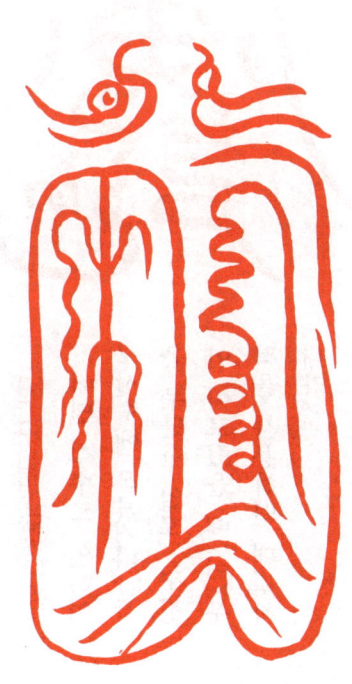

진 관재불침 (鎭官災不侵)

고의 또는 과실로 인하여 죄를 범하였거나 또는 官災수가 이를 우려가 있을 때 이 부적을 지니면 罪의 赦함을 받거나 官厄이 스스로 물러난다.

진 구설부 (鎭口舌符)

어떤 실수로 인하여 구설수에 오르거나, 혹은 무단한 일로 구설이 이르렀을 때 이 부적을 사용하면 대길하니라.

진온부(鎭瘟符)

이 부적을 집안에 붙여두거나 몸에 지니면 온역(瘟疫) 등 전염병이 침범하지 않는다. 또 이미 들어온 전염병은 자연 치료된다.

강도(强盜) 및 도적 예방부

이 부적을 朱砂로 그려 出入門 위에 붙여두면 집안에 도둑이나 강도가 들어오지 않는다.

七、삼재(三災)에 대한 부적

삼재(三災)란 胞胎法으로 病、死、葬 당하는 해를 말하는데 즉 「병들어 죽고 장사지낸다」는 뜻이다. 삼재가 드는 命은 다음과 같다.

亥子丑年—巳酉丑生
寅卯辰年—申子辰生
巳午未年—亥卯未生
申酉戌年—寅午戌生

맨 처음 드는 해를 入三災, 그 다음 해를 中三災, 마지막 해를 出三災라 한다. 이 三災에 대한 부적은 책머리에 이미 記述하였으므로 그곳에 參考할 것이며 아울러 追錄으로 빠진 것을 첨가하였다.

드는 삼재부 (入三災符)

삼재가 맨 처음 드는 해에 쓰이는데 정월 초하루나 입춘 날에 삼재소멸부와 위부적을 각각 그려 같이 몸에 지니면 삼재를 무사히 넘기게 된다.

묵는 삼재부 (中三災符)

삼재가 들어 두번째 맞이하는 해에 쓰이는 삼재부적이다. 드는 삼재부는 불태워 없애고 이 부적을 대신 지니라 두번째 맞이하는 삼재운을 평안히 넘긴다.

나는 삼재부 (出三災符)

이 부적은 삼재가 마지막 드는 해에 삼재소멸부와 같이 몸에 지니면 삼재 액운을 끝까지 무사히 넘기게 된다.

八、안전(安全)에 대한 부적

사람이 一生을 사는 동안 신변에 모든 위험이 따르기 마련이다. 무단히 天災地變을 당하여 재산 및 생명의 위협을 받고 불행에 빠지는 수가 허다하다. 그러므로 다음에 소개되는 부적은 여행중 안전, 항해(航海) 또는 광산(鑛山) 등 위험한 곳에 가거나 위험한 일을 하게 될 때 미리 안전을 도모하면 불의의 사고 등으로 당하는 횡액을 면할 수 있다.

천재(天災)를 막는 부적

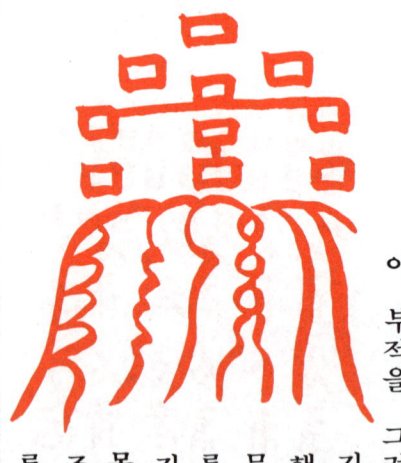

이 부적을 그려 항시 지니고 있으면 不意의 天災 地變을 예방하여주므로 몸의 安全을 도모한다.

여행안전부(旅行安全符)

이 부적을 그려 몸에 지니면 여행중 아무 사고를 당하지 않고 목적을 순조롭게 이룬다.

항해안전부(航海安全符)

아래 부적을 주사로 그려 몸에 지니고 배를 타면 항해중 폭풍우 등 위험한 풍랑을 만나지 않고 또는 배 위에서 질병도 따르지 않는다.

입광안전부(入鑛安全符)

깊은 坑 속에 들어가 鑛物을 캐는 일에 종사하는 鑛夫들은 항시 위험이 따르므로 마음을 놓을 수 없다. 이 부적을 정성스럽게 그려 몸에 지니면 항시 신변이 편안하다.

보신부 (保身符)

七日七夜를 정성드린 뒤 이 부적을 지니고 다니면 颱風、暴雨 벼락 暴雪 등 天候에 의한 재앙은 물론이오 兵亂 暗害등 모든 횡액을 당하지 않고 항시 몸이 平安하다.

평안부 (平安符)

七日간 몸을 깨끗이 하고 경을 읽은 뒤 이 부적을 지니라 모든 질병이 이르지 아니하고 兵亂이나 劍創 등 어떠한 위험에도 몸을 상하지 않는다.

九、여행에 대한 부적

원행안전부 (遠行安全符)

먼 곳으로 여행을 떠날 때 이 부적을 그려 몸에 지니면 여행중에 질병과 횡액이 따르지 아니하며, 목적을 순조롭게 달성하고 돌아온다.

蚰虫天嗯急如律令

여행대길부 (旅行大吉符)

이 부적도 여행을 떠날 때 몸에 지니면 여로(旅路)가 평안하고 여행길에 가는 곳마다 좋은 일을 만난다.

蚰蚰空嗯急如律令

수륙원행부 (水陸遠行符)

수륙만리 (水陸萬里) 먼 여행을 떠날 때는 이 부적을 몸에 지니라. 강도, 뱀, 맹수가 침범하지 않으며 어떠한 험로라도 안전을 기약한다.

험로안전부 (險路安全符)

험로란 높은 산에 오르는 일, 바다를 건너는 일, 물 설고 산 설은 異國땅에 가는 길 등 위험이 따를 염려가 있을 경우 이 부적을 지니면 善神이 보호하여 일신의 안전을 도모한다.

불리한 곳으로 여행할 때

여행을 떠날 때 마음이 내키지 않는 경우가 있다. 그렇다 해서 여행을 취소할 수 없는 입장일 때 이 부적을 지니라 모든 액이 물러난다.

노상횡액 방지부 (路上橫厄防止符)

항시 出入이 많은 사람, 항공여행, 해상여행을 떠나는 사람, 또는 이에 직업적으로 종사하는 사람, 운전사, 기관사, 안내양 등은 이 부적을 朱砂로 그려 몸에 지니라. 여로의 일신이 편안하고 모든 액이 침범하지 않는다.

十、 이사에 관한 부적

직업상 생활상 살다 보면 부득이 살던 자리를 옮겨 다른 곳으로 移徙하게 될 경우가 많다. 方位가 나쁘니 어쩌니 하고 함부로 이사하기를 꺼리는 예가 적지 않으며, 혹은 이사 후 질병이 따르거나 재산의 손실이 생기면 이사탈이라고 믿는 사람들이 있다. 어쨌거나 이사를 갈 때 아래 부적 중에 적당히 골라 사용하면 이러한 근심이 사라진다.

萬年靑

이사평안부 (移徙平安符)

위 글씨를 朱砂로 써서 살던 집 지붕 속에 넣어 두고 이사가 면 이사 후 재수가 대통하고 우환 질고가 없이 집안이 평안하다.

이사대길부 (移徙大吉符)

사람이 살던 집을 떠나 다른 곳으로 이사하면 그 집에 있는 소위 복신(福神—俗稱 業神이라함)도 따라 가야만 이사후 집안이 순조로와 진다 한다. 그러나 이사할 戶主의 命에 의거하여 方向이 나쁘거나 (五鬼方, 三殺方, 喪門, 吊客方, 甑破方, 進鬼方, 退食方 眼損方 등) 호주 本命의 生氣法이 맞지 않거나 (禍害, 絶命日 등) 또는 이사하는 日辰이 나쁘면 이 복신이 따라가지 않고 도리어 凶神惡殺만 침범하여 이사후 온갖 재난이 이른다 한다. 그러므로 이러한 우려가 있을 때는 다음 부적을 그려 새로 이사한 집 안방문 위에 붙여두면 大吉하다 한다.

이사탈 (移徙頉) 소멸부

이사한 뒤에 원인모르게 우환 질고가 생기거나 재수가 없다고 생각되면 아래 부적 四장을 그려 집 네 모서리에 붙여두면 자연 액이 사라진다.

신옥 이사부 (新屋移徙符)

새로 지은 집으로 이사할 경우 위 부적을 그려 안방 문 위에 붙여 두라. 재앙이 침범치 않고 집안이 번창하며 만사대길하다.

二、소송(訴訟)에 대한 부적

승소부(勝訴符)

소송이 걸린 경우 이 부적을 그려 몸에 지니고 법정(法廷)에 나가면 자연 자신에게 유리한 판결이 내려진다. 즉 소송에 이기는 부적이다.

소송부(訴訟符)

위에 있는 부적은 그려 몸에 지니고, 아래 글씨는 써서 접어 손에 쥐고 법정에 나가면 소송에 유리하다.

三、악사귀(惡邪鬼) 및 괴물(怪物) 퇴치부

악귀퇴치부(惡鬼退治符)

이 부적을 硃砂로 그려 몸에 지니고 다니면 모든 惡鬼를 물리치고 기타 좋은 일이 생긴다.

귀괴불침부(鬼怪不侵符)

이 부적을 그려 出入門 위에 붙여두면 귀신이나 괴물 따위가 집안에 침범하지 못한다. 몸에 지녀도 그러하다.

제사기부 (除邪氣符)

요사한 기운을 제거하는 부적이니 白紙에 먹으로 써서 항시 지니고 다니면 邪氣가 물러가고 재앙이 침범치 아니한다.

진 악사부 (鎭惡邪符)

흉악한 사귀가 몸에 붙으면 이로 인하여 惡念이 생긴다. 이 부적을 紅紙에 먹으로 그려 紅紙에 싸 지니면 자연히 邪惡한 마음이 물러가고 心靈이 깨끗해진다.

괴물퇴치부

괴물이란 상서롭지 못한 모든 것을 말한다. 아래와 같은 부적을 그려 집안에 붙여두거나 몸에 지니면 괴물이 침범하지 않는다.

요괴(妖怪) 퇴치부

위 부적을 그려 내실문 밖 벽위에 붙여두면 요괴가 집안에 침범하지 못한다. 또는 위 부적을 몸에 지니면 사귀(邪鬼) 및 뱀, 맹수 등의 해를 입지 아니한다.

인귀 (人鬼) 퇴치부

인귀란 사람죽은 귀신이다. 억울하게 죽은 사람、비명에 죽은 사람 등은 그 영혼이 안정하지 못하고 떠돌아 다니면 사람에게 침입 우환 질고 괴변 등을 일으킨다. 이 부적을 경면주사로 그려 방문 위에 붙여 두면 집안에 침입하지 못한다.

백괴 (百怪) 불침부

백괴가 집안에 들면 人口를 損하거나 六畜을 損하며 경하더라도 우환 질고를 불러온다. 이 부적을 그려 안 적당한 곳에 붙여두면 모든 괴물이 들어오지 못한다.

제사마부(除邪魔符)

아래와 같은 부적을 그려 몸에 지니면 邪魔가 침범하지 못한다. 만일 사람의 몸에 사마가 붙으면 모든 일을 방해하여 되는 일이 없으리니 예방하면 길하다.

제악마부(除惡魔符)

위 부적을 그려 몸에 지니면 악마가 몸에 침입하지 못한다.

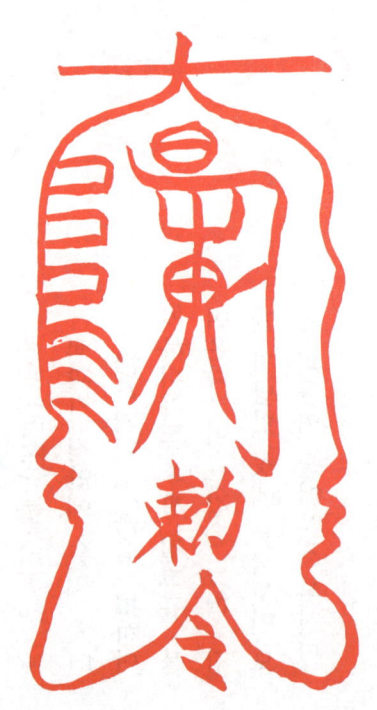

피괴부(避怪符)

이 부적을 복숭아나무 널판지에 경면주사로 그려 안방 대들보 위에 붙여두면 도난(盜難)이며 재화(災禍)가 생기지 않고 기타 모든 요괴로운 것이 침입치 못하므로 집안이 항시 평안하다.

화해귀(禍害鬼) 퇴치부

신(神)은 善神으로 사람에게 福을 주지만 귀(鬼)는 惡鬼로써 사람에게 재앙을 불러온다. 고로 신(神)은 받들어 위함이 可하고 귀(鬼)는 퇴치함이 마땅하다. 위부적은 모두 인간에게 흉화(凶禍)의 해를 끼치는 사귀(邪鬼) 악귀(惡鬼) 요마귀(妖魔鬼)를 물리치는 부적이니 그려서 집에 붙이기도 하고 몸에 지니면 일체의 흉화가 생기지 않는다.

악귀도주부 (惡鬼逃走符)

아래와 같은 부적을 지니거나 붙여두면 악귀가 가장 싫어하여 접근하지 않는다고 한다. 고로 이 부적을 사용하면 일체의 악귀가 침범하지 아니한다.

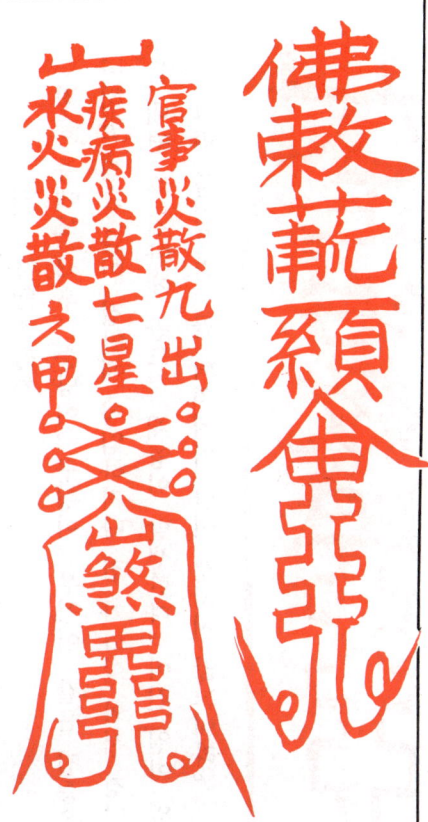

객귀불침부 (客鬼不侵符)

객귀란 객사한 귀신이다. 객귀가 집안에 들면 백일 이내로 질병 손재 손축(損畜) 손인구(損人口) 등의 흉사가 발생하니 이러한 징조가 있으면 모름지기 위 부적을 사용하여 물리치라.

괴수불침부 (怪獸不侵符)

짐승 중에도 여우, 승냥이, 구렁이, 부엉이 같은 짐승은 상서롭지 못한 짐승이다. 이러한 짐승 등이 집안에 침입하거나 집 가까이 와서 장난을 치던지 괴이한 울음소리를 내면 그 집안에 반드시 재앙이 발생한다. 이런 일이 있을 때는 다음과 같은 부적을 그려 붙여두라. 곧 퇴치되며 탈이 생기지 않느니라.

三、육축(六畜)에 대한 부적

육축(六畜)이란 집에서 기르는 짐승(家畜)을 총칭함이니 즉 소(牛)、말(馬)、양(羊)、닭(鷄)、개(狗)、돼지(猪)의 여섯 가지 짐승이지만 오리며 토끼 등도 두 이에 포함시킨다.

다음은 육축이 잘 되는 부적、육축의 병(病)을 막는 부적 등을 수록한다.

육축왕부 (六畜旺符)

이 부적을 그려 축숨(우리)에 붙여두면 모든 육축이 잘 자란다.

양축평안부 (養畜平安符)

이 부적을 黃紙에 朱書(붉은글씨)하여 외양간 기둥에 붙여두면 자연히 육축이 병 없이 잘 자라고 새끼가 번성한다.

가축흥왕부 (家畜興旺符)

이 부적은 紅紙에 붉은 글씨로써 해당되는 축舍 기둥에 붙이라 가축이 자연 흥왕하리라.

육축이 달아날 때

육축(六畜)이 자주 달아나거나 누가 훔쳐가 기르기가 어려울 때 이 부적을 써서 축사(畜舍) 기둥에 붙여 놓으면 길하니라.

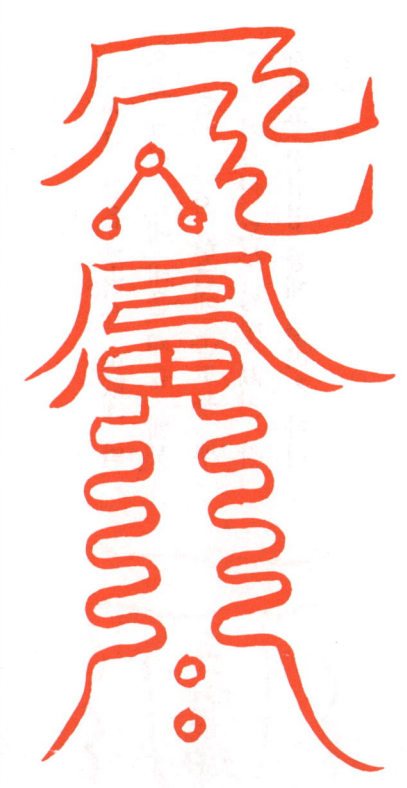

육축이 잘 죽으면

위 부적을 그려 우리에 붙여두라 어떤 육축을 막론하고 잘 자라느니라.

가축 병 방지부

아래와 같은 부적을 黃紙에 먹으로 그려 불에 태운 재를 깨끗한 물에 타서 畜舍에 골고루 뿌리면 가축이 모두 질병 없이 잘 자라고 전염병 등에 걸리지 아니한다.

육축온역 방지부

위 부적을 그려 돼지, 소, 양, 닭 우리의 적당한 곳에 붙여 두면 모든 가축이 전염병 등에 걸리지 않고 잘 자란다.

육축이 살찌게 하는 부적

이 부적을 붙여두면 가축마다 살이 찌고 무럭무럭 잘 자란다.

육축이 잘 죽거나 달아나면

이 부적을 그려 畜舍 적당한 곳에 붙이라 길하리라.

四、꿈에 대하여

악몽(惡夢)을 꾸면 아래 부적을 그려 몸에 지니면 전화위복 된다.

악몽(惡夢) 퇴치부
이 부적을 그려 몸에 지니면 악몽으로 인한 우환질고 등 상서롭지 못한 일이 발생하지 않는다.

꿈자리가 사나울 때

아래 모양의 부적을 그려 몸에 지니고 다니면 아무 不祥事가 생기지 않고 平安하니라.

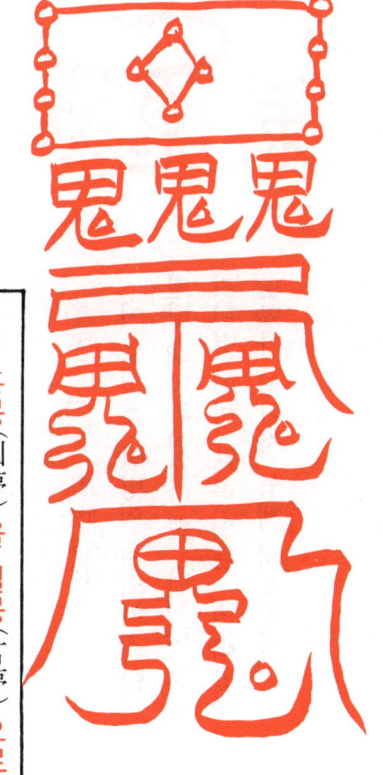

흉몽(凶夢)을 길몽(吉夢)으로 흉몽을 꾸었다고 생각되거든 아침에 일찍 일어나 아무 말도 하지 말고 냉수를 한모금 머금고 내 뿜으며 「악몽은 착초목하고 희몽은 성주옥」이라 주문을 외운 뒤 손바닥 위에 (남자는 왼손, 여자는 오른손) 위와 같은 부적 글씨를 쓴다.

一五、 질병(疾病)에 대한 부적

백병불침부 (百病不侵符)
아래 부적을 그려 몸에 지니면 모든 병에 걸리지 않으며, 이미 앓고 있는 환자인 경우는 병세가 차츰 나아간다.

제병치료부 (諸病治療符)
이 부적은 만병이 침입하지 않는 질병 예방부이다. 뿐 아니라 몸에 지니면 이미 앓고 있는 병이라도 약효(藥效)가 있어서 쉽게 치료된다.

질병퇴치부(疾病退治符)

이 부적을 그려 病者가 지니면 병이 악화되지 않고 차츰 건강이 좋아진다.

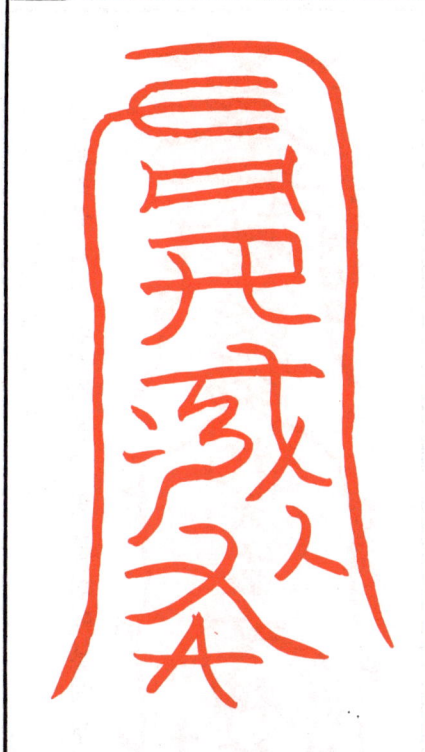

식물중독부(食物中毒符)

음식을 잘못 먹고 중독이 걸렸을 때 이 부적을 깨끗한 白紙 먹글씨로 써서 불에 태워 마시면 점차 그 중독성이 가라앉는다.

질병대길부(疾病大吉符)

이 부적을 써서 환자가 있는 방 문 위에 붙여 두면 대길하다.

두통치료부

두통(頭痛)이 심할 때 이 부적을 태워 마시면 길하다.

지통부(止痛符)

중병(重病)을 앓거나 갑자기 크게 다쳐 통증(痛症)이 심할 때는 즉시 아래 부적을 경면주사로 그려 불에 태워 마시면 통증이 신효하게 멈추느니라.

지혈부(止血符)

몸에 상처를 입고 出血이 심하거든 경면주사로 다음과 같은 부적 글씨를 써서 불에 태워 마시면 신효하니라.

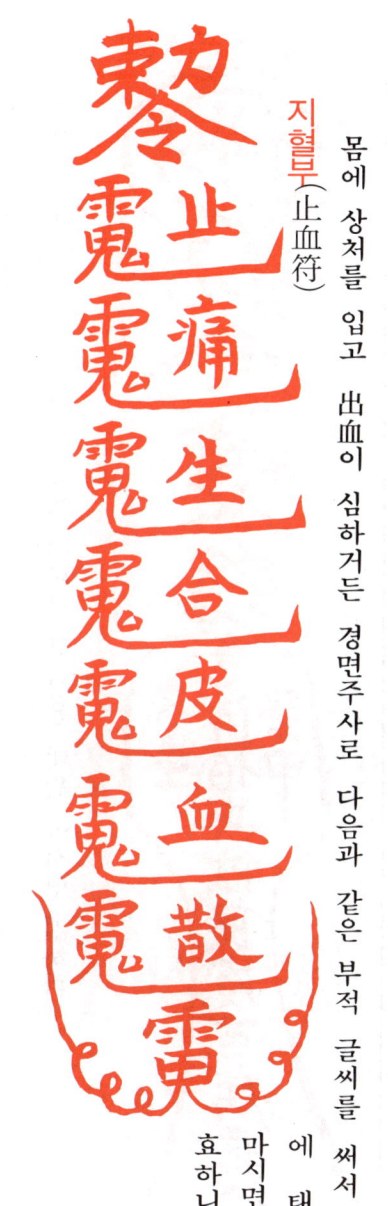

백병퇴치부(百病退治符)

이 부적 두 장을 그려 한 장은 몸에 지니고 한 장은 태워 마시면 길하다.

이통치료부(耳痛治療符)

귀가 몹시 아프거든 이 부적을 그려 태워 마시면 신효하다.

신경통 치료부

신경통(神經痛)으로 고생하는 환자는 이 부적을 그려 불에 태운 재를 다른 치료약과 같이 복용하면 약효가 더욱 좋다.

한열치료부(寒熱治療符)

환자가 갑자기 열이 심히 오르거나, 오한이 심할 때 이 부적을 경면주사로 써서 태워 마시면 신효하다.

六、 동토(動土) 및 수조(修造)

무릇 사람이 생활하려면 새로 집을 짓기도 하고, 이미 지은 建物을 改修도 하고, 혹은 별채로 달아내기도 하고, 우물파고, 장독대 세우고, 창고 짓고, 문다는 등 여러가지 일을 하고 산다. 그러다가 殺方을 범하거나 나쁜 日辰을 범하면 이로 인하여 손재, 질병, 상액(喪厄), 실패 등의 재앙이 일어나는 수가 있다 한다.

다음 부적들은 이러한 탈(頉, 흠 다루고 나무 다룬 탈)을 미리 방지하여 재앙이 이르지 않도록 하는 방법이니 적절한 것으로 골라 사용하면 大吉하다. (동토에 대하여 앞 本錄에 收錄하였으므로 이에 서는 그에 收錄되지 않은 것만을 골라 보충한다.)

십이지년압살부 (十二支年壓殺符) 子年에 修造할 때 쓰이는 부적이다.

복숭아나무판자에 이 부적을 朱書로 그려 공사현장 근처에 땅을 파고 묻는다.

丑年에 修造할 때 쓰인다. 이 부적을 위 요령에 의하여 땅에 묻고 집을 짓거나 수리하면 비록 凶神惡煞을 범할지라도 頉이 생기지 않는다.（以下同）

寅年에 修造할때 쓰인다.

卯年에 修造할 때 쓰인다.

辰年에 修造할 때 쓰인다.

巳年에 修造할 때 쓰인다.

午年에 修造할 때 쓰인다.

未年에 修造할 때 쓰인다.

申年에 修造할 때 쓰인다.

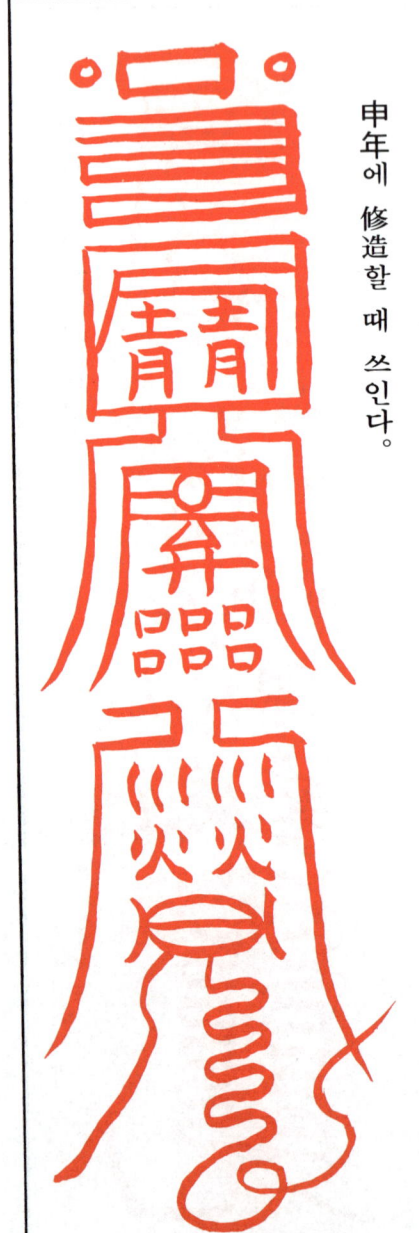

戌年에 修造할 때 쓰인다.

酉年에 修造할 때 쓰인다.

亥年에 修造할 때 쓰인다.

삼살부(三殺符) —申子辰年符

申子辰 三年은 巳午未南方이 三殺이다。고로 이해에 修造하려면 위 부적을 집 南方에 붙여 놓고 일을 시작하라。

巳酉丑年符

亥卯未年符

巳酉丑 三年은 寅卯
辰 東方이 三殺이다.
고로 이 해에 修造하려
면 위 부적을 東方에 붙
여 놓고 着手하라. 頉
이 생기지 않으리라.

亥卯未 三年은 申酉戌 西方
이 三殺이니 집 서쪽에 위 부
적을 그려 붙여 놓고 事用하면
탈이 생기지 않는다.

寅午戌年符

寅午戌 三年은 亥子丑 北方이 三殺이다。故로 이 三年에 修造하려면 위 부적을 써서 北方에 붙여두고 일을 시작하라。능히 凶殺을 누르게 된다。

집 짓는 운이 맞지 않을 때

성조운(成造運)이 不利한데도 부득이 집을 짓거나 고치려는 경우 이 부적을 그려 현장에 붙여놓고 일을 시작하면 무해하다。

一七、초상(初喪) 및 분묘(墳墓)에 대한 부적

시체가 웃으면

죽은 사람은 말이 없고 아무런 동작이 없어야 마땅하거늘 괴이하게 죽은 시체가 깔 깔대고 웃는 일이 혹 있다 한다. 이렇게 되면 그 집안에 예측키 어려운 凶非라 한다. 다음의 부적을 마음 내키는대로 골라 그려서 영구(靈柩) 앞에 붙이고 백지 七장에 白米 七홉, 물 七잔을 차려놓고 제사를 지내면 탈이 없다 한다.

또는 亡人의 머리카락 七개를 뽑아 金銀銅錢 七개와 같이 太歲를 기준한 天月德 방향에 묻고 다음 부적을 靈前에 붙이기도 한다.

시체가 자리를 뜨지 않을 때 (靈車不行)

시신을 상여에 옮기거나, 상여를 發靷하여 장차 葬地로 옮길 때 까닭없이 시체가 꼼짝달싹 않는 경우가 있다 한다. 이럴 때는 喪主가 哭하여 喪杖으로 靈柩를 七번 두드린 뒤 出入門에 붙이고 그려 간단히 祭를 올린 뒤 시신을 옮기거나 발인하면 길하다.

장사를 지낸 뒤 상주가 질병에 걸리면 (喪主受殃)

장사를 지내고 反哭하여 돌아온 즉시 喪主가 急病에 걸리는 경우 다음 부적을 그려 먼저 것은 괴연상에 붙이고 다음 것은 상주가 몸에 지닌다. 그리고 가신(家神)에 제사를 드리면 급병이 낫는다.

괴연 靈位前에 붙인다.

상주의 몸에 지닌다.

진묘부(鎭墓符)

묘살(墓殺)을 누르는 부적이다. 나무판자 七寸길이에 이 부적을 붉은 글씨로 그려 묘에 서 三步 밖 丑未辰戌 방위에 묻으면 大吉하다.

압광부(押壙符)

광중의 殺을 누르는 부적, 종이에 그려 광중 上下에 같이 묻는다.

六、기상(氣象)에 관한 부적

기우부 (祈雨符)

오랜 가뭄이 들어 비가 오지 않을 때 위 부적을 그려 기우제(祈雨祭)를 지내면서 불에 태워 날리면 곧 비가 내린다고 한다.

기청부 (祈晴符)

장마가 오래 들어도 그 폐단이 크다. 고로 장마가 그치지 않을 때는 아래 부적을 그려 불에 태워 날리며 하늘에 제사를 지내라 곧 日氣가 快晴해 지리라.

청명부(晴明符)

日氣가 맑게 개이라는 부적이니 불에 태워 재를 날리며 하늘에 기도 한다.

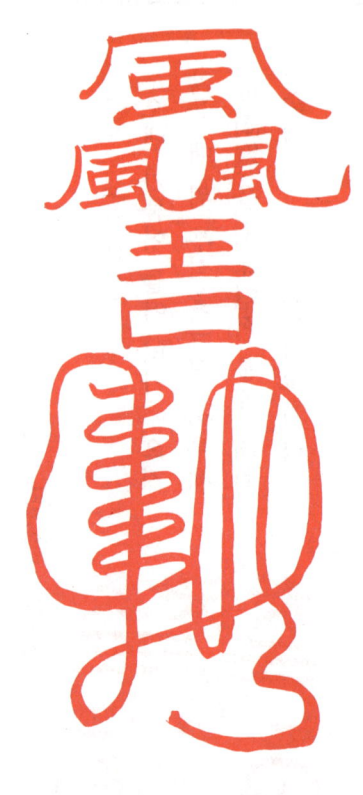

호풍부(呼風符)

바람을 부르는 부적이다.

봄 여름 가을 겨울 사시에 따라 각각 그 맡은 주신(主神)이 있으니 봄에는 東, 여름은 南, 가을은 西, 겨울은 北天을 向하여 이 부적을 불에 태우면서 큰 소리로 외치면 곧 바람이 불어온다.

九、기타 비법(秘法)에 대한 부적

당첨부

아래의 부적글씨를 두 장 써서 한 장은 정결한 곳에 붙여 두고, 한 장은 몸에 지니고 추첨 장소에 가면 유리하니라.

神福大明
神壽福神

집 잘 팔리는 부적

가옥(家屋)을 팔려는데 잘 팔리지 않을 때는 위 부적을 써서 팔려는 건물 보이지 않는 곳에 붙여 두면 곧 원매자(願買者)가 나타나 순조롭게 매매가 이루어진다.

분실물(紛失物) 찾는 부적

어떤 물건을 잃어버렸거나 어디에 있는지 알 수 없어 찾지 못할 때는 아래 부적을 그려 붙여놓고 「○○물건 속히 나오너라」하고 주문을 외우면 곧 찾는다고 한다.

도둑을 잡는 부적

위 부적을 붉은 글씨로 그린 뒤 문앞에서 불사르면 도둑이 들어오지 않으며, 또는 이미 도망친 도둑을 수월하게 잡을 수 있다고 한다.

잠이 잘 오지 않을 때

습관성 혹은 근심 걱정으로 인하여 잠을 이루지 못할 때 아래와 같은 부적을 써서 태워마시고 잠을 청하면 효력이 있다.

가위 눌릴 때

정신허약 또는 기타의 원인으로 잠만 들면 꿈자리가 사납고 가위눌려 헛소리를 하던지 식은 땀이 나오는 경우 위 부적을 두장 그려 한장은 베개 속에 넣어두고, 한장은 태워 복신(伏神)한 돈중 대린물에 섞어 복용하면 신효하니라.

모기 쫓는 부적

여름철이 되면 시골 등 농촌이나 산간벽지에는 모기가 성행하며 여간 괴롭지 않다. 아래 부적을 여러장 그려 벽에 붙이기도 하고 불에 태우면 모기가 자연 쫓겨가느니라.

방탕(放蕩)을 막는 방법

자녀를 여럿 키우느라면 그 자녀중에 방탕에 빠져 父母의 근심을 끼치는 경우가 있다. 위 부적을 그려 그 방탕한 당사자 모르게 의복 속에 살짝 지녀주면 효력이 있다.

개미(蟻)를 쫓는 부적

개미떼가 집안 이곳 저곳에 많이 꼬이면 성가시다 이럴 때는 아래와 같은 부적을 그려 태운 재를 개미가 모이는 곳에 뿌리면 신효하다.

나무 벌레(木虱)를 없애는 방법

나무 벌레란 즉 좀을 말한다. 책상, 농, 의자 등 목조가구(木造家具)에 좀벌레를 예방하는 부적이니 해당 물건에 붙여두면 좋다.

쥐를 쫓는 부적

집안에 쥐가 번져 극성을 부릴 때는 다음과 같은 부적중에서 임의로 골라 경면주사 나 먹글씨로 써서 부엌 아궁이 위 부뚜막에 놓아두면 쥐들이 자연 사라진다.

진서식물부(鎭鼠食物符)

쥐가 성행하는 곳에 이 부적을 붙여두면 물건을 쓸지 않는다.

쥐가 옷을 씹을 때

위의 부적을 그려 쥐가 잘 다니는 곳 벽에 붙여두면 신효하니라.

죄형면제부 (罪刑免除符)

사람이 죄를 지으면 형벌을 받기 마련이다. 그러나 억울한 죄를 짓고 원통한 형을 받는 수가 있는데 이럴 때는 아래 부적을 흰 종이에 먹으로 그려 몸에 지니면 자연 죄형을 면한다.

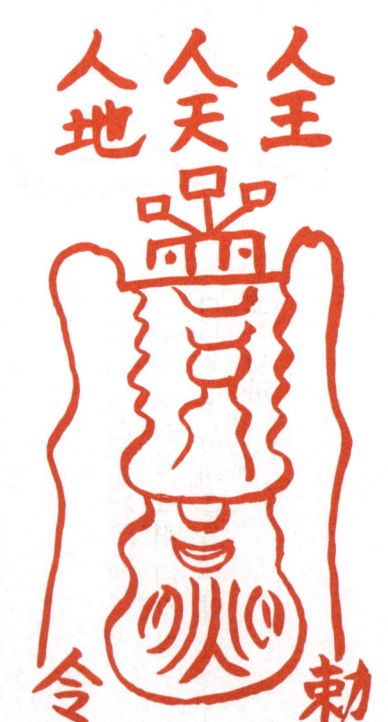

개악부 (改惡符)

악한 마음도 실상 자기 마음대로 고치지 못한다. 왜냐하면 邪惡한 요괴가 정신을 어지럽히기 때문이니 위 부적을 紅紙에 그려 불전에 기도한 뒤 몸에 지니면 악한 마음을 고쳐 자연 善心이 발하느니라.

소아야체부 (小兒夜啼符)

밤이 되면 갓난 아기가 잠을 이루지 못하고 울기만 할 때 이 부적을 그려 그 어린아기의 머리 맡에 붙여두면 울음을 그치고 포근한 잠을 잔다.

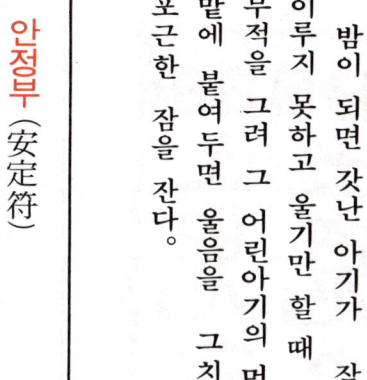

안정부 (安定符)

초조 불안 및 기타 속상한 일 등으로 심신이 산란하여 마음을 안정 못할 때 이 부적을 그려 태워 마시면 곧 마음이 안정된다.

통선부(通仙符)

신선과 인연을 맺게 해 달라는 부적인바 아래와 같이 그려 한 장은 불태워 사르고, 한 장은 손에 쥐고는 눈을 감고 정성되이 기도하면 신선과 인연을 맺을 수 있다 한다.

연수부(延壽符)

이 부적을 그려 항시 지니면 수명이 자연 연장되고 뿐 아니라 모든 사람들에게 사랑과 존경을 받게 된다.

여의부 (如意符)

이 부적을 그려 奉安하고 정성으로 기도한 뒤 몸에 지니면 모든 일이 뜻대로 되고 특히 가장 절실하게 소원하는 일이 이루어진다고 한다.

청 길몽부 (請吉夢符)

길몽을 청하는 방법이니 꿈이 길하면 만사도 길하다. 이 부적을 그려 베개 속에 넣고 자면 밤마다 상서러운 꿈을 꾸게 되고, 또는 싫어하는 사람은 떠나고 貴人이나 君子를 만나 소원이 이루어진다.

대인 귀래부(待人故來符)

기다리는 사람이 돌아오는 부적、白紙에 朱書로 三張 그려서 一장은 불태우고、一장은 몸에 지니며、一장은 입에 물고 「기다리는 ○○○○오십소서」하며 주문을 외면 신효하니라.

애경부(愛敬符)

어떤 사람에게 사랑과 존경을 받고 싶을 때 위 부적을 그린 옆에 그 사람의 성명과 무슨 생이다는 것을 적어 놓고 몸에 지니면 자연 그 사람에게 사랑과 존경을 받아 친근하게 된다.

주식(酒食)을 부르는 부적

이 부적 三枚를 그려 신전(神前)에 불사르며 기도하면 곧 酒食이 이른다.

입수부(入水符)

이 부적 二장을 붉은 글씨로 써서 양쪽 다리에 각각 붙이고 물에 들어 헤엄치면 평지를 다니듯 몸이 가볍고 빠르다고 한다.

강신부 (降神符)

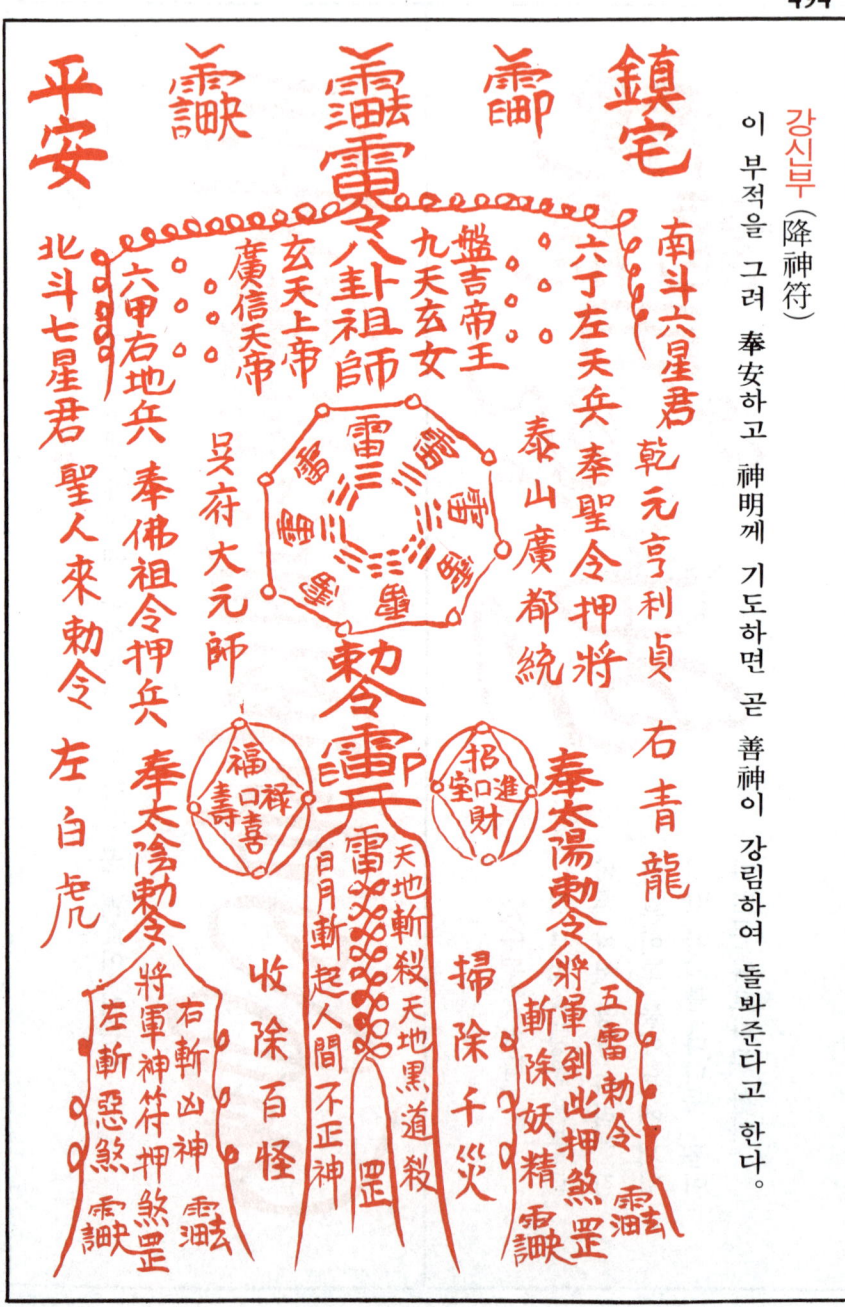

이 부적을 그려 奉安하고 神明께 기도하면 곧 善神이 강림하여 돌봐준다고 한다.

옥추령부 (玉樞靈符)

九天應元雷聲普化天尊

구천응원뢰성보화천존지상 (九天應元雷聲普化天尊之像) 광중(狂症)이 났을 때 방 안의 동, 서, 남, 북, 천정(中央)에 붙인다.

초구령삼정부 (招九靈三精符)

구령과 삼정을 부르는 부적이다. 이 부적을 봉안하고 마음에 드는 경을 외우면 영보장생(永保長生)하고 소원을 성취한다.

구도선인부 (求道仙人符)

도(道)를 통하고 신선되기를 원하는 부적이다.

도를 닦는 사람이 이 부적을 지니고 있으면 번뇌를 벗어나 쉽게 목적한 도를 통하며 정령(精靈)이 맑아진다는 것이다.

제삼재팔난부 (除三災八難符)

이 부적을 정성들여 써서 항상 몸에 지니고 있으면 삼재팔난(三災八難)이 침범치 못하고 귀사(鬼邪)가 멀리 도망가며 관재 구설이 자연 소멸된다.

해오행구요부 (解五行九曜符)

이 부적을 써놓고 성심으로 기도한 뒤 북향(北向)하고 서서 불에 태워 버리면 모든 삼재팔난(三災八難)에서 벗어나고 선신(善神)이 항상 몸을 보호해 준다.

침아고질부 (沈痾痼疾符)

병들은 사람이 병원에서 의사의 치료를 받거나 약을 써도 낫지 않을 때는 이 부적을 써 붙이고 축원한 다음 불살라 버리면 곧 질병이 물러간다.

관재구설부 (官災口舌符)

이 부적을 정성들여 써서 신령(神靈)에게 축원한 뒤 몸에 지니고 있으면 관재(官災)、시비(是非)、쟁송(争訟) 및 구설(口舌)이 침범치 않는다.

화목창성생자부 (和睦昌盛生子符)

토황신살금기부 (土皇神殺禁忌符)

이 부적을 써서 항상 몸에 지니고 있으면 토황신살(土皇神殺)이 침범치 못하므로 상서롭지 못한 일이 생기지 않고 악몽(惡夢)이나 질병 및 재앙을 물리치게 된다.

혼인 후에 이 부적을 써서 동쪽으로 뻗은 복숭아나무 가지에 매어달고 주사(朱砂)로 黃白大將軍이라 써서 옥상(屋上)에 꽂아두면 부부가 화목하고 가정이 창성하며 귀자(貴子)를 낳게 된다.

오서사충부 (烏鼠蛇蟲符)

갖가지 상서롭지 못한 벌레 또는 짐승이 집안에 침범하거나, 개, 돼지, 우마(牛馬)의 해를 받거나, 또 집안에 음사(淫邪)가 생기고 살상(殺傷)이 일어날 경우 이 부적을 써서 기도하고 불사르면 이상과 같은 재앙이 사라진다.

제요멸사좌마부 (除妖滅邪坐魔符)

요귀 및 사마(邪魔)를 제압하는 부적이다. 집안에서 밤중에 이상한 소리가 나거나 무단히 우환이 생기거나 괴이한 일이 일어나면 요귀의 장난이니 이 부적을 써놓고 기도하면 요마가 자연 사라지며 가택이 편안하다.

소제고완초도조현부(消除蠱盌超度祖玄符)

장사(葬事)를 지낸 뒤 관구(棺柩)에 벌레나 나비 같은 것이 생기면 집안에 재앙이 이르는데 이러할 때에 이 부적을 써서 기도하고 불사르면 재앙이 자연 사라진다.

수륙원행부(水陸遠行符)

수륙(水陸)을 막론하고 먼곳으로 여행을 떠나는 사람이 일신을 보호해 달라는 부적이다. 이 부적을 지니고 먼길을 떠나면 객중(客中)에서 질병이 침범치 않고 신상의 안전을 보호하며 목적을 쉽게 달성한다.

만사자이부 (萬事自移符)

만사를 임의대로 할 수 있도록 해달라는 부적이다.
특히 이 부적은 토지나 가옥(家屋)을 잘 팔리도록 해달라는 부적이니 주사로 그려 내실 문에 붙여두고 한장은 몸에 지니면 매매가 순조롭다.

면재횡부 (免災橫符)

재앙과 횡액을 면해달라는 부적이다.
재앙과 횡액이 빈번한 사람은 이 부적을 깨끗한 암실에 봉안하고 북향으로 머리를 조아려 百日을 기도하면 지혜가 맑아지고 千日을 기도하면 장수향복(長壽享福)한다.

보경공덕 부 (寶經功德符)

이 부적을 그려 지성으로 봉안하면 집안에 경사가 이르고 죽어서도 다시 탄생하며, 살아서 착한 일을 좋아하면 천존의 위력으로 부귀 다남하게 소원을 성취시켜 준다.

문경멸죄 부 (聞経滅罪符)

경문을 듣고 죄를 소멸해 달라는 부적이다. 마음이 바르지 못하거나 품행이 단정치 않고 언어가 거친 사람이 개과천선(改過遷善)코져 하면 이 부적을 몸에 지니고 기도하면 모든 죄가 소멸된다.

504

옴마니발묘부 (唵摩尼発妙符)

이 부적을 몸에 지니고 다니면 모든 잡귀(雜魂)와 사마(邪魔)가 침범치 않으며 천존(天尊)이 항시 보호해준다.

도우기정지양 수재화액부 (禱雨祈晴止禳水災火厄符)

가뭄에 비를 빌고 장마에 수재를 막아주며 화재도 막아주는 부적이다. 이 부적을 몸에 지니면 홍수(洪水), 한재(旱災) 및 기타의 수화(水火)에 대한 액이 침범치 않는다.

오뢰치백부(五雷治百符)

뇌성을 진압하고 백가지 병을 다스리는 부적이다.
이 부적을 써서 몸에 지니면 모든 재앙이 침범치 않으며 백가지 질병도 자연 치료된다.

치백사부(治百事符)

백가지 일을 경영함에 뜻대로 되어 달라는 부적이다.
이 부적을 써서 항상 몸에 지니고 있으면 모든 일이 순조롭게 진행된다.

追録

出生月符

출생한 달의 다음에 해당하는 부작을 몸에 지니면 언제나 大吉하다.

일월생(一月生)

이월생(二月生)

삼월생(三月生)

사월생(四月生)

오월생 (五月生)

칠월생 (七月生)

유월생 (六月生)

팔월생 (八月生)

구 월 생(九月生)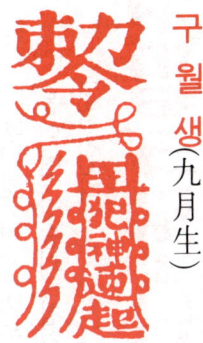

십일월생(十一月生)

시 월 생(十月生)

십이월생(十二月生)

吉凶別

화재를 막는 부적
주서로 써서 방문 위에 붙이면 화재가 발생하지 않는다.

짐승의 침입을 막는 부적
주서로 써서 대문 위에 붙이면 짐승의 침입을 격퇴시킨다.

가축의 질병을 막는 부적
주서로 써서 축사 문 위에 붙이면 괴병이 사라진다.

새의 똥이 몸에 떨어질 때
주서로 써서 의관 속에 넣으면 매우 길하다.

사업 상 변이 생길 때

장부의 이상에 의해 사업이 부진할 때 이 부적을 몸에 지니면 길하다.

구두나 옷이 마구 헤어질 때

구두나 옷이 마구 헤어질 때 이 부적을 몸에 지니면 오래 사용할 수 있다.

기물이 훼손될 때

주서로 써서 이 부적을 방문 위에 붙이면 기물의 훼손을 미연에 방지할 수 있다.

차량 사고에 사용하는 부적

이 부적을 차량에 붙이면 사고가 발생하지 않고 매우 길하다.

산짐승이 침입할 경우

주서로 써서 대문 위에 붙이면 짐승의 침입을 막을 수 있다.

잡새가 침입할 경우

이 부적을 몸에 지니거나 대문에 붙이면 잡새가 침범치 않는다.

괴질을 막는 부적

전염병이 발생할 경우 이 부적을 몸에 지니면 병이 접근치 않는다.

만사대길부 (萬事大吉符)

이 부적을 주서로 써서 집을 중심으로 사방에 붙이면 모든 일에 길하다.

보태령부 (保胎靈符)

이 부적을 주서로 써서 임산부가 몸에 지니거나 베개 속에 넣고 매일 사용하면 태아를 보호한다.

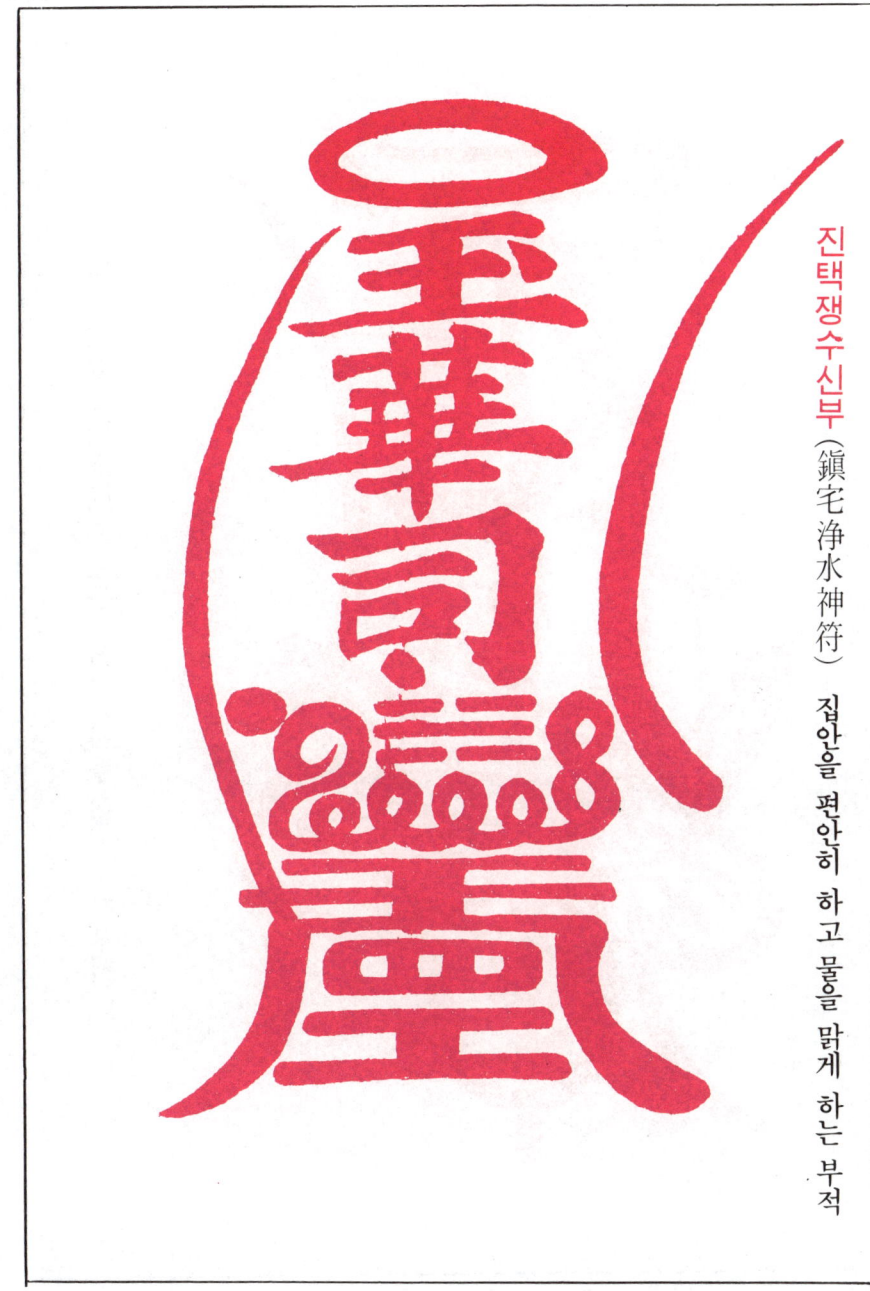

진택쟁수신부 (鎭宅淨水神符) 집안을 편안히 하고 물을 맑게 하는 부적

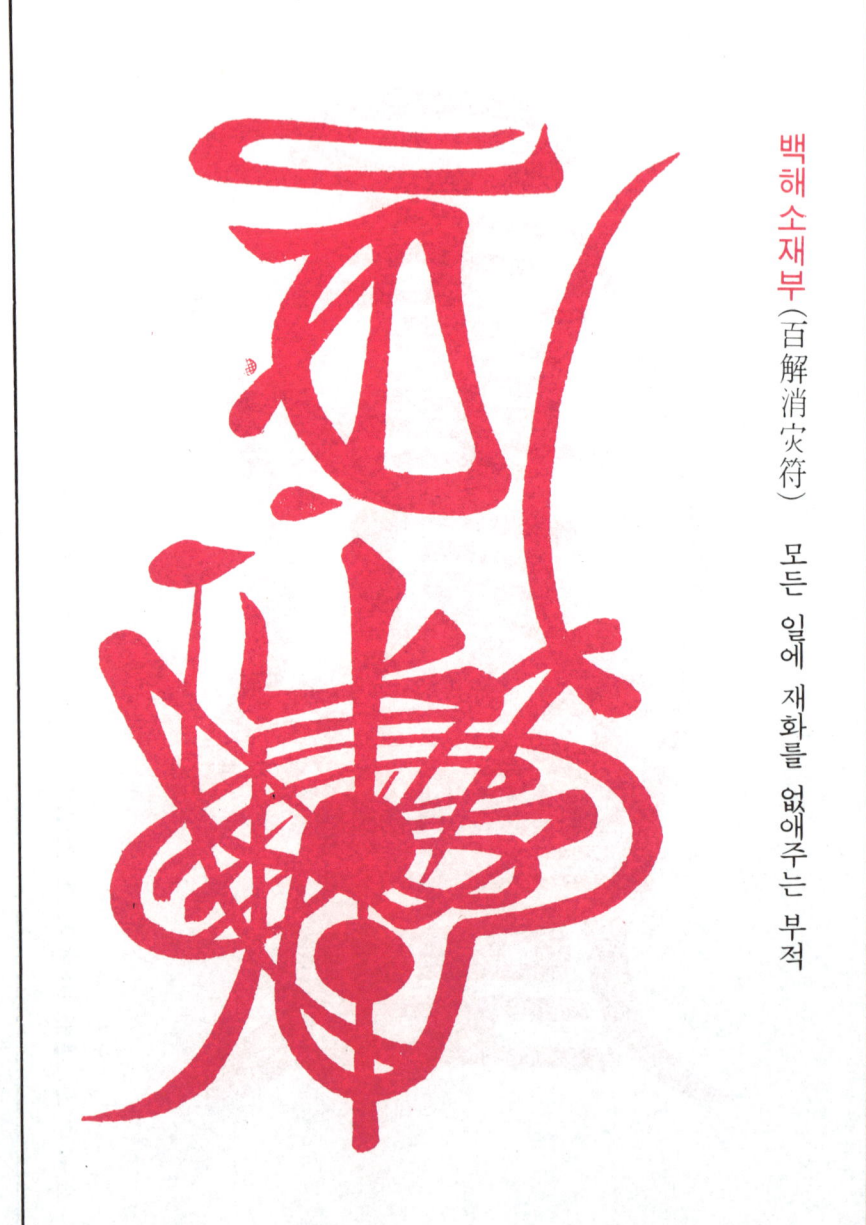

백해소재부(百解消灾符) 모든 일에 재화를 없애주는 부적

호구씨

불사할머니

대신할머니

명 도 령

附錄 一、男女 宮合法(남녀 궁합법)

○ 六十甲子 並納音(육십갑자 병납음)

甲子
乙丑 海中金(해중금)

丙寅
丁卯 爐中火(노중화)

戊辰
己巳 大林木(대림목)

庚午
辛未 路傍土(노방토)

壬申
癸酉 劍鋒金(검봉금)

甲戌
乙亥 山頭火(산두화)

丙子
丁丑 澗下水(간하수)

戊寅
己卯 城頭土(성두토)

庚辰
辛巳 白鑞金(백랍금)

壬午
癸未 楊柳木(양류목)

甲申
乙酉 泉中水(천중수)

丙戌
丁亥 屋上土(옥상토)

戊子
己丑 霹靂火(벽력화)

庚寅
辛卯 松柏木(송백목)

壬辰
癸巳 長流水(장류수)

甲午
乙未 沙中金(사중금)

丙申
丁酉 山下火(산하화)

戊戌
己亥 平地木(평지목)

庚子
辛丑 壁上土(벽상토)

壬寅
癸卯 金箔金(금박금)

甲辰
乙巳 覆燈火(복등화)

丙午
丁未 天河水(천하수)

戊申
己酉 大驛土(대역토)

庚戌
辛亥 釵釧金(차천금)

壬子
癸丑 桑柘木(상자목)

甲寅
乙卯 大溪水(대계수)

丙辰
丁巳 沙中土(사중토)

戊午
己未 天上火(천상화)

庚申
辛酉 石榴木(석류목)

壬戌
癸亥 大海水(대해수)

○ 宮合相克中 相生之命
(궁합상극중 상생지명)

沙中金(사중금)과 釵釧金(차천금)은 불을 만나야 성취하고,

霹靂火・天上火・山下火(벽력화, 천상화, 산하화)는 물을 얻어야 복록과 영화가 있고 平地 一秀木(평지 일수목)은 금이 없으면 성취하지 못하고.

天河水・大海水(천하수, 대해수)는 금을 만나면 자연히 형통하고.

路傍土・大驛土・沙中土(노방토, 대역토, 사중토)는 나무가 아니면 평생을 그르치게 되나니라.

(右法은 官星制化之 妙法也니라)

○ 男女宮合 解説 (남녀궁합 해설)

男金女金 = 남녀가 같이 거한즉 불길하니 평생을 무익하게 지내고 관재와 재난이 있으며 가내가 부부 이별할 것이요 우마와 재물이 없어지고 관재수와 재앙이 자연히 생기리라.

龍變化魚 : 용이 고기로 변한 격

男金女木 = 금극목하니 화목치 못할 것이요 부부 이별하여 독수공방할 운이로다.

游魚失水 : 고기가 물을 잃은 격

男金女水 = 금생수하니 부부 화목하고 가도가 넉넉하

男金女火 = 화극금이니 백년을 조심할 격이니라 재물을 자연히 패할 것이요 이별수가 있고 혹 자손을 두었으나 기르기 어려우리라.

瘦馬重駄 : 병든 말의 무거운 짐

男金女土 = 토생금이니 부귀 공명할 격이로다. 번성하고 노비 전답이 많으며 거룩한 이름을 세상에 떨치니 평생 근심이 없으리라.

仙得土木 : 신선이 토목을 얻은 격

男木女金 = 금극목하니 불길하도다. 부부간에 오래 거치 못할 것이요 재산이 풍족하지 못하며 자손의 근심이 있으며 재액이 많으리라.

臥牛負草 : 누운 소가 풀을 진 격

男木女木 = 평생에 길흉이 상반하리라. 하나 일생 생녀할 것이요 재산이 굼주리지는 아니하리라. 부부화목하나 풍족치는 못

主失鷄犬 : 닭과 개를 잃은 격

男木女水 = 수생목하니 부부 금슬이 지극하고 자손이 효성하며 친척 화목하고 복록이 가득할 것 이요 수명을 누리고 이름도 떨치게 되리라.

鳥變成鷹 : 새가 매로 변하는 격

男木女火 = 목생화하니 자손이 만당하고 복록이 창성할 격이라. 평생을 금의옥식으로 부러울것이 없으며 복이 오고 재앙은 사라지리라.

三夏逢扇 : 여름에 부채를 얻은 격

驅馬得駄 : 사마가 짐을 얻은 격

며 겨울을 지난 초목이니 자손이 효도하고 영화가 무궁하리라. 혹 자손이 만당하여

男木女土 = 목극토하니 부부 금슬이 불합할 것이요 척과 화목치 못하고 자손이 불효하며 패가망신하기 쉬우리라.
入冬裁衣 ‥ 겨울에 옷을 만드는 격

男水女金 = 금생수하니 부귀할 격이라 자손이 창성하고 노비 전답이 많으리라.
三客逢弟 ‥ 삼객이 동생을 만난 격

男水女木 = 수생목하니 재산이 홍왕하며 영화가 무궁하고 공명이 또한 겸비하여 자손이 화목하며 친척이 화목하니 평생에 기쁜 일뿐이로다.
鮫變爲龍 ‥ 상어가 용이 된 격

男水女水 = 수상합하니 부귀할 격이요 부부 금슬이 사면에 가득하고 일가가 화순하며 전답이 일생 안락하리라.
病馬逢針 ‥ 병든 말이 침을 만난 격

男水女火 = 수화 상극하니 부부 불순하고 자손이 불효하며 일가 친척이 못하며 자연히 재액이 이르매 패가하리라.
花落逢暑 ‥ 꽃이 떨어지고 여름을 만난 격

男水女土 = 수토가 상극하니 금슬이 손이 불효하여 패하고 재물이 없고 상부(喪夫)할 격이로다.
萬物逢霜 ‥ 만물이 서리를 만난 격

男火女金 = 화극금하니 불 가운데 눈같이 사라지고 밀을 것이 없도다. 자손이 극귀하고 일불이 어지러워 재앙이 많고 재물이 사라지리라.
龍失明珠 ‥ 용이 여의주를 잃은 격

男火女木 = 목생화하니 만사 대길하고 부부 화합하여 자손이 효행하고 사방에 이름을 떨치어 석승같은 부자의 벼슬을 얻으리라.
鳥變成鶴 ‥ 새가 변하여 학이 되는 격

男火女水 = 수극화하니 만사 대흉하여 상처할 격이요, 자손이 효행이 불효하고 재물이 없으리라.
老脚渡橋 ‥ 늙은이가 다리를 건너는 격

男火女火 = 양화가 서로 만나니 길한 것이 적고 흉액이 많도다. 재물이 풍족하고 자손이 많으며 화재로 패를 보리라.
龍變爲魚 ‥ 용이 변하여 고기가 된 격

男火女土 = 화생토하니 재물이 풍족하고 자손이 하며 일생 근심이 없고 부귀 복록이 히 이르며 도처에 이름을 떨치리라.
人變成仙 ‥ 사람이 신선으로 변하는 격

男土女木 = 목극토하니 부부가 서로 불화하고 관재구설이 빈빈하게 이르며 겉은 비록 부유하나 안으로 가난할 것이요. 백년을 근심하리라.
枯木逢秋 ‥ 마른 나무가 가을을 만난 격

532

男土女金 = 토생금하니 부부 해로하여 자손이 창성하고 부귀 공명이 겸전하여 재물이 산과 같고 노비가 집안에 가득하니 태평하리라.
鳥變成鷹∷새가 변하여 매가 된 격

男土女水 = 토극수하니 자손이 비록 있어도 동서로 어질 것이요, 부부지간에 생이별하고 가산도 탕진하리라.
飮酒悲歌∷술마시며 슬픈 노래를 부르는 격

男土女火 = 화생토하니 부부간의 금슬이 중하고 히 부귀할 것이요, 효자 효부를 두어 움을 누리고 노비 전답이 즐비하리라.
魚變成龍∷고기가 용이 된 격

男土女土 = 양토가 상합하니 자손이 창성할 격이요, 부귀할지로다. 금의옥식에 풍류객이 되어 고루거각에 앉아 영화를 누리리라.
開花滿枝∷가지마다 꽃이 핀 격

○ 相生(상생)

金生水 = 금은 물을 생하고,
水生木 = 물은 나무를 생하고,
木生火 = 나무는 불을 생하고,
火生土 = 불은 흙을 생하고,
土生金 = 흙은 금을 생한다.

○ 相克(상극)

金克木 = 금은 나무를 극하고,
木克土 = 나무는 흙을 극하고,
土克水 = 흙은 물을 극하고,
水克火 = 물은 불을 극하고,
火克金 = 불은 금을 극한다.

○ 嫁娶滅門法(가취멸문법)

(오행과 궁합이 상생이 될지라도 이 가취멸문법에 해당되면 불길하니라.)

正月生女와 九月生男
五月生女와 正月生男
九月生女와 四月生男
四月生女와 六月生男
八月生女와 十月生男

三月生女와 五月生男
七月生女와 三月生男
二月生男과 八月生女
六月生女와 十二月生男
十月生女와 十一月生男

○ 怨嗔法(원진법)

(오행이 상생하고 가취멸문법에 해당이 안될지라도 원진살이 되면 혼인에 불길하니라.)

鼠忌羊頭角…쥐는 양의 뿔을 싫어하고(子未).

牛噌馬不耕…소는 말이 밭갈지 않음을 미워한다(丑午).

虎噌鷄嘴短…호랑이는 닭의 부리 짧음을 미워하고(寅酉).

兎怨猴不平…토끼는 잔나비의 불평을 원망한다(卯申).

龍嫌猪面黑…용은 돼지의 낯이 검음을 혐오하고(辰亥).

蛇驚犬吠聲…뱀은 개짖는 소리에 놀란다(巳戌).

二, 擇日法(택일법)

무릇 어떠한 부문을 막론하고 택일에 앞서 生氣福德(생기복덕)을 맞추어 길한 日辰(일진)을 가린뒤에 다음에 列記(열기)한 각 吉日(길일)과 凶日(흉일)을 택일하고자 하는 部門(부문)에 대조하여 가리는 것이다.

○ 男女 生氣福德 吉凶圖(남녀 생기복덕 길흉도)

男子(남자)
― 二 三 四 五 六 七 八 九
十 十一 十二 十三 十四 十五 十六 十七
十八 十九 二十 二十一 二十二 二十三 二十四 二十五

男(남)子(자)

絶命(절명)凶	福德(복덕)吉	禍害(화해)凶	游魂(유혼)平	絶體(절체)平	天宜(천의)吉	生氣(생기)吉								
卯	未申	子	辰巳	丑寅	午	戌亥	八十二	七四	六六	五八	五十	四二	三四	二六
午	丑寅	辰巳	子	未申	卯	酉	八十三	七五	六七	五九	五一	四三	三五	二七
未申	卯	酉	戌亥	午	丑寅	辰巳	八十四	七六	六八	六十	五二	四四	三六	二八
辰巳	戌亥	午	卯	酉	子	未申	八十五	七七	六九	六一	五三	四五	三七	二九
酉	子	未申	丑寅	戌亥	辰巳	午	八十六	七八	七十	六二	五四	四六	三八	三十
丑寅	午	戌亥	未申	卯	酉	子	八十七	七九	七一	六三	五五	四七	三九	三十一
戌亥	辰巳	丑寅	酉	子	未申	卯	八十八	八十	七二	六四	五六	四八	四十	三十二
子	酉	卯	午	辰巳	戌亥	丑寅	八十九	八十一	七三	六五	五七	四九	四十一	三十三

○ 百忌日(백기일)

甲不開倉＝甲日에 창고를 열지 못하며

乙不栽植＝乙日에 나무를 재배하거나 심지 못하며

丙不修竈＝丙日에 조왕을 고치지 못하며

歸魂(귀혼) 平(평)

女子 (여자)

酉	戌亥	子	丑寅	卯	辰巳	午	未申
三	二	一					
							四
十	九	八	七	六	五		
十八	十七	十六	十五	十四	十三	十二	十一
二十六	二十五	二十四	二十三	二十二	二十一	二十	十九
三十四	三十三	三十二	三十一	三十	二十九	二十八	二十七
四十二	四十一	四十	三十九	三十八	三十七	三十六	三十五
五十	四十九	四十八	四十七	四十六	四十五	四十四	四十三
五十八	五十七	五十六	五十五	五十四	五十三	五十二	五十一
六十六	六十五	六十四	六十三	六十二	六十一	六十	五十九
七十四	七十三	七十二	七十一	七十	六十九	六十八	六十七
八十二	八十一	八十	七十九	七十八	七十七	七十六	七十五
	八十九	八十八	八十七	八十六	八十五	八十四	八十三

丁不剃頭 = 丁日에 머리를 빗지 못하며
戊不受田 = 戊日에 수전을 못하며
己不破券 = 己日에 문서를 파하지 못하며
庚不經略 = 庚日에 일을 도모하지 못하며
辛不合醬 = 辛日에 장을 담그지 못하며
壬不決水 = 壬日에 물을 가두지 못하며
癸不詞訟 = 癸日에 송사하지 못하느니라.
子不問卜 = 子日에 점치지 못하며
丑不冠帶 = 丑日에 관대를 매지 못하며
寅不祭祀 = 寅日에 제사지내지 못하며
卯不穿井 = 卯日에 우물을 파지 못하며
辰不哭泣 = 辰日에 곡하지 못하며
巳不遠行 = 巳日에 먼 출행을 못하며
午不苫蓋 = 午日에 지붕을 덮지 못하며
未不服藥 = 未日에 약을 먹지 못하며
申不安牀 = 申日에 평상을 만들지 못하며
酉不會客 = 酉日에 빈객을 모으지 못하며
戌不乞狗 = 戌日에 개를 들이지 못하며
亥不嫁娶 = 亥日에 혼인을 못하느니라.

○ 月家吉神(월가길신)

이 월가길신은 月別(월별)로 日辰(일진)의 吉凶(길흉)을 찾기 쉽도록 되어 있으니 택일의 조목대로 사용하나니라. 例∴正月 丙日이면 月德(월덕) 二月 亥日이면 生氣(생기)가 된다.

月家吉神		
天德 (천덕)	造葬上官百事皆亨 (조장 및 상관 백사형통)	
	月別 日辰	
	正月	丁
	二月	申
	三月	壬
	四月	辛
	五月	亥
	六月	甲
	七月	癸
	八月	寅
	九月	丙
	十月	乙
	十一月	巳
	十二月	庚

月德(월덕)	天德合(천덕합)	月德合(월덕합)	月空(월공)	月恩(월은)	月財(월재)	生氣(생기)	天醫(천의)	旺日(왕일)	相日(상일)	解神(해신)	五富(오부)	玉帝赦日(옥제사일)
修作萬福咸至 수작 만복이 모두 이름	天德同用 천덕과 같이 쓰임	月德同用 월덕과 한가지로 쓰임	上章修造取土俱吉 상장 취토 수조 모두 길	與天恩同 천은과 같음	移居造葬橫財大吉 이사 장사 횡재에 대길	一名天喜 (일명천희)	求醫治病針藥皆驗 구의 치병 침약 모두 효험	宜上樑下棺、忌動土 상량하관길 동토는 흉	上同 (상동)	能解諸殺百事大吉 능히 모든 살을 풀고 백사길	宜造葬作倉庫 조장에나 창고에 길함	任意作事吉 임의 작사에 길
日辰	日辰	日辰	日辰	日辰	日辰	日辰	日辰	日辰	日辰	日辰	日辰	日辰
丙	壬	辛	壬	丙	九	戌	丑	寅	巳	申	亥	丁巳
甲	巳	己	庚	丁	三	亥	寅	寅	巳	申	寅	甲子
壬	丁	丁	丙	庚	四	子	卯	寅	巳	戌	巳	乙丑
庚	丙	乙	甲	己	二	丑	辰	巳	申	戌	申	丙寅
丙	辛	辛	壬	戊	七	寅	巳	巳	申	子	亥	辛卯
甲	己	己	庚	辛	六	卯	午	巳	申	子	寅	壬辰
壬	丁	丁	丙	壬	九	辰	未	申	亥	寅	巳	丁亥
庚	乙	乙	甲	癸	三	巳	申	申	亥	寅	申	甲午
丙	辛	辛	壬	庚	四	午	酉	申	亥	辰	亥	乙未
甲	庚	己	庚	乙	二	未	戌	亥	寅	辰	寅	丙申
壬	丙	丁	丙	甲	七	申	亥	亥	寅	午	巳	辛酉
庚	乙	乙	甲	辛	六	酉	子	亥	寅	午	申	壬戌

天赦神(천사신)	皇恩大赦(황은대사)	要安日(요안일)	萬通四吉(만통사길)	天貴(천귀)	四相(사상)	三合(삼합)	六合(육합)	時德(시덕)	靑龍(청룡)
天赦神來身罪宥赦 (천사신이 오면 죄를 사함)	皇恩來赦消炎阻患 (재앙이 사라지고 이환이 나음)	獲福受生益後續世 (획복수생익후속세)	轉禍爲福居安同榮 (전화위복거안동영)	宜祭祀上官入學 (제사 벼슬 입학에 길)	嫁娶百事大吉 (혼인과 백사에 길)			結婚會友 (결혼과 친우모임에 길)	出行行船 (출행과 배떠나는데 길)
日辰	日辰	日辰	日辰	日辰	日辰	日辰	日辰	日辰	日辰
戌	戌	寅	午	春	戌午	亥	春在午		子丑寅卯辰巳午未申酉戌亥
丑	丑	申	亥	甲乙	亥未	戌	夏在未		
辰	寅	卯	申	丁	子申	酉	秋在子		
未	卯	酉	丑	夏	丑酉	申	冬在丑		
戌	酉	辰	酉	丙	寅戌	未			
丑	午	戌	辰	丁	卯亥	午			
辰	卯	巳	戌	秋	辰子	巳			
未	子	亥	巳	庚辛	巳丑	辰			
戌	午	午	子	冬	午寅	卯			
丑	亥	子	亥	壬癸	未卯	寅			
辰		未	辰		申辰	丑			
未					酉巳	子			

○ 四吉日(사길일)
(혼인과 百事吉(백사길))

春(봄)—戊寅日　夏(여름)—甲午日
秋(가을)—戊申日　冬(겨울)—甲子日

○ 天恩上吉日(천은상길일)
(수작 벼슬 혼인 및 백사대길)

甲子日　乙丑日　丙寅日　丁卯日　戊辰日　己卯日　庚辰日　辛巳日　壬午日　癸未日　己酉日

○ 大明上吉日 (대명상길일)

(안장, 집수리, 만사대길)

庚戌日 辛亥日 壬子日 癸丑日
辛未日 癸酉日 己卯日 甲申日 壬辰日 壬寅
日 乙巳日 己酉日 辛亥日 壬申日 丁丑日 壬
午日 丁亥日 乙未日 甲辰日 丙午日 庚戌日

○ 母倉上吉日 (모창상길일)

(가옥 및 창고건축 백사대길)

春(봄) — 亥子日　　夏(여름) — 寅卯日
秋(가을) — 辰戌丑未日　冬(겨울) — 申酉日
土王(토왕) — 후 첫 巳午日

○ 月家凶神 (월가흉신)

이 월가 흉신은 모두 흉일이니 각 택일의 부문에 의하여 보나니라.

月家凶神						
	天罡(천강)	河魁(하괴)	地破(지파)	羅網(나망)	滅沒(멸몰)	重喪(중상)
	忌百事黃道可用 (기백사황도가용)	忌百事黃道可用 (기백사황도가용)	忌動土金井 (기동토금정)	忌婚姻出行訴訟 (기혼인출행소송)	忌婚姻出行 (기혼인출행)	忌安葬成服制服 (기안장성복제복)

月別	日辰	日辰	日辰	日辰	日辰	日辰
正月	巳	亥	亥	子	丑	甲
二月	子	午	子	申	子	乙
三月	未	丑	丑	巳	亥	己
四月	寅	申	寅	辰	戌	丙
五月	酉	卯	卯	戌	酉	丁
六月	辰	戌	辰	亥	申	己
七月	亥	巳	巳	丑	未	庚
八月	午	子	午	申	午	辛
九月	丑	未	未	未	巳	己
十月	申	寅	申	子	辰	壬
十一月	卯	酉	酉	巳	卯	癸
十二月	戌	辰	戌	申	寅	己

天狗(천구)	往亡(왕망)	天賊(천적)	披麻殺(피마살)	紅紗殺(홍사살)	瘟瘟殺(온황살)	土瘟(토온)	天隔(천격)	地隔(지격)	山隔(산격)	水隔(수격)	陰錯(음착)	陽錯(양착)
(開日同忌祭祀 개일동 기제사)	(忌出行移居 기출행 이사)	(忌開倉出行百事凶 기개창출행백사흉)	(忌嫁娶入宅 기가취 입택)	(忌嫁娶 기가취)	(忌療病修造移徙 기치료수조이사)	(忌動土 기동토)	(忌出行求官 기출행구관)	(忌栽植安葬 기재식안장)	(忌入山政獵伐木 기입산수렵벌목)	(忌入水漁行船 기입수어람행선)	(忌嫁娶造葬 기가취조장)	(右同 우동)
日辰	日辰	日辰	日辰	日辰	日辰	日辰	日辰	日辰	日辰	日辰	日辰 庚戌辛酉庚申丁未丙午丁巳甲辰乙卯甲寅癸丑壬子癸亥	日辰 甲寅乙卯甲辰丁巳丙午丁未庚申辛酉庚戌癸亥壬子癸丑
子	寅	辰	酉	子	未	辰	寅	辰	未	戌		
丑	巳	酉	酉	酉	戌	巳	子	寅	巳	申		
寅	申	寅	午	丑	辰	午	戌	子	卯	午		
卯	亥	未	卯	子	酉	未	申	戌	丑	辰		
辰	卯	子	子	子	午	申	午	申	亥	寅		
巳	午	巳	酉	丑	酉	酉	辰	午	酉	子		
午	酉	戌	卯	卯	戌	戌	寅	辰	未	戌		
未	子	卯	卯	巳	申	亥	子	寅	巳	申		
申	辰	申	申	子	巳	子	戌	子	卯	午		
酉	未	丑	午	丑	亥	丑	申	戌	丑	辰		
戌	戌	午	午	卯	寅	寅	午	申	亥	寅		
亥	亥	亥	卯	卯	卯	卯	辰	午	酉	子		

541

天火(천화)	氷消瓦解(빙소와해)	受死(수사)	歸忌(귀기)	血支(혈지)	飛廉殺(비염살)	血忌(혈기)	獨火(독화)	地囊日(지랑일)	短星(단성)	長星(장성)	月殺(월살)	月厭(월염)
天獄同忌修造盖屋(천옥동기수조개옥)	忌入宅起造(기입택기조)	忌嫁娶移徙上官宜漁獵(기가취이사입택혼인의어랍)	忌移徙入宅婚姻遠回(기이사입택혼인원회)	忌針灸刺血(기침구자혈)	六畜血財專損(육축혈재전손)	忌針灸刺血(기침구자혈)	忌起造盖屋作竈(기기조개옥작조)	忌動土穿井開池(기동토우물연못)	忌嫁娶赴任求謀(기가취부임구모)	百事凶但宜上壽(백사흉단의상수)	忌福神立柱上樑(기복신입주상량)	忌嫁娶出行(기가취 출행)
日辰	日辰	日辰	日辰	日辰	日辰	日辰	日辰	日辰			日辰	日辰
子	巳	戌	丑	丑	戌	丑	巳	庚子 庚午 丑未 癸癸 子寅 甲甲 己卯 己丑 戊辰 戊午 癸未 癸巳 丙寅 丙申 丁卯 丁巳 戊子 戊辰 庚子 庚戌 辛酉 辛未 乙酉 乙未	廿一日 十九日 十六日 廿五日 廿六日 廿一日 廿二日 廿六日 廿九日 十七日 廿四日 廿三日 廿五日	七日 四日 六日 九日 十五日 十日 八日 二日 四日 三日 十七日 九日	丑 戌 未 辰 丑 戌 未 辰 丑 戌 未 辰	戌 酉 申 未 午 巳 辰 卯 寅 丑 子 亥
卯	辰	辰	寅	巳		未	辰					
午	亥	亥	子	戌		寅	卯					
酉	申	巳	亥	卯		申	寅					
子	卯	子	丑	申		卯	丑					
卯	戌	午	寅	丑		酉	子					
午	未	丑	子	午		辰	亥					
酉	寅	未	亥	亥		戌	戌					
子	酉	寅	丑	辰		巳	酉					
卯	辰	申	寅	酉		亥	申					
午		卯	子	寅		午	未					
酉		酉	亥	未		子	午					

月破(월파)	四파	四絶(사절)	四離(사리)	四廢(사폐)
忌月忌時德	百事凶	백사흉	기혼인백사흉	百事凶
日辰 申 酉 戌 亥 子 丑 寅 卯 辰 巳 午 未	立春·立夏·立秋·立冬·俱前一日	春分·夏至·秋分·冬至·俱前一日	春=辛酉庚申 夏=壬癸亥未 秋=甲寅乙卯 冬=酉巳子午

○ 十惡大敗日(십악대패일)

(百事凶)

甲己年=三月 戊戌日、七月 癸亥日

乙庚年=四月 壬申日、九月 乙巳日

丙辛年=三月 辛巳日、九月 庚辰日

丁壬年=無忌(무기)

戊癸年=六月 丑日

○ 伏斷日(복단일)

(忌 혼인 이사 출행 諸事不吉)

子日=虛宿(허숙)

丑日=斗宿(두숙)

○ 往亡日(왕망일)

(百事凶)

寅日=室宿(실숙)

卯日=女宿(여숙)

辰日=箕宿(기숙)

巳日=房宿(방숙)

午日=角宿(각숙)

未日=張宿(장숙)

申日=鬼宿(귀숙)

酉日=觜宿(자숙)

戌日=胃宿(위숙)

亥日=壁宿(벽숙)

立春(입춘) 뒤 七日

驚蟄(경칩) 뒤 十四日

清明(청명) 뒤 卄一日

立夏(입하) 뒤 八日

芒種(망종) 뒤 十六日

小暑(소서) 뒤 卄四日

立秋(입추) 뒤 九日

白露(백로) 뒤 十八日

寒露(한로) 뒤 廿七日　立冬(입동) 뒤 十日
大雪(대설) 뒤 二十日　小寒(소한) 뒤 三十日

○五空日(오공일)

(百事大通)

戊戌日午時＝諸神上天(제신상천) 己亥庚子
辛丑日＝太歲及諸神上天(태세 및 제신상천)
○天上天下大空亡日(천상천하대공망일)
甲戌 甲申 甲午 乙丑 乙亥 乙酉

三、婚姻門(혼인문)

혼인 택일에 앞서 前記한 생기복덕 및 월가길신 월가흉신 기타 길일을 택하고 흉일을 피하여 아래와 같이 吉凶日(길흉일)을 가리어 택일 하나니라.

○合婚開閉法(합혼개폐법)

(혼인의 운을 본다.)

女子의 나이로 보나니 大開(대개)는 부부 화목하고 半開(반개)는 부부 불화하고 閉開(폐개)는 부부 이별이니라.

○天聾地啞日(천농지아일)

(百事宜 造作修厠)

乙丑 乙未 丙寅 丙申 丙辰
丁卯 戊辰 己卯 己亥 庚子 辛巳
辛丑 辛亥 辛酉 壬子 癸丑
○天地皆空日(천지개공일)
戊戌 己亥 庚子 庚申

壬辰 壬寅 壬子 癸未 癸巳 癸卯

○ 嫁娶月 (가취월)

(女子의 生年으로 달을 가린다.)

子午卯酉生女 (자오묘유생년)	寅申巳亥生女 (인신사해생년)	辰戌丑未生女 (진술축미생녀)
大開 (대개) 十四, 十七, 二十, 二十三, 二十六, 二十九	大開 (대개) 十三, 十六, 十九, 二十二, 二十五, 二十八	大開 (대개) 十二, 十五, 十八, 二十一, 二十四, 二十七
半開 (반개) 十五, 十八, 二十一, 二十四, 二十七, 三十	半開 (반개) 十四, 十七, 二十, 二十三, 二十六, 二十九	半開 (반개) 十三, 十六, 十九, 二十二, 二十五, 二十八
閉開 (폐개) 十六, 十九, 二十二, 二十五, 二十八, 三十一	閉開 (폐개) 十五, 十八, 二十一, 二十四, 二十七, 三十	閉開 (폐개) 十四, 十七, 二十, 二十三, 二十六, 二十九

大利月 (대이월) 吉

(子午生) 六月 十二月
(丑未生) 五月 十一月
(寅申生) 二月 八月
(卯酉生) 正月 七月
(辰戌生) 四月 十月
(巳亥生) 三月 九月

혼인에 대길한 달이니 이달을 가린다.

○ 殺夫大忌月 (살부대기월)

(가취월의 좋은 달을 가린후 살부 대기월을 피함이 가하다. 단 여자의 생년으로 보나니라.)

妨媒氏 (방모씨) 平	妨翁姑 (방옹고) 平	妨女父母 (방여부모) 半	妨夫主 (방부주) 凶	妨女身 (방여신) 凶
正月 七月 四月 十月 三月 九月 六月 十二月 十一月 五月 八月 二月	二月 八月 三月 九月 四月 十月 十一月 五月 十二月 六月 正月 七月	三月 九月 二月 八月 五月 十一月 四月 十月 十二月 六月 正月 七月	四月 十月 正月 七月 六月 十二月 三月 九月 二月 八月 十一月 五月	五月 十一月 六月 十二月 七月 正月 八月 二月 九月 三月 十月 四月

大利月이 맞지 않으면 이 달도 무관하다.

시부모에게 불리한 달이나 부득이 하면 무관하다.

여부모에게 불리한 달이나 역시 사용할 수 있다.

신랑에 흉하니 혼인을 못한다.

신부에 흉하니 혼인을 못한다.

子生 = 正、二月 丑生 = 四月 寅生 = 七月 卯生 = 十二月

辰生 = 四月 巳生 = 五月 午生 = 八、十二月 未生 = 六、七月 申生 = 六、七月 酉生 = 八月 戌生 = 十二月 亥生 = 七、八月

○ 男婚凶年 (남혼흉년)
(혼인하면 男子에게 凶한 해)

子生(男)―未年、丑生(男)―申年、寅生(男)―
酉年、卯生(男)―戌年、辰生(男)―亥年、巳生
(男)―子年、午生(男)―丑年、未生(男)―寅年
申生(男)―卯年、酉生(男)―辰年、戌生(男)―
巳年、亥生(男)―午年

○ 女婚凶年 (녀혼흉년)
(女子가 혼인하면 흉한 해)

子生(女)―卯年、丑生(女)―寅年、寅生(女)―
丑年、卯生(女)―子年、辰生(女)―亥年、巳生
(女)―戌年、午生(女)―酉年、未生(女)―申年
申生(女)―未年、酉生(女)―午年、戌生(女)―
巳年、亥生(女)―辰年

○ 喪夫喪妻殺 (상부상처살)
(이날에 혼인하면 不吉하다.)

○ 孤寡殺 (고과살)
(이날은 역시 고신 과숙이 되는 살이 있다.)

春(봄)三月=丙午、丁未日(상처)
冬(겨울)三月=壬子、癸亥日(상부)

亥子丑生(女)―寅戌日、寅卯辰生(女)―巳丑
日、巳午未生(女)―申辰日、申酉戌生(女)―
亥未日

○ 嫁娶大凶日 (가취대흉일)

春=甲子、乙丑日   夏=丙子、丁丑日
秋=庚子、辛丑日   冬=壬子、癸丑日
正、五、九月=庚日 二、六、十月=乙日
三、七、十一月=丙日 四、八、十二月=癸日

○ 陰陽不將吉日 (음양부장길일)

陰陽不將吉日(음양부장길일)은 天賊(천적)
受死(수사) 紅紗(홍사) 披麻(피마) 月厭(월
염) 月對(월대)의 모든 凶日(흉일)을 뺀 길

일이니 禍害(화해) 絶命(절명) 伏斷(복단―이날에 五合日이면 무방) 月破(월파) 月殺(월살)을 피하여 택일하면 혼인에 가장 길한 날이다. 만일 이날이 마땅치 않으면 다음의 각 吉日(길일)을 가리라.

月別 / 吉日	
正月	丁卯 〃 〃 〃 〃 〃 〃 〃 〃
二月	辛卯 戊子 庚子 乙丑 丁丑 己卯 丙寅 戊寅 庚戌
三月	丙寅 丙子 戊子 乙酉 丁酉 己酉 丙戌 戊戌 庚戌
四月	戊寅 丙子 戊子 甲申 乙未 丁酉 甲戌 丙戌 戊戌
五月	甲子 丙子 戊子 甲申 癸未 丙戌 戊戌 (河魁申)
六月	甲申 丙申 戊申 乙未 丙戌 壬戌 戊戌
七月	乙未 癸未 甲申 癸未 壬申 壬申
八月	甲辰 壬辰 壬午 甲午 癸未 辛未 甲申 壬申
九月	辛卯 癸卯 庚辰 壬辰 辛巳 癸巳 辛未 癸未 庚午 壬午
十月	庚寅 壬寅 癸卯 辛卯 壬辰 庚辰 辛巳 癸巳 (河魁寅)

十一月	十二月
丁丑	丙子
己丑	戊子
辛丑	庚子
庚寅	丙寅
壬寅	戊寅
庚辰	庚寅
壬辰	戊辰
丙辰	庚辰
(河魁辰)	丙辰

○五合日(오합일)

甲寅 乙卯 日月合(일월합)
丙寅 丁卯 陰陽合(음양합)
戊寅 己卯 人民合(인민합)
庚寅 辛卯 金石合(금석합)
壬寅 癸卯 江河合(강하합)

(婚姻 및 百事吉 但 祭祠 穿井不吉)

○婚姻納徵定親日(혼인납징정친일)

乙巳 壬子 癸丑 己巳 壬午
乙未 丙辰 辛酉 庚寅

(納采(납채)및四柱(사주)에 吉합)

乙丑 丙寅 丁卯 辛未 戊寅 己卯 庚辰
丙戌 戊子 己丑 壬辰 癸巳 乙未 戊戌
辛丑 壬寅 癸卯 甲辰 丙午 丁未 庚戌
壬子 癸丑 甲寅 乙卯 丙辰 丁巳 戊午
己未 黃道(황도) 三合 五合 六合
月恩(월은) 天喜(천희) 定、成、開日(정 성 개일)

○通用吉日(통용길일)

乙丑 丁卯 丙子 丁丑 辛卯 癸卯

(옴양부장길일의 다음가는 吉日)

○送禮天福吉日(송례천복길일)

(예물을 보낼때 길함=납폐)

己卯 庚寅 辛卯 壬辰 癸巳 己亥
庚子 辛丑 乙巳 丁巳 庚辛

○ 冠笄日 (관계일)
(관대 속발에 吉한)

甲子 丙寅 丁卯 戊辰 辛未 壬申 丙子

戊寅 壬戌 辛卯 壬辰 甲午
丙申 癸卯 甲辰 乙巳 辛卯
甲寅 乙卯 丁巳 辛酉 壬戌 丁 甲午
天恩 天喜(忌 天罡 河魁 月厭 庚戌
丑日 破日 及 入月定日) 受死 月德

○ 生甲 病甲 死甲 (생갑 병갑 사갑)

年에日	生甲	病甲	死甲
子年	寅申	子午	辰戌
丑年	子午	寅申	辰戌
寅年	辰戌	子午	寅申
卯年	寅申	辰戌	子午
辰年	子午	寅申	辰戌
巳年	辰戌	子午	寅申
午年	寅申	辰戌	子午
未年	子午	寅申	辰戌
申年	辰戌	子午	寅申
酉年	寅申	辰戌	子午
戌年	子午	寅申	辰戌
亥年	辰戌	子午	寅申

生甲은 吉하고
病甲은 平하고
死甲은 凶하니라

○ 月厭 月對日 (월염 월대일)
(혼인에 不吉함)

正、七月=辰戌日   二、八月=卯酉日
三、九月=寅申日   四、十月=巳亥日
五、十一月=子午日 六、十二月=丑未日

○ 歲干吉辰 (세간길신) (혼인에 길함)

年으로日

甲	乙	丙	丁	戊	己	庚	辛	壬	癸

太極貴人 (태극귀인): 子午 / 酉卯 / 巳午寅 / 巳午寅亥巳申

天官貴人 (천관귀인): 未 / 辰 / 巳 / 寅 / 卯 / 酉 / 亥 / 申 / 戌 / 午

歲德 (세덕): 甲 / 庚 / 丙 / 壬 / 戊 / 甲 / 庚 / 丙 / 壬 / 戊

歲德合 (세덕합): 己 / 乙 / 辛 / 丁 / 癸 / 己 / 乙 / 辛 / 丁 / 癸

○ 歲支吉辰 (세지길신) (혼인에 길함)

年으로日

子	丑	寅	卯	辰	巳	午	未	申	酉	戌	亥

天德 (천덕): 巽 / 庚 / 丁 / 坤 / 壬 / 辛 / 乾 / 甲 / 癸 / 艮 / 丙 / 乙

天德合 (천덕합): 申 / 乙 / 壬 / 巳 / 丁 / 丙 / 寅 / 己 / 戊 / 亥 / 辛 / 庚

歲月德 (세월덕): 壬庚丙甲 / 壬庚丙甲 / 壬庚丙甲

○ 黃黑道 (황흑도)

(혼인및 諸事에 길함但 혼인 시간을 황도시로 정한다)

본는 법은 月로 日辰(일진)을 가리고 일 진으로 시간을 가린다. 黃道(황도)는 吉하 고 黑道(흑도)는 凶하니라.

月德合

驛馬 (역마): 寅亥申巳 / 寅亥申巳 / 寅亥申巳

月德合 (월덕합): 丁乙辛己 / 丁乙辛己 / 丁乙辛己

黃黑道 / 月日

	寅申月日	卯酉月日	辰戌月日	巳亥月日	午子月日	未丑月日
青龍黃道(청룡)	子	寅	辰	午	申	戌
明堂黃道(명당)	丑	卯	巳	未	酉	亥
白虎黑道(백호)	午	申	戌	子	寅	辰
玉堂黃道(옥당)	未	酉	亥	丑	卯	巳
天刑黑道(천형)	寅	辰	午	申	戌	子

天牢黑道(흑천로)	申	戌	子	寅	辰	午
朱雀黑道(흑주작)	卯	巳	未	酉	亥	丑
玄武黑道(흑현무)	酉	亥	丑	卯	巳	未
金貴黃道(금귀)	辰	午	申	戌	子	寅
司命黃道(사명)	戌	子	寅	辰	午	申
天德黃道(황천덕)	巳	未	酉	亥	丑	卯
句陳黑道(구진)	亥	丑	卯	巳	未	酉

○ 七殺日 (칠살일)
(혼인 및 諸事不吉)

角日(각일) 亢日(항일) 奎日(규일)
婁日(누일) 鬼日(귀일) 牛日(우일)

○ 婚姻總忌日 (혼인총기일)

혼인 총기일은 혼인에 꺼리는 날이니 이날을 除外하고 혼인할 날을 택일함이 可하다.

月厭(월염)、月對(월대)、男女本命日(남녀본명일=甲子生이면 甲子日)、禍害(화해)、絶命(절명)、每月亥日(매월해일)、披麻殺日(피마살일)、天賊(천적)、受死殺일)、月殺日(월살일─正、五、九月=丑日수사)、紅紗殺日(홍사忌日(월기일=每月 五、十四、二三日)、月破日(월파일) (寅 酉 戌 亥 丑 未 寅卯 辰 巳 午 未正二三四五六七八九十十一十二)、月忌日=戌日 三、七、十一月=午日)、月

十惡(십악)、伏斷日(복단일)、冬至(동지)、夏至(하지)、端午(단오)、四月八日(사월팔일)

○ 年玉女殺 (연옥여살)
(忌 新行方=신행방을 꺼린다)

春(봄) = 寅卯辰方(동방)
夏(여름) = 巳午未方(남방)
秋(가을) = 申酉戌方(서방)

552

冬(겨울)＝亥子丑方(북방)

○三地不受法(삼지불수법)

혼인 신행에 가리나니 지고 오면 집안에 해가 되고 안고 오면 오는 사람에 해가 되나니라.

申子辰年＝亥子丑(北)方
寅午戌年＝巳午未(南)方
巳酉丑年＝申酉戌(西)方
亥卯未年＝寅卯辰(東)方

○坐向日(좌향일)
(신부가 앉는 방향)

甲己日＝東北、乙庚日＝西北、丙辛日＝西南、丁壬日＝正南 戊癸日＝東南

○新婦入門法(신부입문법)
(신부가 신랑집에 처음 들어올때 가리나라)

金姓(금성)이 北門으로 들어오면 흉하고,
木姓(목성)이 西門으로 들어오면 흉하고,
水姓(수성)이 北門으로 들어오면 흉하고,
火姓(화성)이 南門으로 들어오면 흉하고,
土姓(토성)이 西門으로 들어오면 흉하니라.

○新行周堂圖(신행주당도)
(신행일에 주당을 보는 법)

竈　門
堂　　路
厨
第　翁
　婦竈

大月은 竈자로 부터 堂字를 향하여 세어 나가고 小月은 厨字로 부터 路字를 향하여 세어 나가니라.

死睡厨竈를 사용하라.

○婚姻周堂圖(혼인주당도)
(혼인당일에 주당을 보는 법)

大月은 夫字로부터 姑字로 順行하고 小月은 婦字로부터 逆行하나니라.

第堂厨竈日을 擇하되 翁姑(옹고)가 없는 사람은 이를

써도 無妨(무방)하니라.

○ 新婦入宅日(신부입택일)

丙寅 庚寅 丙子 辛酉 辛卯 天德合(천덕합) 月德合(월덕합)

四、移徙 門(이사문)

○ 移徙及入宅日(이사및입택일)

생기 복덕을 맞추어 모든 흉일을 피하여 이사 혹은 입택하나니라.

甲子 乙丑 丙寅 丁丑 乙酉 庚寅
壬辰 癸巳 乙未 壬寅 癸卯 丙午 庚戌
癸丑 乙卯 丙辰 丁巳 己未 庚申
驛馬(역마) 月恩(월은) 四相(사상)
忌=天賊日(천적일) 受死日(수사일)
月厭(월염) 家主本命日(가주본명일)

冲日(충일) 建破 平收日(건파평수일) ─ 책력에 있음

○ 月殺方(월살방)

(이사에 不吉한 方向)

正、五、九月=丑方
二、六、十月=戌方
三、七、十一月=未方
四、八、十二月=辰方

○ 出行吉日(출행길일)

甲子 乙丑 丙寅 丁卯 戊辰 庚午 辛未
甲戌 乙亥 丁丑 己卯 甲申 丙戌 己丑
庚寅 辛卯 甲午 乙未 庚子 辛丑 壬寅

受死 天賊 赦日 巳日 破 平 收日
癸卯 丙午 丁未 己酉 壬子 癸丑 甲寅
乙卯 庚申 辛酉 壬戌 癸亥 (忌=往亡日)
四月=卯日 五月=丑日 六月=亥日
七月=酉日 八月=未日 九月=巳日
十月=卯日 十一月=丑日 十二月=亥日

○鐵掃法(철소법)
辰巳子生=五月
申酉丑生=八、九月
寅卯午生=十一月
戌亥未生=十二月

○人動日(인동일) (사람 들이는 것을 꺼림)
每月=一日 三日 八日 十三日 十八日
二十三日 二十四日

○人隔日(인격일)
正月=酉日 二月=未日 三月=巳日

○移徙方位圖(이사방위도)
一、天祿(천록)
二、眼損(안손)
三、食神(식신)
四、甑破(증파)
五、五鬼(오귀)
六、合食(합식)
七、進鬼(진귀)
八、官印(관인)
九、退食(퇴식)

※천록 식신 합식 관인은 길하고 其外는 모두 흉하니라.

	東南	東	西南	北	南	東北	西	西北	中
男子	天祿	眼損	天祿	退食	官印	進鬼	合食	五鬼	甑破	食神
女子		眼損	天祿	退食	官印	進鬼	合食	五鬼	甑破	食神

男子: 一, 九, 十八, 二十七, 三十六, 四十五, 五十四, 六十三, 七十二, 八十一
女子: 十, 十九, 二十八, 三十七, 四十六, 五十五, 六十四, 七十三, 八十二

※ 忌=三殺方(삼살방) 大將軍方(대장군방) 月殺方(월살방)

○ 移徙日周堂圖(이사일주당도)

安 利 天 富
師 富 天 利

大月은 安字으로부터 利字로 순행하고
小月은 天字으로부터 利字로 역행한다.
利 安 天 富 師는 吉하고 災 害 殺은 不吉하니라.

五、祭祀 祈福(제사기복)

○ 祭祀吉日(제사길일)

甲子 乙丑 丁卯 戊辰 辛未 壬申 癸酉
甲戌 丁丑 己卯 庚辰 壬午 甲申 乙酉
丙戌 丁亥 己丑 辛卯 甲午 乙未 丙申

○祈福日(기복일)
(고사에 吉한)
壬申 乙亥 丙子 丁丑 壬午 癸未 丁亥
己丑 辛卯 壬辰 甲午 乙未 丁酉 壬子
甲辰 戊申 乙卯 丙辰 戊午 壬戌 癸亥
黃道(황도) 天恩(천은) 天赦(천사) 月德(월덕)
天德(천덕) 天德合(천덕합)
母倉上吉日(모창상길일)
定成開日(정성개일)

○佛供日(불공일)
甲子 甲戌 甲寅 乙丑 乙酉 丙寅 丙申
丁未 戊寅 戊子 己丑 庚午 辛卯 辛酉 癸卯

(忌=天狗日 寅日 天狗下食時)

丁酉 乙巳 丙午 丁未 戊申 丁酉 戊戌
乙卯 丙辰 丁巳 戊午 己未 辛酉 癸亥

○山祭吉日(산제길일)
甲子 乙亥 乙酉 乙卯 丙子
丙戌 庚戌 辛卯 壬申 甲申

○山神下降日(산신하강일)
(산신제에 吉함)
甲子 甲戌 甲午 甲寅 乙亥 乙未
乙卯 丁卯 丁亥 戊辰 己丑 庚辰
庚戌 辛卯 辛亥 壬寅 癸巳

○七星下降日(칠성하강일)
(칠성제에 吉함 忌=伏斷、受死、天賊)。
正月=三日、七日、十日、十五日、二十二日
二月=三日、七日、八日、十五日、二十六日、二十七日
三月=三日、七日、十五日、二十二日、二

四月＝三日、七日、八日、十五日、二十六日、二十七日

五月＝三日、七日、八日、十五日、二十六日、二十七日

六月＝三日、七日、八日、十五日、二十六日、二十七日

七月＝三日、七日、八日、十五日、二十七日

八月＝三日、七日、八日、十五日、二十七日

九月＝三日、七日、八日、十五日、二十七日

十月＝三日、七日、八日、十五日、二十八日

十一月＝三日、七日、八日、十五日、二十七日

十二月＝三日、七日、八日、十五日、二十六日、二十七日

〇河海 及 龍王祭日(하해 및 용왕제일)

庚午 辛未 壬申 癸酉 甲戌 庚子

辛酉 및 除、滿、執、成、開日

〇天狗下食時(천구하식시)

(이 시간에 제사나 고사를 지내면 무효니라)

子日亥時　丑日子時　寅日丑時　卯日寅時

辰日卯時　巳日辰時　午日巳時　未日午時

申日未時　酉日申時　戌日酉時　亥日戌時

十六日、二十七日

六、其他 (기타)

○ 安葬吉日 (안장길일)

正月 = 癸酉　丁酉　乙酉　辛酉　己酉　丙寅

二月 = 丙寅　壬申　甲申　庚寅　丙申　壬寅

三月 = 己未　庚申　甲申　丙申　癸酉　乙酉　丁酉

四月 = 乙酉　己酉　丁酉　壬午　庚寅　辛酉　癸酉　乙酉

五月 = 甲申　丙申　壬申　庚申　丁丑　己丑　甲午

六月 = 甲申　辛未　甲戌　庚辰　甲辰　庚寅　辛卯

七月 = 乙未　癸酉　乙酉　丁酉　己酉　壬申　甲午　丙午　壬子　壬辰　丙子　丙午　戊申　癸未

八月 = 壬申　甲申　丙申　庚申　壬寅　庚寅　壬寅　庚午　乙酉　乙巳　丙辰　丁巳　癸酉　己巳

九月 = 壬午　丙午　丙寅　庚寅　壬寅　庚午　甲戌　戊午　辛亥

十月 = 丙子　甲辰　丙辰　壬午　庚午　甲子　辛未　癸酉　甲午　乙未　壬

十一月 = 庚寅　壬寅　甲寅　丙申　庚申　甲申　壬子　壬辰　甲申　甲辰

十二月 = 壬申　甲寅　癸酉　甲申　丙寅　戊寅　庚寅　丙申

○定礎日(정초일)
(주추 놓는데 吉함)
甲子 乙丑 丙寅 己巳 庚午 甲戌 乙亥
戊寅 己卯 辛巳 壬午 癸未 丁亥 戊戌
己丑 庚寅 癸巳 甲申 丁酉 戊戌 己亥 庚子
壬寅 癸卯 乙未 丁酉 戊戌 己亥
乙卯 丙午 戊申 己酉 壬子 癸丑 甲寅
乙卯 丙辰 丁巳 己未 庚申 辛酉 黃道、天德
月德、定、成日

○堅柱吉日(견주길일)
(기둥 세우는데 吉함)
己巳 乙亥 己卯 甲申 乙酉 戊子 己丑 庚寅
乙未 己亥 辛丑 癸卯 乙巳 戊申 己酉 壬子
甲寅 己未 庚申 壬戌 丙寅 辛巳

○蓋屋吉日(개옥길일)
(지붕 덮는 날)
甲子 丁卯 戊辰 己巳 辛未 壬申 癸酉 丙子
丁丑 己卯 庚辰 癸未 甲申 乙酉 丙戌 戊子
庚寅 癸巳 乙未 丁酉 己亥 辛丑 壬寅 癸卯
甲辰 乙巳 戊申 己酉 庚戌 辛亥 壬子 乙卯
丙辰 庚申 辛酉 定成開日
(忌=黑道 獨火 天火 天賊 受死 陰陽錯 天
瘟 月破 氷消瓦解 天屺 河魁 伏斷 天災日)

○上樑吉日(상량길일)
(상량 하는데 吉함)
甲子 乙丑 丁卯 戊辰 己巳 庚午 辛未 壬申

○造醬吉日(조장길일)
(장 담그는데 吉함)
丁卯 丙寅 丙午 天德合 月德合 滿 成 開日
(忌=辛日)

○修造動土日 (수조동토일) 〈집을 고치고 흙을 다루는 날〉

甲子 癸酉 戊寅 己卯 庚辰 辛巳 甲申 丙戌
甲午 丙申 戊戌 己亥 庚子 甲辰 丙午 丁未
癸丑 戊午 庚申 辛未 丙辰 丁巳 辛酉
四時 相日 生氣 天德 月德 月恩 定日 玉堂日

金櫃日 (忌=土星 土瘟 土忌 天賊 建 破 平 收日)

○行船日 (행선일) 〈배 떠나는데 길한 날〉

乙丑 丙寅 丁卯 戊辰 丁丑 戊寅 壬午 乙酉
辛卯 甲午 乙未 庚子 辛丑 辛亥 丙辰 戊午
己未 辛酉
(忌=天賊 受死 月破 張 箕 宿 水隔 伏斷 建 破 危日)

○立券交易 (입권교역)

甲子 辛未 甲戌 丙子 丁丑 庚辰 辛巳 壬午
乙亥 戊寅 己卯 壬午 甲申

○伐木日 (벌목일)
己巳 庚午 辛未 壬申 甲戌
(日曆에 記入되어 있음)

○天賊日 (천적일)
正、四、七、十月 = 滿字
二、五、八、十一月 = 破字
三、六、九、十二月 = 開字

○天下滅亡日 (천하멸망일)
正、五、九月 = 丑日　二、六、十月 = 辰日
三、七、十一月 = 未日　四、八、十二月 = 戌日
(諸事不吉)

○六合 月德合 執成日

癸未 甲申 辛卯 壬辰 癸巳 乙未 庚子 癸卯
丁未 戊申 壬子 甲寅 乙卯 己未 辛酉 三合

(忌=建、破、平、收、天賊、空亡、伏斷日)

561

乙酉　戊子　甲午　乙未　丙申
壬寅　丙午　丁未　戊申　己酉
甲寅　乙卯　己未　庚申　辛酉
天德、月德、定、成、開日
또는 自立冬后 至立春前 午申日
忌＝天賊 受死 建破 平收 危日 山隔日

○ 祭水神日(제수신일)

庚午　辛未　壬申　癸酉　甲戌　庚子
辛酉　除　滿　執　成　開日
(수신에 제사드리는 날)

○ 十二支獸名表(십이지수명표)

子＝鼠(쥐)　　丑＝牛(소)　　寅＝虎(범)
卯＝兎(토끼)　辰＝龍(용)　　巳＝蛇(뱀)
午＝馬(말)　　未＝羊(양)　　申＝猴(잔나비)
酉＝鷄(닭)　　戌＝狗(개)　　亥＝猪(돼지)

○ 三災法(삼재법)

巳酉丑生＝亥子丑年　　申子辰生＝寅卯辰年
亥卯未生＝巳午未年　　寅午戌生＝申酉戌年

○ 五行屬姓(오행속성)

金＝徐(서) 成(성) 黃(황) 元(원) 韓(한) 南(남) 張(장) 柳(유) 申(신)
　　安(안) 梁(양) 蔣(장) 方(방) 杜(두) 河(하) 白(백) 楊(양) 片(편)
　　慶(경) 郭(곽) 盧(노) 裵(배) 文(문) 王(왕) 班(반) 陰(음) 晋(진)
　　邵(소)

木＝金(김) 趙(조) 朴(박) 崔(최) 兪(유) 孔(공) 高(고) 車(차) 康(강)
　　劉(유) 廉(렴) 朱(주) 陸(육) 洪(홍) 董(동) 固(고) 虞(우) 鼎(정)
　　周(주) 延(연) 火(화) 秋(추) 簡(간) 曺(조)

水=			火=		土=		
吳(오)	呂(여)	龍(용)	鮮于(선우)	李(이)	全(전)	咸(함)	宋(송)	都(도)	陶(도)
余(여)	千(천)	皐(고)	東方(동방)	尹(윤)	邊(변)	具(구)	權(권)	田(전)	睦(목)
余(여)	孟(맹)	牟(모)		鄭(정)	池(지)	秦(진)	閔(민)	沈(심)	冉(염)
奇(기)	卞(변)	毛(모)		姜(강)	石(석)	唐(당)	任(임)	奉(봉)	仇(구)
許(허)	梅(매)	乜(먀)		蔡(채)	陳(진)	宣(선)	林(임)	明(명)	童(동)
蘇(소)	尙(상)	南宮(남궁)		羅(나)	吉(길)	段(단)	嚴(엄)	貢(공)	
馬(마)	魚(어)	皇甫(황보)		愼(신)	玉(옥)	鄧(등)	孫(손)	牛(우)	
魯(노)	庚(경)			辛(신)	卓(탁)	皮(피)	甘(감)		
曾(증)				丁(정)	薛(설)	丘(구)	玄(현)		

七、唐四柱

子貴―容貌가 俊秀하고 子孫이 昌盛하며 貴人의 氣象으로 百祿을 兼全하고 萬人이 仰視하는 大吉한 四柱이다.

丑厄―一身이 困窮하고 多年抱病客이라 舊基를 일찍 떠나 살면 이러한 厄이 사라지며 早年에 困苦요 末分에는 太平하다.

寅權―才藝가 能하고 權勢많으며 萬事에 權能하여 處世 有能하다. 中年에 成敗가 多端이나 末年에 大吉한 四柱다.

卯破―每事에 欲成未成하고 半凶半吉하다. 有頭無尾하니 마음을 定할 곳이 없으며 財物을 모으면 곧 사라진다.

辰奸―爲人이 奸巧多謀하다. 奇妙한 꾀가 많으며, 性情은 비록 急하나 傾刻에 풀어지고 活人救命하기를 좋아한다.

巳文―容貌가 非凡하고 文學으로 功名을 얻는다. 文藝가 有餘하니 만일 四柱中에 天權星이나, 天刃星을 만나면 文武를 兼全할 것이다.

午福―衣食이 豊足하고 富貴雙全하다. 만일 天福星을 거듭 만나면 오히려 衣食이 不足한데 或 醫藥으로 活人하면 吉하다.

未驛―他鄕에 옮겨 살게 되며 移動이 頻繁하다。 만일 官祿을 얻지 못하면 江山을 遍踏하며 虛送歲月하게 된다。

申孤―兄弟가 分散하고 孤獨하다。 六親이 無德이요、 一身이 孤單하며 世業도 얻지 못할 뿐 아니라 克妻刑夫하게 된다。

酉刃―手足에 欠이 있으며 殺이 많다。 膽大心小하고 作事에 是非爭訟이 따르며 或은 疾病의 厄이 많다。

戌藝―爲人이 方能하고 文藝로 揚名한다。 남에게 배우지 않고도 自習으로 多能受智하며、 특히 藝術方面에 出衆하다。

亥壽―하나를 들으면 百을 깨닫는 재주요、 마음이 正直하여 作事에 公平하고 壽福이 高隆한데 만일 破星과 厄星을 만나면 오히려 凶하다。

法에 이르기를 年上에 月을 加하고 月上에 日을 加하고 日上에 時를 加하여 輪回로 順看하라 하였다。

假令 戊午 三月(辰月) 八月(未日) 午時生이라면 午에 天福星이요、 午宮에서 起子하여 順回하면 未宮에 丑申宮에 寅、 酉宮에 卯、 戌宮에 辰이 되니 月建辰의 당는 곳이 戌宮이니、 天藝星이요、 戌宮에서 다시 起子하여 위 要領과 같이 돌려 짚으면 日辰 未가 당는 곳이 巳宮이니 곧 天文星이요、 巳宮에서 다시 起子하여 위와 같이 돌려 짚으면 午時가 당는 곳이 亥宮이니、 天壽星이 된다(보는 法은 이와 같은 例에 依한다)。

이 四柱의 運을 論評하면 年에 天福星이니 衣食豊足할 것이요, 富貴雙全할 것이요, 月에 天藝星이니 才能하여 文藝로 揚名할 것이요, 日에 天文星이니 容貌가 非凡하고, 文學으로 功名할 것이며, 時에 天壽星이니 八十享壽하여 平生 有福한 八字라 보겠다.

또 한가지 보는 法이 있으니 月을 月建으로 돌려짚지 않고 月數(正・二・三・四 등)로 하며, 日은 日辰으로 쓰지 않고 日數(初一, 初二, 初三 등)로 하여 닿는 宮을 보는 것인데 즉 年은 年支, 月은 月의 數, 日은 日의 數, 時는 時支로 計數하여 上記와 같이 돌려짚어 보는 法도 있다.

이 唐四柱는 但 命理學 理論과는 相違되므로 信憑性이 不足한 것이다.

八、姓 名 學

○ 姓名構成의 五大原則

1、陰陽의 調和 二、五行의 配置 三、字劃의 數理 四、文字의 意義 五、文字의 音韻

○ 陰陽의 調和

陽數―一 三 五 七 九 陰數―二 四 六 八 十

純陽이나 純陰이면 凶하고 陰陽이 配合하면 吉하다.

○ 五行의 配置

相生—(金水 水木 木火 火土 土金)이면 吉하고

相剋—(金木 木土 土水 水火 火金)하면 凶하다。

—音五行—

金=ㅅㅈㅊ 齒音

木=ㄱㅋ 牙音

水=ㅁㅂㅍ 唇音

火=ㄴㄷㄹㅌ 舌音

土=ㅇㅎ 喉音

—數五行—

金=七八

木=一二

水=九十

火=三四

土=五六

但 十數 以上은 十單位를 除하고 나머지 單位로 計算하여 五行을 定한다。

○作名의 格

天格—姓字와 名字의 上字를 合한 것—運命 또는 性格制斷의 中心

名格—名字의 上下를 合한 것—靑壯期의 主運

外格—姓字와 名字의 下字를 合한 것—配偶者 또는 人間關係 및 末年運

總格—姓名 三字를 모두 合한 것—全生涯를 通한 運命

一字姓 二字名

　天格
　名格
　外格
　總格

一字姓 一字名

　天格
　名格
　外格
　總格

一・二・三・四 등의 數의 글자는 그 數를 쓰고 劃은 使用치 않는다。 例를 들면 五字는 四劃이나 四劃으로 計算치 않고 五數로 計算한다。

二字姓 一字名

易理에는 原字로 水字를 四劃으로 하며, 易像은 形態로 水字를 水邊으로, 三劃을 計算한다.

二字姓 二字名

● 先低後高・先濁後淸으로 된 姓名은 吉하고 그 反對로 되면 凶하다.

● 陰陽이 配合이 되면 吉하고 純陰・純陽으로 되면 凶하다.

● 相生은 吉하고 相克은 凶하며 比和는 平하다 (二生 一剋은 吉)

● 五行은 音五行을 重視하고 劃數는 並看한다 (劃數 五行은 姓字에 太極數 一을 加算하여 計算하고, 姓字와 名字上의 劃數를 合하고, 名字의 上下를 合한 劃數로 五行을 定한다)

— 例 —

```
        ┌ (十一) ─ 木
    木 ┤
高 ─ 十 ┤
    土 十六
    ├           ─ 二十一
光 ─ 六 ┤
    木
    ├           ─ 十五
震 ─ 十五 ┘
    金
```

音五行으로 高字는 牙音木이요 光字도 牙音木이요, 震字는 齒音 金이다 즉 音 五行은 木木金이며, 數理로는 高字十劃이니 太極數 一劃을 加算하여 十一劃이요, 光字 六劃이니 十六이요, 光六을 合하면 二十一이니 二十을 除한 一의 五行은 木이니 즉 數의 五行은 木이며, 光字六과 震字 十五劃을 合하면 二十一이니 二十을 除한 一의 五行은 木이니 즉 數의 五行은

木土木이 된다.

🔘 天格은 十六 名格은 二十一 外格은 二十五, 總格 三十一이다. 易理六爻作法은 姓과 名之上을 合하여 八八除之로 上卦를 作하고, 名六二字를 合한 數로 八八除하여 나머지로 下卦를 作하고, 總數는 合하여 六六除之로 動爻를 作하여 본다.

高 光 — 姓字合은 十六이니 八八除之하니 나머지 다시 八로 坤地卦(上卦)
十 六

高 光 震 — 名字合은 二十一이니 八八除之하면 나머지 五로 巽風卦(下卦)
六 十五

高 光 震 — 姓名合은 三十一이니 六六除之하면 나머지 一이니 初爻動(動爻)
六 十五

즉 地風升之泰(地天泰)卦(☷☴~☷☰)가 된다.

○ 易理八拔論

※ 字劃計算法(易理・易像의 字劃別)

(易理)　(易像)

水 (四) 氵 (三)
允 (四) 允 (三)
心 (四) 忄 (三)
邑 (七) 阝右 (三)
阜 (八) 阝左 (三)

(易理)　(易像)

网 (六) 罒 (四)
老 (六) 耂 (四)
肉 (六) 月 (四)
艸 (六) 艹 (四)
辵 (七) 辶 (四)

🔘 本 姓名學은 易理法 計算으로 乙를 四劃計算하는 것임.

犬（四）犭
玉（五）王（四）
示（四）礻（四）
衣（六）礻（五）
火（四）灬（四）
手（四）扌（三）

一—一 乾爲天　出自圍林下　二朝御鵬程　榮華雖至貴　終見散田庄
一—二 天澤履　千載遲遲身不榮　晚年混然得榮華　終得春光事事通
一—三 天火同人　赫赫乾坤事事通　玉顏晚年將芙蓉　宜和英雄筵優遊
一—四 天雷无妄　初年清霜恨　時和木馬行　天顏玉腮共雙榮　終當祿財亨
一—五 天風姤　身起九級中　觀風帝王傍　數中姑値局　獨立海鷗鳴
一—六 天水訟　災厄常隨身　一生大不安　地角南荒淸缺岐　黃牛一毛格
一—七 天山遯　寂寞深山程　困龍見碧沙中　天火在水上　欲巧反拙憂愁人
一—八 天地否　風柳千載綠　寒松百歲孤　透過多塞滯　前程可有望
二—一 澤天夬　暗裡衣冠拆　幽谷日未明　可惜春色暮　名譽晚年成
二—二 兌爲澤　碧玉滿粕子　金庭弄花香　中天回斗牛　却無曉風光
二—三 澤火革　運逢刑厄眞爲凶　二十年光若花枝　一朝狂風起　花落守空房
二—四 澤雷隨　安身守分吉　快樂別有光　萬事丁寧運命中　兩物不相合
二—五 澤風大過　身坐君旺側　日食五味飯　輕風災雖至　高臥見水澤
二—六 澤水困　有木逢鐵鉞　枝葉盡布枯　飛遊瞻鳩鳥　少年困苦象　終當不成器

570

卦序	卦名	卦辞	断语
二―七	澤山咸	枯木逢春色	事事順順昌	一朝當霜雨	風前落花格
二―八	澤地萃	唇反又言訥	右膝必有怨	四十歲未滿	魂招猛席前
三―一	澤天大有	日更月變事漸離	千里他鄉還得間	堅心自守更守節	修道綿綿祿自還
三―二	火澤睽	水火相剋本無緣	若逢三劫位倚通	千秋怨恨永不絕	血梁沙場白骨魂
三―三	離爲火	群陰青山外	山河振不動	身靜爲安樂	妄動犯刑厄
三―四	火雷噬嗑	少草和春生	文章達于王	富貴當此如	何有訟事災
三―五	火風鼎	聰明方智多	蓮花逢秋開	一擧風雪路	天顏別有光
三―六	火水未濟	火在水上相戰未	萬事不成災殃至	十年長期寒下症	終身困苦不得痊
三―七	火山旅	二十年前事	名夆揚京華	一朝風雲起	因人被大害
三―八	火地晋	攀龍頭揷一枝花	磊上金榜第一人	紅紫綃袍映日月	後孫餘慶百歲吉
四―一	雷天大壯	枯木經風霜	春後更有光	和陽回春節	方爲中風光
四―二	雷澤歸妹	作吏排風路	一所事王公	木鼠春秋日	穿塚脫衣紅
四―三	雷火豐	月下多舊香	床頭合塵烟	一任金華道	雷起直上天
四―四	震爲雷	有才兼有藝	工業必有巧	六害從前起	終得不成器
四―五	雷風恒	和春陽起回	從亨自安樂	轉爲富貴豐	優遊自樂人
四―六	雷水解	袷袍金鱗閣	粉粉訟話多	能快千人訟	仁聲騰愈加
四―七	雷山小過	五鬼透林木	風月未易分	茅屋荊山下	何人吊孤墳

卦序	卦名	卦辭		
四一八	雷地豫	美如蓮花貌	才超壽王倫	一朝君王側	富貴榮華人
五一一	風天畜	折唇折齒	千念未伸	諸事多魔	一生不安
五一二	風澤中孚	太行山下水滔滔	三月 留未得福	木道取材爲舟楫	遍得天下盡歡迎
五一三	風火家人	琴聲清音本無私	間寂青山裡	春風滿洋自轉明	一家一門自春色
五一四	風雷益	有順逢順事事順	居榮多榮頻頻榮	蛟龍上樹繞	自主平生節
五一五	巽爲風	花開知歲月	花落本無香	南薰殿上清烟鎖	刑徒更留門
五一六	風水渙	右脚必有拆	左目必有盲	不意青山下	光物與隆京華張
五一七	風山漸	成枝三千里	仁聲遍四閣	道明千載下	狂風便是來
五一八	風地觀	枯木得逢春	枝幹自有榮	桃花江湖上	推時暮春聲
六一一	水天需	自南薰風吹棘薪	一門和氣蕩深春	和樂之象	桂越逼天顏
六一二	水澤節	白雲山霧合未開	珠玉金垤路不通	朝庭得祿又有慶	千里別有光
六一三	水火既濟	係巷制下字二文	可惜春苔點有浪	若能三寶多頼力	舟楫大川建柱棟
六一四	水雷屯	此生初成月	清枰一院花	安身調保處	顏魂驚圾劍刀丸
六一五	水風井	多事繁又辛苦	有木似無根	偶然之中魔鬼來	風波不侵來
六一六	坎爲水	重險坎水前路難	有魚無飛髮	災殃隨身立惡死	步步向禮場
六一七	水山蹇	花蕊與人紅	歸閣紫雲香	皇恩對此貴	流傳百歲榮
六一八	水地比				

七—一	山天大畜	千歲老龍得弄珠	一朝雷雨積雲行	紅綃綿帛官位足	且語前程榮華中
七—二	山澤損	轉轉上下道路險	萬事無成却猜惡	刑門盈歈難頑御	障曲江邊疾痕垂
七—三	山火賁	黃雲赫海上	青鸞對于成	燦燭金玉帶	傾善舞春風
七—四	山雷頤	權衡持一通	天下共一歸	威福從須權	山河仰徘徊
七—五	山風蠱	運命陰陽爻	忽然疾病多	盜賊常隨身	頭碎散空家
七—六	山水蒙	寒寂家無糧	眉門日月落	榮華富貴夢多想	且語前程伏道吉
七—七	艮為山	初從折桂行	官位紫森中	不從兩人稿	顯落葉狂風
七—八	山地剝	眞為非為眞	所行總是奸	一人刑門在	綠何壽福全
八—一	地天泰	手折桂花枝	金榜再三登	紫府文章耀	子孫百代興
八—二	地澤臨	高樓巨閣程	榮耀四方傳	光被日月色	紫府揚名人
八—三	地火明夷	江山梅花開	雲程看貴人	數中寒位高	心通自有閑
八—四	地雷復	花殘葉茂盛	去來復望華	栗竹南北界	暮年得意回
八—五	地風升	一朝一身出	一躍對玉星	身坐麒麟閣	道德至文章
八—六	地水師	草舘結朱男	不覺配夫人	不合夫婦道	行嫁玩路人
八—七	地山謙	須得寸草枝	變幻千萬丈	尚興兵共類	偸盜越牆帳
八—八	坤為地	清燈一桂滿室香	帝王之側姓名揚	地中有地又重重	能載萬物兼有養

○數理吉凶論

一 基本格　　三陽回春之像　　富貴兼備　　首領之格　　大吉之數

二 分離格　　諸川分離之像　　地位財產分離　　動搖　　妻生離死別

三 成形格　　始生萬物之像　　智謀出眾　　勇敢無雙　　立身揚名

四 不定格　　東西各飛之像　　敗家放浪之數　　困苦生敗　　破家流離

五 定成格　　能成萬物之像　　智德兼備　　早達龍門　　名振四海

六 繼成格　　陰德始胎之像　　和氣自來　　不撓不屈　　日就月將

七 獨立格　　剛健前進之像　　猛虎出林　　意氣高剛　　與人和之

八 開物格　　自發自立之像　　初志一貫　　萬難剋服　　富貴長壽

九 窮逼格　　大材無用之像　　初分成功　　中途挫折　　禍亂風波

一〇 空虛格　　萬般虛無之像　　雖有方能　　有頭無尾　　別無成事

一一 新成格　　自力更生之像　　進取學業　　中年成功　　眾人信望

一二 薄弱格　　軟弱失調之像　　雖有方略　　都是不能　　東奔西走

一三 智謀格　　久而自明之像　　大志大業　　立身揚名　　能成雄志

一四 離散格　　運遇四散之像　　生離死別　　六親無德　　千辛萬苦

一五 統率格　　天地安定之像　　運遇四散之像　　富貴長壽　　德望兼備　　大器晚成

一六 德望格　　剛柔相濟之像　　家道中興　　立身揚名　　昌盛發達

574

一七 健暢格	健全 暢達之像	大志大業 能成大功 名滿四海
一八 發展格	進取發展之像	富貴榮達 壽福康寧 名垂竹帛
一九 苦難格	鳳鶴傷翼之像	擧皆水泡 刑厄災難 愁心不絕
二〇 虛望格	萬事空虛之像	千辛萬苦 破敗失意 六親無德
二一 頭領格	萬人首領之像	富貴榮達 獨身成功 流離彷徨
二二 中拆格	秋風落葉之像	孤獨煩悶 平生野黨 獨身出世
二三 成功格	開花萬發之像	富貴榮達 女命寡運 壽福康寧
二四 立身格	雨後竹筍之像	自手成家 富貴雙全 自立大成
二五 安全格	順風航海之像	智謀深遠 大志大業 災難甚大
二六 風波格	一時大成	波瀾曲折 家庭不遇 晚年悲慘
二七 中斷格	落馬折骨之像	千限未伸 夫婦相別 遭難不幸
二八 波亂格	大海泛舟之像	辛苦續出 中途挫折 晚年大吉
二九 成功格	新綠有實之像	大志大業 中無所主 壽命長壽
三〇 浮夢格	無情歲月之像	轉轉彷徨 徒勞無功
三一 隆昌格	萬花方暢之像	萬難克服 自手成家 積少成大
三二 倖幸格	綠水周遊之像	一碧海天 壽福康寧 萬事大通
三三 昇天格	老龍得雲之像	自立大成 少時揚名 威權冲天

三四 破滅格	平地風波之像	災害續出	有始無終
三五 平凡格	安過泰平之像	富貴長壽	文藝才能 女命最吉
三六 英是非格	成敗輪轉之像	骨肉相爭	喜悲雙曲 勿犯投機
三七 仁德格	枯木生花之像	智謀出衆	初志一貫 難事能解
三八 福祿格	立身揚名之像	大志大業	文筆技藝 無不能事
三九 安樂格	開花迎春之像	破竹之勢	大業成功 或恐轉落
四〇 無常格	凡事無力之像	徒勞無功	雖有才能 作事難成
四一 大功格	名振四海之像	人格高邁	濟濟蒼生 人皆仰視
四二 苦行格	遍見暗迷之像	早折竹枝	家族異別 刑厄孤獨
四三 迷惑格	泛舟逢風之像	精神異常	一生災多 女命不貞
四四 魔障格	好事多魔之像	平地風波	一時成功 不能永續
四五 大志格	明月輝光之像	先見之明	萬人師表 立身揚名
四六 不知格	暗夜失路之像	泄事浮雲	心無定虛 孤獨短命
四七 出世格	井魚出海之像	初志一貫	出世成功 一握千金
四八 有德格	安過太平之像	兩順風調	四通五達 無事安逸
四九 隱退格	功成身退之像	一進一退	吉凶相半 守分則吉
五〇 不幸格	心身不平之像	處事不敏	獨坐嘆息 病弱財散

五一 春秋格	吉凶相半之像	一笑一怒	初困後泰	安過歲月
五二 能直格	凡謀出眾之像	英明透徹	大事能堪	女則賢良
五三 不和格	才智不足之像	有欲無能	泰山難越	外富內貧
五四 辛苦格	災厄重重之像	落馬折骨	刑厄短命	孤獨疾病
五五 不忍格	每事不久之像	吉凶相半	成敗多端	九死一生
五六 不足格	萬事不足之像	慾大心少	失敗之本	守分最可
五七 努力格	努力精進之像	不休不怠	終得成功	東西奔忙
五八 自力格	初困後泰之像	大厄過後	門戶榮華	晚年富足
五九 不遇格	老龍失珠之像	雖有才能	一無好機	虛送歲月
六〇 暗黑格	日月蔽雲之像	暗夜行人	事不分別	有頭無尾
六一 榮華格	喜事滿門之像	大志完成	富貴能得	圓助興家
六二 孤獨格	蒼海泛舟之像	范范大海	流離放浪	無依無托
六三 吉祥格	初志貫徹之像	大業成功	五福兼備	子孫榮華
六四 沈滯格	散散分離之像	入山修道	家庭不和	病弱短命
六五 完美格	萬花芳暢之像	富貴安樂	萬難克服	日就月將
六六 逢難格	知方多謀之像	・龍頭蛇尾	破難曲折	進退兩難
六七 成長格	天品高潔之像	知德兼備	大謀大業	能少能大

577

六八 達成格 老灰逢獄之像 上通下達 大志大業 富貴兼全
六九 衰弱格 枯木風雪之像 失意衰退 孤狮短身 東西流難
七〇 暗難格 深夜逢賊之像 無情不今 不具短命 凶逢可知
七一 不安格 好析難成之像 千辛萬苦 去去盆山 獨生秋心
七二 相半格 凶多吉少之像 因苦初年 中年順成 未年先運
七三 亨通格 林木回春之像 獨自土成 英明透微 富貴榮達
七四 不交格 暗夜坐路之像 萬花芳暢 妻子相別 流離分散
七五 旺盛格 温柔有德之像 內外不合 積少成大 自立大成
七六 離散格 平地風波之像 初志貫徹 轉轉彷徨 縱身因苦
七七 剛健格 意志確固之像 大謀不成 女子克夫 凶福重重
七八 無力格 鳳鶴失巢之像 退劣難免 依他慾成 凶多吉少
七九 不信格 自立不能 作業難成
八〇 陰影格 妄動多敗之像 自重立名 修身齊家 未年安逸
八十一 還喜格 草木回春之像 陰福無比 吉祥暗示 最大喜慶

八十一을 超過하는 數는 八十을 除之하고 다시 一에서부터 適用시킨다.

九、字劃字源

字劃一覽表

이 字劃一覽表는 但姓名字에 많이 쓰이고 있는 것만 추려 劃數別로 記入하였다

● 一劃

一 한일
乙 을새

● 二劃

卜 점복
力 힘력
又 또우
乂 재주예
二 두이
丁 장정정

● 三劃

三 석삼
干 방패간
女 계집녀
万 일만만
大 큰대
工 장인공
土 흙토
己 몸기
山 뫼산
千 일천천
于 어조사우

● 四劃

四 넷사
介 클개
公 귀공
孔 구멍공
勻 고를균
今 이제금
斗 말두
文 글문
毛 터럭모
方 모방
夫 지아비부
小 적을소
川 내천
子 아들자
木 나무목
卞 변
分 나눌분
尤 더욱우
云 이를운
元 으뜸원
尹 맏윤
王 임금왕
仁 어질인
壬 북방임
心 마음심
丹 붉을단
化 화할화
天 하늘천
亢 높을항
片 조각편

●五劃

五 오다섯
甲 갑옷갑
丘 언덕구
戊 무별무
民 백성민
白 흰백
丙 남녘병
史 사기사
石 석돌석
仙 신선선
世 인간세

申 납신
永 길영
玉 구슬옥
用 쓸용
正 바를정
主 임금주
仟 일천천
出 날출
台 별태
皮 가죽피
必 반드필

玄 감을현
弘 클홍
平 평할평
立 설립
田 밭전
生 날생
古 엣고

●六劃

六 여섯륙
光 빛광
共 함께공
圭 홀규
老 늙을로
求 구할구
吉 길할길
年 해년
朴 성박
百 일백백
氾 범뜰범

份 많을분
多 많을다
同 같을동
先 먼저선
守 지킬수
戍 개술
臣 신하신
旬 열흘순
安 편안안
宇 집우
羽 깃우

旭 빛날욱
伊 저이
有 있을유
印 새길인
任 맡길임
在 있을재
全 온전
朱 붉을주
仲 버금중
行 다닐행

丞 정승승
因 인할인
宅 집택
竹 대죽
西 서녘서
初 처음초

●七劃

七 일곱칠
角 뿔각
江 물강
君 인군군
均 고를균
克 이길극
杞 구기자기
男 사나이남
良 어질량
呂 법려
李 오얏리

里 마을리
武 호반무
甫 겨우보
妢 이름분
庇 덮을비
免 면할면
伯 맏백
成 이룰성
宋 나라송
秀 빼날수
延 맞을연

伸 신펼신
辛 쓸신
延 맞을연
吳 나라오
完 완전완
妧 완계집완
岏 완언덕
佑 도울우
壯 씩씩장
材 재목재

昕 밝을정
志 뜻지
池 못지
址 터지
車 수레거
采 채색채
兌 서방태
判 판단할
何 어찌하
杏 살구행

580

八劃

亨	형통할형
孝	효도효
希	바랄희
余	나여
枸	자루표
杆	뽕나무간
利	이로울리
八	여덟팔
佳	아름다울가
玒	구슬간
官	벼슬관
玖	옥돌구
金	쇠금
其	그기
奇	기특할기
岡	메(이름)강
杰	걸음걸
庚	별경
京	서울경
炅	빛날경
秀	빼어날수
昆	맏곤
坤	땅곤
估	값칠고
來	올래
林	수풀림
孟	맏맹
明	밝을명
命	목숨명
門	문문
汶	물이름민
旻	하늘민
秉	잡을병
併	아우를병
奉	받들봉
尙	오히려상
昔	옛석
松	솔송
析	쪼갤석
受	받을수
汝	너여(물이름)
沈	성심
沁	물이름심
始	비로소시
雨	비우
宜	마땅의
長	긴장
侞	이름전
定	정할정
宗	마루종
宙	집주
周	두루주
知	알지
直	곧을직
昌	창성창
青	푸를청
忠	충성충
卓	높을탁
表	겉표
政	정사정
沆	물항
虎	범호
和	화할화
承	이을승
兒	아이아
青	푸를청
具	갖출구
協	화할협

九劃

九	아홉구
姜	성강
建	세울건
俗	이를격
俓	곧을경
軍	군사군
奎	별규
紀	벼리기
南	남녘남
度	법도도
吟	읊을음
柳	버들류
律	법률
勉	힘쓸면
美	아름다울미
柄	자루병
敃	화할민
晒	빛날병
炳	빛날병
封	봉할봉
玞	옥돌부
玭	구슬반
俌	도울보
亮	밝을량
思	생각사
相	서로상
庠	학교상
昭	밝을소
省	살필성
星	별성
宣	베풀선
姺	선다닐선
峋	순할순
是	이시
信	믿을신
彦	선비언
姸	고울연
泳	헤엄칠영
勇	날랠용
禹	임금우
昱	빛날욱
俞	맑을유
爰	이에원
垣	담원
垠	언덕은
貞	곧을정
征	칠정
柱	기둥주
姝	아름다울주
俊	준걸준
重	무거울중

十劃

哉 어조사 재/울 충거무
祉 복 지/밝을 창昶
昻 밝을 지
芋 성할 천
秋 가을 추/봄 춘春
治 다스릴 치/이를 치致
泰 클 태/물 필泌
河 물 하

香 향기 향/하물 며
炫 밝을 현
玆 검을 자/현
炯 밝을 형
革 가죽 혁
紅 붉을 홍
奐 빛날 환
宦 벼슬 환
姬 계집 희
咸 다 함

芝 지초 지
性 성품 성
昭 밝을 소
面 낯 면
奏 아뢸 주
奕 바둑 혁
帝 임금 제
法 법 법

十

珪 구슬 규/열 십十
罡 별 강
虔 정성 건
倞 군셀 경
兼 겸할 겸
高 높을 고
恭 공손 공
挋 이를 팔
洸 물소리 광
校 학교 교

根 뿌리 근/기록할 기記
起 일어날 기
肯 즐길 궁
能 능할 능
馬 말 마
紋 문채 문
娓 마고 마
芳 꽃다울 방
倍 모설 배
俸 바플 봉

洛 낙수 낙
烈 매울 렬
玲 옥소리 령
倫 일륜 륜
馬
紋
娓
芳 꽃다울 방
倍
俸

釜 가마 부/봉목 봉
芙 부용 부
巡 할순행 순
師 사스 사
書 서글 서
城 성깃 성
娍 아름다움 성
桐 오동 동
烔 동터울 동

孫 손자 손/원성 원
洙 물가 수
容 얼굴 용
乘 승탈 승
時 때 시
晏 늦을 안
徐 천천 서
娟 고을 연
芸 향기 운
素 힐 소

芮 예나라 예/봉배 봉
婠 완고을 완
株 주기 주
祐 우도울 우
或 유물 유
洧 유물 유
恩 은혜 은
益 더할 익
宰 재상 재
袁 재

祖 조상 조
祚 복조 조
峻 준높을 준
埈 준높을 준
晋 진나라 진
晉 진나라 진
秦 진나라 진
眞 참진
珍 보배 진

哲 밝을 철/진배 진
夏 여름 하
恒 항상 항
軒 마루 헌
玹 옥돌 현
花 꽃 화
桓 나무 환
洪 넓을 홍
効 본받을 효
訓 가르칠 훈

俶 아름다울 휴/울배
骨 뼈 골
俱 함께 구
桂 계수나무 계
殷 은나라 은
晛 해재 현
罡 군셀 강
峰 봉우리 봉
柏 잣 백
曺 무리 조

● 十一劃

十二劃

琅 구슬 랑　康 편안 강　卿 벼슬 경　乾 하늘 건　啓 열 계　釭 수레통 공　琪 구슬 기　貫 꿸 관　琥 옥 호　教 가르칠 교　國 나라 국

規 법 규　基 터 기　珪 서옥 규　近 가까울 근　董 나물 근　埼 언덕 기　軫 수레 돈　得 얻을 득　梁 다리 량　浪 물결 랑

晚 늦을 만　梅 매화 매　茂 성할 무　務 힘쓸 무　問 문을 문　敏 민첩할 민　培 북돋을 배　烽 봉화 봉　斌 빛날 빈　彬 빛날 빈

珊 산호 산　參 삼 참　祥 상서 상　常 떳떳 상　晋 서로 진　旋 선돌 선　洙 선돌 수　高 설 고　涉 섭 섭　脩 닦을 수

媤 계집 시　珣 옥돌 순　術 꾀 술　崇 높을 숭　習 익힐 습　婀 아름다울 아　魚 고기 어　梧 오동 오　浣 빨 완　婉 예쁠 완

涌 솟을 용　庸 떳떳 용　勛 힘쓸 훈　苑 동산 원　胤 맏 윤　翌 내일 익　寅 인 인　張 베풀 장　章 글 장　旌 장 정

曹 무리 조　珠 구슬 주　冑 투구 주　浚 깊을 준　崔 높을 최　翊 도울 익　執 잡을 집　芷 향기 필　畢 다 필　海 바다 해

琪 기　許 허락 허　絃 줄 현　珩 구슬 형　彗 비 혜　扈 넓을 호　浩 넓을 호　晧 밝을 호　淏 물 호　珝 구슬 후　焄 후

英 꽃부리 영　彩 채색 채　將 장수 장
●향기 훈

傑 호걸 걸　球 구슬 구　邱 언덕 구　景 볕 경　貴 귀할 귀　鈞 무거울 균　極 극진 극　淇 물 기　棋 바둑 기　幾 몇 기　期 기　邵 바랄 소

琉 유리 류　斌 옥돌 빈　碅 옥돌　博 넓을 박　棽 자루 병　普 넓을 보　富 부자 부　舒 펼 서　晳 밝을 석　善 착할 선

盛 성할 성　淞 송물　琇 옥돌 수　淑 맑을 숙　順 순할 순　淳 순박할 순　舜 임금 순　荀 순풀 순　逑 지을 술　琁 구슬 선

勝 이길 승　寔 이 식　植 심을 식　尋 찾을 심　淵 연못 연　然 그럴 연　雲 구름 운　雄 수 웅　媛 예쁠 원　阮 땅 원　閏 윤달 윤

貳 이두
壹 일한
裁 마를재
鼎 젙재
晶 정맑을
朝 조아침
淙 종물
竣 준마칠
衆 중무리
會 증일직

智 지혜지
集 집모틀
敦 창넓을
喆 철밝을
淸 청맑을
琢 탁다들
現 현보일
惠 혜은혜
晧 호힐
華 화일직

勛 훈공
欽 흠공경
閔 민성
黃 황누를
理 리다스리
喜 희기쁠
堤 제언덕
弼 필도울
庚 유곳집
彭 평성
悳

敦 울도타
棟 동기둥
棣 위아가체
硯 연벼루
童 동아이
象 리코상끼

● 十三劃

敬 공경경
琨 곤구슬
寬 너그러울관
适 빠를괄
群 군무리
冀 기바랄
琪 기구슬
祺 기상서
琦 기구슬
浦 남물

楠 남나무
廉 렴청렴
鈴 령방울
渼 미물
湘 상물
詳 자세상
聖 성성인
琡 숙구슬
嵩 승높을
湜 식맑을

軾 식수레
新 신새
湿 악젓을
愛 애사랑
楊 양버들
業 업업
暎 영비칠
湧 용솟을
愚 우어리석
郁 욱빛날
煜

嫄 원계집
園 원동산
意 의뜻
義 의오롤
稙 직벼시를
載 재실를
琮 송옥돌
楚 초나라
蜀 촉나라
鉉 현솟귀

湖 호물
琥 호박
煥 환빛날
湟 황물
暉 휘빛날
輝 휘빛날
熙 희빛날
虞 우나라
莊 할장
肅 엄숙숙
浦

椿 춘나무
琴 거문고금
賈 가성

● 十四劃

嘉 울아름다가
菊 국화국
郡 군골
綺 기비단
箕 기치
娜 나고을
裵 배성
碧 벽푸를
輔 보도울
福 복복
鳳 봉새

署 서마을
瑞 서상서
碩 석클
瑄 선구슬
誠 성정성
壽 수목숨
瑟 슬비파
瑌 연구슬
榮 영영화
瑛 영옥빛
熊

源 원 근원 　銀 은은　禎 정 상서　齊 제 나라　湜 제 구슬　趙 조 나라　準 준 법　暢 창 화창　彰 창 빛날

瑗 원 구슬　赫 혁 빛날　熒 형 빛날　豪 호 걸　鉷 홍 고등　滉 황 깊을　熏 훈 더울　連 련 연할　愼 신 삼갈　溫 온 따뜻　實 실 열매

溶 용 물녈　種 종 종자　華 화 빛날　鴨 압 오리　瑃 춘 구슬

●十五劃

葛 갈 칡　慶 경 경사　廣 광 넓을　郭 곽 성　槿 근 무궁화　德 덕 큰　魯 로 나라　燐 린 인화　㵛 곽 물　歐 구 성　萬 만 일만

滿 만 가득　模 모 법　範 범 법　緖 서 실마리　奭 석 클　諄 순 지극할　陞 승 오를　瑩 영 구슬　院 완 성　瑢 용 옥소리　潭 담 장물

瑨 진 옥돌　通 통 나갈　贊 찬 기릴　徹 철 사무칠　請 청 청할　漢 한 한수　賢 현 어질　慧 혜 지혜　滸 호 물가

嬅 화 고을　輝 휘 빛날　興 흥 일　董 동 할동독　稷 직 피　鋒 봉 창끝　調 조 고로　萱 훤 원추리　葉 엽 잎새　確 학 굳셀　畿 기 지경

演 연 부를　樂 락 즐거울　影 영 그림자　嬉 희 기쁠　億 억 억　劉 류 묘금도

●十六劃

鋼 강 쇠　曔 경 밝을　瑾 근 옥　錦 금 비단　冀 기 바랄　璂 기 구슬　機 기 기틀　龜 구 거북　霍 곽 성　達 달 통달　潭 담 못

都 도 도읍　陶 도 질그릇　獨 독 홀로　篤 독 도타울　燉 돈 빛날　盧 로 성　錄 록 록　璉 련 구슬　龍 룡 룡　陸 륙 뭍　潽 보 넓을

道 도 길　璇 선 구슬　錫 석 주석　樹 수 나무　燕 연 나라　燁 엽 빛날　曄 엽 빛날　叡 예 밝을　潤 윤 부를　輯 집 모을　蒼 창 푸를

澈 철 맑을　學 학 배울　憲 헌 법　衡 대 저울　潞 호 빛날　勳 훈 공　熹 희 밝을　燨 희 빛날　憙 희 기꺼울　曇 담 흐릴

十七劃

璃 리 유리
錡 기 솥
陳 진 묵을
穆 목 도타울
靜 정 고요
潘 반 성
錢 전 돈
鍵 건 자물쇠
謙 겸 겸손할
璟 경 옥빛
鞠 국 칠
璣 기 구슬
機 기 상서
鍍 도 도금할
濂 렴 물
璘 린 옥빛
嬪 빈 계집
謝 사 사례
鮮 선 빛날
穗 수 이삭
隋 수 나라
陽 양 별
應 응 대답
隆 륭 놓을
翼 익 날개
蔣 장 풀
齋 재 집
鍾 종 쇠북
謝 사 사례
駿 준 준마
璡 진 옥돌
燦 찬 빛날
蔡 채 나라
韓 한 나라
澤 택 못
璜 황 옥
滄 창 개천
鄕 향 시골
義 희 희
禧 희 희
燮 섭 불꽃
遜 손 할손
蘭 란 난초
蓮 련 연꽃
蓬 봉 쑥
嬰 영 어릴
襄 양 클
鴻 홍 기러
蔚 울 무성할

十八劃

鵑 견 두견
謹 근 삼갈
騏 기 준마
燾 도 덮을
董 동 락자오
濫 람 넘칠
馥 복 향기
濱 빈 물가
燿 요 빛날
鎔 용 녹일
魏 위 나라
鎰 일 근
濬 준 깊을
濟 제 건널
鎭 진 누를
璨 찬 옥빛
蕙 혜 난초
爀 혁 빛날
鎬 호 호경
濠 호 물
環 환 구슬
豊 풍 풍년

十九劃

鏡 경 거울
鯨 경 고래
麒 기 기린
龐 방 성
鵬 붕 새
麗 려 고울
璿 선 아름다울
鏞 용 쇠북
鄭 정 나라
鄭 정 나라
選 선

二十劃

薛 설 다북쑥
蘊 온 쌓일
轍 철 바퀴
鶊 경 새
贊 찬 기릴
譚 담 말씀

覺 깨달을각　瓊 구슬경　勸 권할권　礦 쇳돌광　羅 버릴라　藍 람쪽람　騰 등날등　寶 보배보　譜 보족보　釋 풀석　耀 빛날요

● 二十一劃
嚴 엄할엄　鐘 쇠북종　薰 향풀훈

● 二十二劃
鐵 쇠철　隨 따를수　鑴 새길전　藝 재주예　櫻 앵두앵　鶴 학학　曦 빛날희　藤 등가시등　鐸 방울탁

● 二十三劃
權 권세권　鑑 거울감　蘇 차즈기소　隱 숨을은　邊 갓변　歡 기쁠환　灌 물댈관　瓓 옥빛란　鏽 쇠주일주

● 二十四劃
鑛 쇳돌광　灑 물뿌릴라　蘭 난초란　鷺 백로로　麟 기린린

● 二十五劃
鷹 매응　瓚 옥그릇찬　隴 방성롱

● 二十六劃
觀 볼관　蘿 머루라

● 二十六劃
讚 기릴찬　驥 준마기　鑽 뚫을찬

附錄 二、꿈 판단과 해몽

제 一 장 서 론(序論)

자고로 동서양을 막론하고 「꿈」에 대한 관심이 적지 아니하다. 꿈이란, 어떤 희망의 전제조건의 상징인지도 모른다. 즉 그것은 「꿈」이라는 술어를 우리 인간사회에서 흔히 사용하기 때문이다. 즉, 예를 들어서, 어떤 희망을 걸었을 때에, 꿈이 이루어질 것인가? 또는 그 희망이 좌절되었을 때, 나의 꿈은 사라졌구나! 혹은 어떤 목적을 바랄 때에 꿈을 잘 꾸어야지, 하는 등의 포부를 표현할 때에 꿈이라는 말을 많이 사용한다. 심지어는 예로부터 오늘날에 이르기까지 정초(正初)의 인사에도 꿈 잘 꾸었는가, 하는 말을 사용해 오고 있다. 흔히 무슨 흉한 일을 당했을 때에도 말하기를 간밤의 꿈자리가 나쁘더니 재수가 없다 라고 이야기한다. 이런 것으로 미루어 볼 때, 꿈이란 어떤 운명적 길흉의 예보(豫報)적인 상징인 것임에 틀림 없다.

1 꿈이란 무엇인가?

그러면 꿈이란 무엇인가? 여기에 대해서는 여러가지 논설이 구구하나, 아직도 꿈에 대한 기인(起因)을 정확하게 해명한 것이 보이지 않는다.

이 꿈에 대하여 과학적(생리학적 혹은 심리학적)으로 그 기인을 풀어 보려는 논설들 중 의학적으로 논하는 것을 보면, 꿈이란 것은 〈사람의 두뇌에 대뇌와 소뇌가 있어서 사람이 평상시 행동할 때에는 대뇌가 활동하고 잠잘 때에는 대뇌가 쉬고 소뇌가 활동하므로 그 잠재적 의식이 소뇌활동에 의하여 나타나는 현상〉이라고 한다. 또한 심리학적으로 논하는 것을 보면, 〈사람이 항상 생각했던 것, 보고 듣고 느낀 것 등의 잠재적 의식이 잘 때에 나타나는 현상〉이라고 한다.

위의 양론과 같이 대뇌 소뇌의 작용이건 혹은 체험 사색의 잠재적 의식현상이건 간에 여하튼 꿈이란 어떤 신비적인 작용이 없다고 단정할 수는 없다. 즉 자기가 보고, 듣고, 느끼고 생각하지도 않고, 알지도 못한 어떤 독특한 현상이 꿈에 나타나서 그것이 현실과 부합할 때가 있으니, 이런 것을 볼 때에는 어떤 신비적 작용이 없다고 말할 수는 없는 것이다.

자연의 삼라만상과 더불어 인간 만사에는 신비성이 없지도 않은 것 같다. 과학적으로 분석하기 어려운 불가사의한 문제가 얼마든지 있는 때문이다. 즉 조그마한 한가지 예로 자기가 가족 또는 일가 친척과 이별하고 멀리 타국에 가 있을 때에, 자기 고향, 가족, 친척 중에서 어떤 불길한 불상사가 생겼을 경우라든가, 혹은 어떤 독특한 일이 일어났을 경우에 멀리 떨어져 있는 자기가 어떤 불길한 예감을 느낀다든가, 또는 그 일이 꿈으로 현몽될 때가 흔히 있으니, 이런 것은 그 무엇인지 신비스런 힘의 작용이 아니겠는가? 하고 느껴질 때가 없지 않은 것이다. 과거에 일본 사람들은, 이런 예감 또는 현몽 현상을 「무시노시라세까」(벌레의 알림인가?)(여기에서 벌레라는 것은 영적 힘을 비유한 뜻)라고도 하였다.

또한 자기가 자신도 예측하지 못한 독특한 일이 앞으로 닥쳐오려 할 때에 예감이나 꿈으로 예보해 주는 일도 간간 있으니, 인간의 과학적지능으로 분석키 어려운 문제는 비단 이뿐만이 아닌 것 같다. 혹 꿈을 미신으로 돌리는 사람도 있겠으나 이것은 속단(速斷)할 수 없는 것이요, 또 그렇다고 너무 중신(重信)해도 지성인으로서 취할 바가 아니다. 꿈의 종류에 따라 신빙성 있는 것과 없는 것이 있으니 잘 분간하는 것이 중요한 것이다.

2 꿈의 영험(靈驗)

옛 성현이나 위인들의 일화 가운데, 이 성계(李成桂)가 나무 세 개를 걸머진 꿈을 꾸고 해몽을 받으니, 이는「王」자를 상징하므로 장차 임금님이 될 징조라 하여, 마침내 등극하였다는 전설은 너무나 유명한 이야기이나, 그 외에도 위인이 탄생할 때에는, 태몽에 청룡 황룡이 하늘로 올라가는 것을 보았다든가, 혹은 일월이 뱃속으로 들어와 보이더니 귀자를 얻어 후에 큰 성인이 되었다는 이야기는 사기(史記)에도 볼 수 있다. 한국 근세사(近世史)에도, 임진왜란 당시 육지에서 왜적과 싸워 용맹을 떨쳤던 정기룡(鄭起龍) 장군의 이름은 꿈에 용이 등천하는 것을 보았다 하여 기룡이라고 명명하였다는 일화(逸話)가 보인다.

또 꿈에 해와 달이 그 모친의 뱃속으로 들어온 것을 보고 태기가 있어 얻은 아들이 후에 금불문 고불비(今不聞古不比)의 진리를 탐구해낸 성현이 되었다는 것은 어떤 기록에도 남겨져 전해 내려오고 있다. 또한 이 외에도 고대 성현들에 관한 전설을 통하여 꿈에 대한 흥미진진한 이야기들을 수없이 찾아 볼 수 있다.

3 해몽(解夢)의 실례(實例)―一

필자의 선친이 원래 한림학자로서, 사서 삼경은 물론이요 의술에도 능통하셨는바, 선친께서 체험하신 이야기의 한 토막을 여기에 소개해 보고자 한다. 선친이 일찍 고명하신 선생님에게서 학업을 수련하셨는데 그 선생님은 이미 작고하신 지 수년 후인데, 선친의 꿈에 나타나시어 너에게 필요한 것을 줄 터이니 어느 산 어느 바위 밑에 가서 그곳을 파헤쳐 보면 돌방석이 나타날 것이니 그 돌방석을 제쳐 보아라. 선친이 잠을 깨고 보니 꿈이 하도 이상하기에 현몽한 대로 그곳을 찾아가서 그 바위 밑을 파헤쳐 본즉 과연 돌방석이 있으므로 그것을 제쳐보니, 뜻밖에 조그마한 나무로 만든 침통(鍼筒)이 있었다. 그것을 열어 본즉 은(銀)으로 만든 침(鍼) 二개와 구리(銅)로 만든 침(鍼) 一개, 모두 三개의 침(鍼)이 들어 있었다 한다.

선친은 대단히 기뻐서 크게 그 현몽해주신 선생에게 감사의 기도를 올리고 돌아온 후에 그로부터 환자에게 시험해 본즉 신통하게도 백발백중으로 침의 효과를 나타내더라는 것이다. 그래서 신침(神鍼)이라고 알려졌었는데 필자가 어려서 알기에도, 선친의 그 침술은 원근에 명성이 자자하였다. 그후 왜정 말기에 그 침을 분실하시고는 다른 침을 사용하셨으나 신침의 효과를 다시는 내지 못하였다. 필자가 一五세 때에 침을 분실하고 침을 찾기 위해 온 집안이 떠들썩했던 기억이 아직도 생생하다.

4 해몽(解夢)의 실례(實例)—二

필자가 서울에서 어떤 친지의 소식을 몰라 궁금해하던 중, 어느날 꿈에 글자 三자를 얻었으니 즉,「闇」(＝궁전문환, 宮殿門也),「閃」(＝서서 기다릴첨, 立待也),「罪」(이 글자는 명확히 보이지 않더니 나중에는 「宋」자로 보이다가 다시 「宋」자로도 보였음) 이었다. 마지막의 셋째 글자는 희미하였으나, 그 꿈속에서 집의 형님이 나타나시어 그 글자는 「朴」자라고 고쳐서 가르쳐 주셨다. 잠을 깨고 보니 꿈이 하도 역력하기에 사전을 찾아 보고 위와 같은 뜻을 알아내었다. 필자는 그 글 뜻대로 대궐 문앞에 나가 서서 사람을 기다리기로 마음 먹고 꿈꾼 시간인 밤 두세 시경을 바꾸어서 낮 두 시부터 세 시까지로 하고 대궐문 앞에 서 있었으나 많은 사람들이 오가고 있으나 내가 알만한 사람은 한 사람도 보이지 않았다. 세 시가 지나 허사로 생각하고 집으로 돌아가려는데, 뜻밖에도 내가 만나려던 사람이 나타난 것이다. 필자는 아직도 그때의 일을 생생히 기억하고 있으니, 만나려던 그 사람을 만났을 뿐 아니라 그전에 알지 못했던 글자까지도 알게 되었다. 그 후에도 필자는 간간 꿈에 글자를 얻어 보고 꿈의 그 신묘한 작용에 경탄한 일이 한두 번이 아니었다.

5 꿈의 종류와 원인

대체로 꿈의 종류를 분류하면 다음과 같이 몇 가지로 나눌 수 있다.

① 영몽(靈夢) = 이것은 모든 존신불(尊神佛) 또는 선조(先祖), 고인(故人)들이 꿈속에 나타나서 길흉을 알리는 암시의 현상으로, 대개 마음이 순결한 수도인(修道人), 또는 소원성취를 열망하며 기도하는 사람에게 잘 나타난다. 또 앞으로 크게 길사, 또는 흉사가 가로놓여 있을 경우에 현몽하여 암시해 준다.

② 정몽(正夢) = 이것은 본 일도 없고 듣고 느낀 적도 없으며, 마음 먹은 바 생각한 바가 없는데 돌연히 꿈에 또렷하게 나타나며, 깨어나서 꿈의 전후 현상이 기억에 생생히 남아 있는 것이다. 또한 어떤 목적, 어떤 사정을 위하여 극히 심려하였을 때에 그것이 실현되거나 그에 대한 독특한 결과가 이루어지려는 경우에 나타나는 것이다.

③ 심몽(心夢) = 이것은 자기가 평상시에 마음 먹었던 일, 느꼈던 일, 항상 심려하였던 일이 꿈에 다시 나타나는 일이다.

④ 허몽(虛夢) = 이것은 심신이 허약할 때나 마음이 공허하여 허망할 때에 나타나는 꿈의 현상이다.

⑤ 잡몽(雜夢) = 이것은 허영과 욕망에 집착하거나, 그런 체험이 꿈속에 재현되는 현상이다.

이상과 같이 대략 다섯 종목으로 나눌 수 있는데 이 중에 해몽의 가치가 있는 영몽과 정몽은 몽점(夢占)을 할 수 있으나 허몽, 잡몽, 심몽은 해몽의 가치가 없는 것들이다.

이 꿈에 대한 여러 학설을 본다면, 화엄경(華嚴經) 또는 인도의 선견율(善見律) 등에서는 꿈의 원인과 종류를 다음과 같이 논하고 있다.

① 과거의 경험과 사색 기억으로 인하여 나타나는 꿈.
② 신체 상의 조건과 성격 그리고 환경에 의하여 나타나는 꿈.
③ 신령의 예언적인 영적 작용의 꿈.
④ 그 사람의 심적 작용과 사물의 반사작용으로 나타나는 꿈.

 그 네 가지로 논하는데, 주례춘관(周禮春官)에 있는 육몽길흉의 점법에는, 정몽(正夢), 영몽(靈夢), 사몽(思夢), 희몽(喜夢), 오몽(寤夢), 구몽(懼夢)등의 여섯가지로 나뉘어 있다. 여하튼 신빙성 있는 꿈은 영몽과 정몽이니 이외의 꿈은 독특하지 않은 한, 길흉의 암시가 되지 못하는 것이다. 따라서 여기에서는 영몽과 정몽을 위주로 하며 꿈이 복잡한 것이 아니고 단일한 것과 또 기억에 뚜렷이 남아 있는 것을 택하는 것이다.

 대개 꿈이란 위에서 논한 바와 같이 그 원인과 종류를 여러 종목으로 나눌 수 있는데, 입산수도하는 자나 종교적으로 영을 수련하는 자 혹은 기타의 심령(心靈) 수련자, 모든 성현에게는 잡몽과 허몽이 없고 항상 꿈이 맑으며 꿈의 길흉이 잘 적중된다. 신앙에 종사하는 심신수도자들에게는 악몽이 적고 길몽이 많다. 그것은 선행에는 악한 조건이 부수되지 않기 때문이다. 선행을 하는 자는 복이 있고, 화가 미칠 조건이 적으므로 꿈결이 항상 맑은 것이나, 악인, 악심자, 또 욕심이 많은 자는 그 환경에 따르는 잡몽 허몽이 많게 되는 것이다.

 꿈의 효력은 꿈에 따라 三일에서부터 一주일, 三주일, 백일, 一년, 三년까지 발휘하는 것이 있다. 음력 一二월 그믐, 또는 정월 초하루 밤, 보름날 밤의 꿈은 그해 一년의 운수를 점치는 것이다.

6 흉몽(凶夢)을 물리치는 법

① 악몽(惡夢)을 꾸었을 때는 아무 말 하지 말고 아침에 청한수(淸寒水)를 한 모금 물고 동쪽 해 돋이를 맞이하여 뿜고 다음과 같은 주문을 세 번 외우면 된다. 그리고 그 악몽이 생각날 때마다 수시로 외운다. (악몽을 물리치는 방법이 여러가지 있으니 각자의 편리에 따라 어느 하나를 택하여 행하도록 할것이다.)

★ 주문「악몽착초목하고 희몽성주옥」이라 한다.

② 아침에 동쪽을 향하여 똑바로 서서 다음과 같은 주문을 세 번 외우고 물을 물어 세 번 내뿜으며, 악몽은 물러가라고 한다.

★ 주문「동천에 해 돋으니 어둠이 간곳 없구나. 내 마음 공허하니 악몽악사 어데 있으랴」

③ 또 다른 한 가지는, 동쪽을 향하여 정좌(正坐)하고, 백지에 붓으로「惡夢去」라고 백번 쓰거나 백번 외운다. 그리고 모든 일에 三일간은 조심하여야 한다.

※ 만일 꿈이 극히 악몽일 때는 악몽을 제거하는 부작을 사용하여야 한다. 이것은 다음 책에서 서술하겠다.

제 二 장 천문(天文)에 관한 꿈

1 하늘과 일월성신(日月星辰)

★ 하늘과 땅이 서로 합치는 꿈을 보면, 바라는 일이 잘 이루어지고 만사가 크게 길하다.

★ 천문(天門)이 열리는 꿈을 보면, 귀인이 인도하여 모든 일이 뜻대로 잘 이루어지며 운이 크게 열린다.

★ 하늘이 갈라져 보이면 구설이나, 부모에게 근심이 생기고 나라에 근심이 생긴다.

★ 하늘이 무너져 보이면 부모상을 입는다.

★ 하늘이 붉어 보이면 병화(兵禍)가 일어날 징조이다.

★ 하늘에서 천신(天神)이 부르면 만사가 크게 길하여 모든 일에 성공한다.

★ 천신과 서로 말을 해 보면 부귀(富貴)하게 된다.

★ 하늘이 캄캄하였다가 밝아지면, 처음에는 근심이 되나 나중에는 일이 잘 이루어진다.

★ 찌푸린 하늘을 보면 근심된 일이 생긴다.

★ 하늘에 올라가서 물건을 가져 보면 큰 벼슬을 한다.

★ 하늘에 날아 올라가 보면 점차로 크게 부귀해질 징조이다.

★ 몸에 날개가 나서, 하늘을 날아 올라가면 크게 귀히 된다.
★ 하늘에 일월(日月)이 밝아 보이면, 크게 기쁜 일이 생기고 만사가 잘 이루어진다.
★ 일월(日月)이 몸에 비치면 큰 벼슬을 하고, 벼슬에 있는 자는 승급한다.
★ 일월이 집안을 비치면, 크게 부귀하게 된다.
★ 해와 달이 함께 보이면, 귀한 아들을 낳는다.
★ 일월이 어두워 보이면, 임신 중의 부인은 길하고, 임신 중이 아닌 부인은 모든 일이 처음에는 잘 되지 않으나 나중에 가서 성취된다.
★ 일월이 함께 뜨는 것을 보면 하인이 주인을 속이는 일이 있을 것이다.
★ 달이 쪼개어지는 것을 보면 부모상을 입는다. (체험)
★ 일월이 떨어져 보이면 부모에 대한 근심이 생긴다.
★ 일월이 이지러져 보이면 싸움할 일이 생길 것이다.
★ 일월이 뱃속(腹中)으로 들어 오면 큰 인물이 될 귀자(貴子)를 낳는다.
★ 달이 품안으로 들어와 보이면 딸을 낳을 태몽이다.
★ 일월을 품안에 안아 보던가 또는 등에 짊어져 보이면 큰 벼슬을 하거나, 또는 큰 인물이 될 귀자를 낳는다.
★ 빛나는 해가 아침에 떠 오르는 것을 보면 자손이 창성하고 만사가 크게 길하다.

★ 일월이 서로 맞붙어 보이면 아내나 첩이 임신할 것이다.
★ 일월에 배례(拜禮)를 하면 크게 길하다.
★ 하늘에서 광채가 몸에 비치면 모든 재앙은 물러가고, 환자일 경우에는 병이 낳으며 순산한다.
★ 일식(日蝕)이나 월식(月蝕)을 보면 아내가 잉태하거나 순산한다. (서양)
★ 햇빛이 침실을 비치면 큰 이익을 얻고, 여자일 경우에는 크게 성공할 아들을 낳는다.
★ 해가 저녁에 기울어지는 것을 보면 소송할 일이 생기며, 여자는 여자 아기를 낳는다.
★ 해가 중천에 밝아보이면 만사가 대통하고, 환자는 병이 낳는다.
★ 해가 기울어지는 꿈은 젊은이에겐 신상에 해로운 일이 있을 징조이다.
★ 하늘에 있는 은하수에 말을 씻어 주면(洗馬), 태평하고 행복스런 생활을 하게 될 징조이다.
★ 하늘의 은하수를 건너 보면 모든 일이 다 뜻대로 성취될 것이다.
★ 밝은 달을 보면 길사(吉事)가 생기나, 여자이면 부부간에 싸움이 있을 징조이다.
★ 달과 별이 맑은 하늘에 휘황하게 빛나면, 만사가 길하나 부녀자는 약간 조심해야 한다.
★ 달의 그림자가 물 가운데에 비쳐 보이면 만사가 다 잘 되지 않으며, 혼담이 있을 경우는 깨질 것이다.
★ 바다 위나, 지평선에 해가 돋는 것을 보면 만사가 대길하고, 부인이 이런 꿈을 꾸면 크게 출세할 귀자를 낳는다. (서양)
★ 별이 낳으는 꿈을 보면 색정상(色情上)의 일로 도망치거나 정사(情死)할 징조이다.

2 청담(晴曇)과 명암(明暗)

★ 별이 떨어지며 사방으로 흐트러져 날으는 꿈을 꾸면 부하(部下)가 흥할 것이다.

★ 별이 흘러가는 것을 보면, 이사 또는 전근(轉勤)하게 된다.

★ 북두칠성(北斗七星)이 흐려 보이면, 근심할 일이 많아진다.

★ 북두칠성이 집 근처에 떨어져 보이면 인명의 상해가 있을 것이다.

★ 달과 별이 청천(靑天)에 나타나면 대길하다. 남자는 만사가 여의하나 여자는 약간 재앙이 있으니 조심해야 한다.

★ 해와 달이 산을 가리면 하인이 주인을 속일 징조이다.

★ 북두칠성이 집에 들어와 보이면 큰 횡재가 있을 것이다.

★ 북두칠성 밑에서 보면 입신양명(立身揚名)할 것이다.

★ 날이 흐려 보이면 근심이 생긴다.

★ 날이 맑아 보이면 만사가 대길할 것이다.

★ 날이 흐렸다 맑아지면 처음에는 근심이 있으나 나중에는 기쁜 일이 생긴다.

★ 날이 맑았다 흐려지면 처음에는 일이 뜻대로 되나 뒤에 가서는 장애가 많을 것이다.

★ 날이 밝아 오는 것을 보면 가난하던 사람이 부귀하게 될 것이다.

3 바람, 구름, 안개

★ 밤이 캄캄함을 보면, 일의 행할 바를 몰라 근심하게 되나 나중에는 근심이 풀릴 것이다.

★ 낮이 희미하게 밝거나 밤이 어둠침침하면, 매사에 진전이 없을 징조이다.

★ 낮이 휘황하게 밝아 보이면 운수가 열릴 것이다.

★ 바람이 사람 옷을 불어 젖히면 신병이 생길 징조이다.

★ 폭풍이 불어 보이면 유행병이 돌고, 모든 일이 뜻대로 되지 않으나, 급히 서둘러 하면 이익이 있을 것이다.

★ 바람이 불어 나무를 넘어트리든가 또는 집을 넘어트리면, 계약했던 일이 틀려지고 또 재산을 탕진하여 패가망신하게 되고 간장병이 생긴다.

★ 폭풍이 불며 소낙비가 오는 것을 보면 상을 입을 징조이다.

★ 바람에 날려서 공중에 뜨면 타인으로부터 사기를 당한다.

★ 폭풍이 불고 소낙비가 그치지 않으면 재난의 근심 걱정이 생긴다.

★ 태풍이 부는 것을 보면 만사가 뜻대로 되며, 장사를 하면 이익을 본다. (서양)

★ 바람소리가 울리면, 먼데서 소식이 있을 징조이다.

★ 운무(雲霧)가 온몸에 덮이면 만사가 대길하여 일이 잘 이루어진다.

★ 오색 구름(五色彩雲)이 일어남을 보면 대길하니, 장사를 하면 이익이 있고, 여자는 주인을 바꾸면 이익이 있을 것이다.
★ 꿈에 구름을 보되 그 색이 붉거나 희면 만사가 성취되고, 그 색이 검거나 푸르면 질병이 생긴다. 그러나 봄에는 푸른 것도 길하고, 겨울에는 검은 색도 길하다.
★ 노란 구름이 산머리에 올라오면 만사가 대길하니 숨어 있던 자와 출가한 사람에게 길하다.
★ 구름이 갑자기 별을 덮어 보이면 일이 허황됨이 있다.
★ 하늘에 오색 구름이 떠돌고, 비가 쏟아지면 불과(佛果)를 얻어 성불(成佛)하는 꿈이니 승려(僧侶)들에게는 대길하고 보통 사람이라도 매우 길하다.
★ 구름이 사방에서 일어나 보이면 일이 흥성하며, 장사에는 대길하다.
★ 구름이 해를 가리면 남 모르게 하는 일이 있다.
★ 구름을 타고 하늘로 올라가면 대길하나, 한갓 위험성이 있으니 조심해야 한다.
★ 안개가 길을 가리면 만사가 진행되기 어렵다.

4 비(雨)、눈(雪)、서리(霜)、뇌성(雷聲)、번개、벼락、무지개

★ 길 가다가 비를 만나면 술이 생길 징조이다.
★ 비가 그치지 않고 내리는 것을 보면 병란(兵亂)이 생긴다.

★ 비를 만나서, 우산이 없으면 이사하여 길할 징조이다.

★ 우뢰 소리가 사방에서 들려오는 것을 보면, 상인은 장사에 이익이 있을 것이다.

★ 우뢰 소리에 놀라면 이사하면 길하다.

★ 뇌성이 진동하고 번개가 번쩍임을 보면, 상인은 큰 이익을 얻고, 학자는 이름을 떨치고, 관리는 지위가 오른다.

★ 번갯불을 보면 모든 일이 잘 되고, 혼담은 급히 되며 부인은 임신할 것이다.

★ 번갯불이 사람에게 비치어 보이면 역시 대길하다.

★ 꿈에 벼락을 맞으면, 크게 부귀해질 징조이다.

★ 벼락이 자기 몸 근처에 떨어져 보이면 불길하며, 밤에 도주할 징조요, 또 벼락이 자기 집에 떨어져 보이면 흉하다.

★ 무지개를 꿈에 보면, 모든 일을 급히 하면 성사하나 늦으면 안된다.

★ 무지개에 선녀가 내려와 보이면 길하다.

★ 무지개는 붉은 것은 길하나 검은 것은 흉하다.

★ 꿈에 싸락눈과 우박이 오는 것을 보면, 일이 잘 이루어지지 않는다. 그러나 자기 집에 떨어지면 아들을 낳을 징조이다.

★ 몸에 눈을 맞아 보면 만사가 이루어질 징조이다.

★ 큰 비와 눈이 내려 길이 막히고 방향을 잃으면 재난이 오며, 특히 형제간에 불화해지니 조심해

야 한다.

★ 눈이 뜰에 쌓여 보이면 우환과 상복을 입을 징조이니 조심해야 한다.

★ 서리와 이슬이 내리는 꿈은 일이 여의치 못할 것을 암시한다.

★ 눈이 음산하게 내리며 사방이 캄캄하면 모든 일이 여의치 못함을 암시한다.

★ 눈과 비가 오는 꿈은 입신양명하고 횡재할 징조이나, 비나 눈이 가만가만히 내리는 것은 장사에 불리함을 암시한다.

★ 하늘이나 지붕에 올라가 보면 대길하다.

제 三 장 지리(地理)에 관한 꿈

1 산, 들, 초목, 돌, 지진(地震), 지동(地動)

★ 땅이 높고 낮고 하여 울퉁불퉁하면 뜻밖에 놀랄 일이 생기며 심신이 불편해진다.

★ 높은 산에 올라가 보면 봄과 여름의 꿈은 대길하다.

★ 높은 산에 올라가 살아 보면 기쁜 일이 있을 것이다. (체험)

★ 산에 올라 사방으로 다녀 보면 재물을 얻고 복록이 있을 징조이다. (체험)

★ 산중에서 농사를 지어 보면 의식이 풍족하여질 징조이다.

★ 산에 올랐을 때 산이 무너지면 흉악함을 암시한다.

★ 산에 올랐다가 떨어져 보이면 벼슬이 떨어질 암시이다.

★ 산중에서 보물을 얻어 보면 대길하니 반드시 복록이 있을 징조이다. (체험)

★ 산중에서 길을 잃었을 때에 어떤 사람이 인도해 주면 입신출세한다.

★ 산 꼭대기에 올라서 보던가 집 위에 올라서 보면, 근심이 그치지 않으며 상하 사람들에게 불화하게 된다.

★ 높은 산에 올랐다가 떨어지거나 허공중에서 왔다갔다 해보면 근심이 생기고 뜻밖에 손재한다.

★ 높은 산 또는 높은 고개에서 내려오는 꿈은, 하천한 자는 길하고 지위가 있는 자는 흉하다.

★ 산과 숲 사이를 다녀 보면 만사가 대길하다. (경험)

★ 산에 안개나 아지랑이가 많이 끼어 있는 경치를 보면, 모든 일이 빨리 되지 않으니, 급히 서둘지 말 것이다.

★ 산골짝이 무너져 보이면 상사(喪事)가 있을 징조이다.

★ 산에 불이 나면, 만사가 순성하니 대길할 징조이다. (체험)

★ 산을 짊어져 보면 큰 권세를 가지게 된다.

★ 산에 삼림(森林)이 우거진 것을 보면 대길하니 만사가 성취된다. (체험)

★ 나무가 없는 붉은 산을 보거나 광야를 보면 먼 곳에서 사람이 찾아 올 징조다.

★ 높은 산에 붉은 빛을 띤 것을 보면 만사가 형통할 것이다.

★ 산이나 언덕을 걸어다녀 보면 병이 낫고 재앙이 없어진다.

★ 들에 나가 놀며 나물을 캐보면 자손이 창성하고 장차 부귀해질 징조이다. 그러나 여난(女難)의 암시가 있으니 조심해야 한다.

★ 물건을 갖고 산에 올라가 보면 귀자를 얻을 것이다. (체험)

★ 높은 산을 멀리서 보는 꿈은 만사가 대길하다. (체험)

★ 산중에서 사람을 만나 인도해 보면 운수가 열리어 대길하다.

★ 땅에 누워 보면 근심이 그치지 않는다.

★ 집에 있는데 땅이 꺼져 보이면 모친의 우환이 있을 징조이다.
★ 사람이 흙덩어리를 주고 받으면 대길하다.
★ 흙덩이를 갖고 집으로 들어와 보면 재수가 대길하다. 그러나 자신이 흙을 만져 보면 수치스러운 일을 당한다.
★ 땅 속으로 들어가 보면 만사가 길하다.
★ 땅을 파서 자신을 묻어 보면 재산이 늘고, 만일 땅이 꺼져서 자신이 빠지면 흉하다.
★ 산정(山頂)에서 사람을 만나 보면 길하다.
★ 꿈에 큰 돌을 보면 재물과 보배를 얻는다.
★ 바위 위에 올라가 보면 길하니 만일 돌을 갖고 놀아 보면 귀자를 낳을 징조이다. 그리고 재수가 있다. (체험)
★ 지동(地動)을 하면, 벼슬을 옮기면 길하다.
★ 돌을 운반하여 집으로 들여 가 보면 재수가 대길하다.
★ 반석(盤石)을 보면 가내가 평안하고 근심이 없어진다.
★ 산에 올라가서 무서워지면 녹(祿)을 이루고 대길하다.
★ 꿈 한가운데서 검은 기운이 오르면 흉하다.
★ 지진(地震)이 일어나서 집을 움직여 보이면 소송할 일이 생기거나 또는 몸에 부상을 입는다.
★ 산에 올라가서 산신께 기도를 하여 보면 대길하니 소원성취할 것이다.

★ 숲 가운데 앉아 있거나 누워있어 보면 병이 없어진다.
★ 마른 나무가 소생하면 자손에게 흥하다.
★ 숲 가운데에 나무가 나면 귀자를 얻는다.
★ 나무가 마르고 죽으면 가택이 불길하다.
★ 나무가 말라 떨어지면 사람에게 흥하다.
★ 수목을 심어 보면 대길하여 가도가 창성한다.
★ 큰 나무에 올라 보면 이름을 떨치며 소원성취될 것이다.
★ 나무를 베어서 집으로 들여오면 재물을 얻는다.
★ 큰 나무가 집에 떨어지면 대길하다.
★ 큰 나무가 지붕에 나면 부모에게 우환이 있을 징조이다.
★ 초목이 무성함을 보면 가도(家道)가 흥왕(興旺)하여 대길하다.
★ 소나무가 지붕에 나면、벼슬이 재상(宰相)에까지 오를 행운을 암시한다.
★ 지붕에 잣나무가 나면 크게 길하다.
★ 단풍나무가 지붕에 나면 백사가 다 이루어진다.
★ 과수원이나、숲속을 거닐어 보면 재물을 얻는다.
★ 뽕나무가 지붕에 나면 근심이 있을 것이다.
★ 죽순(竹筍)을 꺾어 집으로 갖고 오면 외손자를 둔다.

606

★ 나무에 올라설 때 갑자기 부러지든가 떨어지면, 죽든지 부상을 입는다.
★ 마른 나무에 꽃이 피면 자손이 흥왕하게 된다.
★ 나무 밑에 서 있어 보면 귀인의 도움을 받는다.
★ 큰 나무가 부러지면 흉악하다.
★ 큰 나무를 베어 보면 큰 재물을 얻는다.
★ 집 가운데 소나무가 나면 재산이 풍족해질 징조이다.
★ 사람이나 꽃을 나눠 보면 분가(分家)한다.
★ 문 안에 과실나무가 나면 아들을 낳는다.
★ 뜰 앞에 나무가 나면 기쁜 일이 줄줄 있을 것이다.
★ 난초가 뜰 앞에 있으면 손자를 낳을 것이다.
★ 과실 동산에 올라가면 재물을 얻는다.
★ 포도나무 아래로 다녀 보면 재수가 있고, 포도가 열린 것을 봐도 역시 재수가 대길하다.(체험)
★ 꿈에 나뭇잎이 떨어지는 것을 보면 집안이 불안하다.
★ 나무가 무성하고 꽃이 만발하면 대길하다.
★ 소나무나 또는 대나무가 울창함을 보면 만사가 대길하다.
★ 떡갈나무가 울창하면 가도가 흥왕하고 대길하다.
★ 월계수(月桂樹)를 보면 경사가 있으니 미혼자는 결혼하고, 기혼자는 자손을 얻을 것이다.

★ 뜰 앞에 대나무가 있으면 만사가 대길하다.

★ 느티나무(槐樹)를 보면 소송할 일이 생긴다. 혹은 다투는 일이 생긴다.

★ 큰 나무를 짊어져 보면 재물을 얻는다.

★ 나무에 난초가 나면 자손이 창성한다.

★ 대추와 배의 과실이 많이 익어 있어 보이면 자손이 창성한다.

★ 매화꽃이 만발해 보이면 집안의 명성이 멀리까지 떨치고, 매화를 꺾어 보면 귀인을 만나고, 흰 매화의 숲에 들어가 보면 여난(女難)이 있을 징조이다.

★ 과수원에 들어가 보면 재물을 얻을 것이다.

★ 뽕나무가 집안 뜰의 층층대 사이에 나면 흉하다.

★ 뽕나무가 울창함을 보면 자손이 창성하고, 뽕나무가 떨어지면 만사가 흉하다.

★ 밤나무를 보면 친한 사람과 이별하거나 원행할 징조이다.

★ 나무가지를 손에 꺾어 들거나, 나뭇잎이 바람에 떨어져 보이면, 부부 이별 또는 형제 자손과 이별할 암시이다.

★ 과수원에 과실이 많이 열린 것을 보면 재수가 대통하다.

★ 묘목(苗木)을 심어 보면 이익이 있으나 더디게 된다.

★ 단풍나무를 보면 모든 일을 경솔하게 하지 말 것이다.

★ 줄기가 뻗어나가는 청과물(靑果物)을 보면 모든 일을 속히 함이 가하다.

608

★ 큰 나무가 광야(曠野)에 홀로 서 있는 것을 보면 사업에 고독 심로(孤獨 心勞)할 징조이며, 또 이 나무에 올라가 보면 구설이 생길 징조이다.

★ 삼(麻) 나무가 숲을 이루면 큰 이익이 생긴다.

★ 삼태기가 나무가 소리를 내는 것을 보면, 근심과 병이 생길 징조이다.

★ 오이가 줄기 위에 돋아난 것을 보면, 아내에게 좋지 못한 일이 있을 징조이다.

★ 들에 나가서 씨앗을 지닌 풀을 많이 따는 것을 보면 만사를 재빨리 하는 것이 길하다.

2 도로(道路)、다리(橋梁)、시가(市街)

★ 처음에는 길이 좁고 울퉁불퉁하다가 나중에는 훤하게 넓고 탄탄한 길을 걸어 보면, 모든 일이 시초는 난관이 약간 있으나 종말에는 잘 이루어질 것이다.(체험)

★ 길이 처음에는 넓고 탄탄하다가 나중에는 끊어지든가 막혀서 보이면 매사가 시초는 순조우나 나중에는 막힐 것이다.(체험)

★ 앞이 넓고 훤히 열린 길을 차를 타고 가다가 중지하거나, 길 앞에 안개가 끼어 보이면, 만사가 잘 진행되다가 나중에 끝을 맺지 못하고 일을 중단하게 될 징조이다.(체험)

★ 길을 잃거나, 정할 바를 모르고 이리저리 방황하면 부모 친척과 불화하며, 매사에 해결을 보기 어려운 징조이다.

★ 하늘에서 길을 왕래하여 보면 만사가 대통하며 대길하다.

★ 넓은 길을 직행하여 보면 가업(家業)이 창성하여지며 운수가 열릴 것이다.

★ 좁고 꾸불꾸불한 길을 걸어가 보면 모든 일이 순조롭지 않으며 노고(勞苦)가 많다.

★ 진흙으로 되어 있던가 장애물이 많은 길을 걸어 보면 일이 잘 이루어지지 않는다.

★ 가시덤불과 진흙투성이의 길을 걷다가 옷이 찢어지거나 더렵혀지면, 질병이 생길 징조이다.

★ 길 가운데서 재물을 주우면 만사가 대통할 것이다.

★ 길을 고치거나 새로 난 도로를 걸어 보면 만사가 화합하여 대길할 것이다.

★ 다리 위에서 누가 나를 부르면 소송하는 일에 승리하고, 내가 다리 위에서 남을 부르면 소송사리하며 또 그밖의 승부를 결정하는 일에도 역시 마찬가지이다.

★ 다리의 중간이 끊어져 보이거나 리가 있으면, 만일 내가 부를 때에 상대편에서 대답이 없으면 흉하고, 대답이 있으면 소송에 승리이다.

★ 다리의 기둥이 부러져 보이면 자손과 손아래 사람에게 불길하다.

★ 다리를 건너 보면, 관청의 일이 생긴다.

★ 다리와 개천을 고치면 만사가 대길하고 화합할 것이다.

★ 다리 위에 앉아 보면 관록(官祿)을 먹는다.

★ 다리를 놓으면 크게 길하고 만사가 화합할 것이다.

★ 소를 끌고 다리에 오르면 아내가 임신한다.
★ 다리와 길 위에 수레가 막아 있으면 흉하다.
★ 거리에서 사람들과 만나든가 또는 시장에서 물건을 사고 팔면 부귀한다.
★ 시장에서 술을 마시며 놀거나 음식을 먹어 보면 길하나 행동을 조심해야 한다.
★ 상인(商人)이 거리에 들어가 보면 크게 부자가 된다.
★ 상인이 거리에서 나오는 꿈을 꾸면 물건을 잃는다.
★ 거리에서 물건을 팔아 보면, 남에게서 음식 대접을 받는다.
★ 거리에서 물건을 사 보면, 남의 시중을 들어야 할 일이 생긴다.
★ 광야에 사람이 없음을 보면 원행할 징조이다.

3. 강하(江河), 바다(海), 샘, 우물, 얼음

★ 용궁(龍宮)을 보면 만사 대통하며 행운이 닥쳐 올 징조이다.
★ 바다에 파도가 일어나는 것을 보면 부부간에 구설이 있다.
★ 바닷물이 잔잔하고 바다 위에 배가 뜬 것을 보면 대길하다.
★ 바다나 강물 또는 시냇물이 맑고 고요하면 만사 대길하니 남에게 매인 몸이면 웃사람의 도움을 받아서 출세한다.

★ 홍수가 나면 부부 간에 구설이 생기고, 만사가 뜻대로 되지 않는다.
★ 홍수가 붉은 빛이면 마을 늙은이들이 사망할 징조이며, 푸르면 젊은이들의 불길한 징조이다.
★ 바닷물이나 시냇물이 마른 것을 보면 만사가 뜻대로 되지 않으니 친한 사람을 조심해야 한다.
★ 손재주가 있음을 암시한다.
★ 개천을 쳐서 물이 흐르는 것을 보면 만사 대길하며 미두나 주식의 시세가 오른다.
★ 배를 타고 바다를 건너 보면 길하다.
★ 집안에 우물이 있어 보이면, 만사 대길하고 가도가 번창한다.
★ 우물이 끓는 것을 보면 부귀 영화하며, 결혼할 징조이다.
★ 우물이나 수도물, 샘물이 맑은 것을 보거나 집으로 길어 오면, 재수 대통할 것이다. (체험)
★ 물 위를 걸어 보면 크게 길하다.
★ 물 위에 서(立) 있어 보면 흉하니 만사 조심해야 할 것이다.
★ 물 위에 불이 일면 길하고 재수가 있을 것이다.
★ 물 가운데 있든가 헤엄쳐 보면 대길하고 매사가 순성(順成)할 것이다.
★ 물이 술렁술렁 흐르는 것을 보면 새 혼인이 있을 암시이다.
★ 물에 불이 나오지 못하면 흉하니, 크게 재물을 얻는다.
★ 맑은 물을 쉬지 않고 자꾸 마셔 보면, 조심해야 한다.
★ 흐르는 물이 몸을 두르면 송사(訟事)할 일이 생길 것이다.

★ 큰물이 맑으면 대길하니 경사가 있을 것이다.
★ 우물이 말라 먼 곳에서 물을 떠 오면 부모형제 간에 다툼이 벌어지고 자식에게도 불길하니 조심해야 한다.
★ 우물이 정원에 있는 것을 보면 출세하고, 만약 초봄에 물 긷는 것을 보면 그 해 안에 큰 집을 사고, 부인의 손으로 생재(生財)할 징조이다.
★ 우물이 흐려 보이면 신경질환(神經疾患)이 생기며 색정을 삼가해야 한다.
★ 우물이 위로 끓어오르는 것을 보면, 집에 피로움이 있으며 이별의 징조이다.
★ 우물 속에 자기 집이 있어 보이면 자식에게 병이 생길 징조이다.
★ 우물 속에 빠져 보면 손아래 사람에게 우환이 있을 징조이다.
★ 집에 큰물이 들어와 보이면 자식을 잃을 징조요 냇물이 흐르는 것을 보면 소송이 있을 것이다.
★ 연못을 파고 배를 띄워 보면 크게 길하다.
★ 우물물을 떠 보면 약간 길하니 먼데 간 사람이 돌아올 것이다.
★ 우물을 파서 맑은 물이 나오면 대길하나, 물이 나오지 않으면 집에 근심이 생길 징조이다.
★ 거리에서 물을 먹는 것을 보면 뜻밖에 좋은 일이 생기나, 조심하지 않으면 흉하게 된다.
★ 우물물이 도도하게 흐르면 대길하니 가도가 창성한다. 또한 좋은 인연이 있을 것이며 재물이 생긴다.
★ 우물 가운데 티끌들이 많이 떠 있으면 부부 간이나 친지 간에 구설이 있거나 다투게 된다.

★ 우물 가운데 물건을 떨어트리면 갑자기 화를 입거나, 도적 맞을 염려가 있다.
★ 우물물을 떠보아서 맑으면 길하고 흐리면 불길하다.
★ 우물에 자기 몸이 비쳐 보이면 벼슬을 얻는다.
★ 물 위에 자기 몸이 비쳐 보이면 남자는 흥하고, 여자는 임신한다.
★ 우물이 무너져 보이면 재산이 탕진(蕩盡)될 징조이다.
★ 우물을 들여다 보면 먼데서 소식이 올 암시이다.
★ 취해서 우물에 떨어져 보면 관사(官事)에 이르게 된다.
★ 우물에 엎드려 숨어 보면 관재와 구설이 있고, 형무소의 옥형(獄刑)을 당할 징조이다.
★ 물이 솥밑에서 나오면 재물을 얻을 대길조이다.
★ 강과 바다가 창일(漲溢)하면 크게 길하며 창성한다.
★ 하수(河水)와 산석(山石)은 재물을 더하게 되어 대길하다.
★ 맑은 샘터를 얻거나, 물을 길어 오거나 마셔 보면, 재수가 대길하다.
★ 얼음이 얼면 만사가 제대로 되지 않고, 기다리는 사람은 오지 않는다.
★ 얼음이 녹아 보이면 길하며 먼데서 소식이 올 것이다.
★ 물을 길어 올리거나 골짜기의 물을 마셔 보면 부귀한다.
★ 물 속에 들어 있어 보면 길하고, 또 흐르는 물을 보면 좋은 혼담이 생긴다.

제 四 장 신체(身體)에 관한 꿈

1 머리, 머리털, 얼굴, 사지(四肢), 수염, 치아(齒牙), 눈, 귀, 눈썹

○ 머리에 뿔(角)이 나 보이면 사람들과 싸움하거나 혹은 출세이루어진다.
○ 머리를 앓아(頭痛)보면, 관직에 있는 사람은 벼슬의 지위가 오르고 보통 사람은 만사가 잘 이루어진다.
○ 머리가 세 개(三頭) 있어 보이면 출세하여 영달한다.
○ 머리털이 희어져 보이면 장수하며 대길하다.
○ 머리가 이지러지고 털이 빠지면 모두 흉하다.
○ 머리털과 수염이 희어져 보이면 자손에게 근심이 있다.
○ 머리털이 검어(黑) 보이면 부귀할 징조이다.
○ 머리털을 깎아 보면 가사(家事)에 흉이 있다.
○ 머리를 풀어 보면 남의 음해를 받는다.
○ 머리를 빗고, 얼굴을 씻어 보면 백 가지 근심이 다 사라진다.
○ 머리털과 수염이 다시 나면 수명장수할 것이다.

○ 머리털이 눈썹과 가지런하면 관록을 먹는다.
○ 머리털이 얼굴을 가리우면 관송(官訟)이 있을 징조이다.
○ 사람의 머리털을 얻어 보면 재수가 있고 만사가 대길하다.
○ 머리털이 엉켜서 풀리지 않으면 송사가 일어나고, 머리칼이 엉켰다가 풀어지면 친구의 도움을 받는다.
○ 머리칼을 가르는 꿈은, 우환이 생기고 흉할 징조이다.
○ 남자의 꿈에, 아름다운 여자가 머리를 빗질하여 주면 미녀의 사랑을 받게 되며, 추녀(醜女)일 경우에는 악녀의 사랑으로 인하여 해를 입는다.
○ 수염을 뽑아 보면 친지를 잃고, 수염을 길게 기르면 부귀한다.
○ 부인이 머리를 풀면 사악(邪惡)된 정념을 암시한다.
○ 얼굴에 검은 사마귀가 생기면 모든 일에 장애가 많다.
○ 검은 점(黑子)이 많이 생기면 흉한데, 다리에 나면 남의 도움을 받아 번창할 징조이다.
○ 꿈에 치아(齒牙)가 나면 장수한다.
○ 이(齒)가 빠지면 친척이 사망할 징조니, 윗니(上齒)는 부(父)요, 아랫니는 모(母)요, 앞니(前齒)는 손아래요, 어금니는 손윗사람이요, 아랫니는, 여자요 윗니는 남자이다.
○ 어금니가 빠지고 피가 나지 않으면 부모상을 입을 징조다.
○ 입안(口內)에 털이 나면 재수가 있고 복록을 누린다.

○입이 커 보이면 재물을 얻고, 입에 상처를 입으면 패가할 것이다.
○입이 막히고, 음식을 먹지 못하는 꿈은, 급병에 걸릴 징조요, 만일 여자의 꿈이라면 구설을 듣는다.
○혀(舌) 위에 털이 나 보이면 관직에 변동이 없고 길하다.
○눈썹에 흰 눈썹이 나오면 남의 두목이 될 징조이다.
○눈썹이 떨어져 보이면 병으로 고생할 징조이다.
○눈썹이 길게(長眉) 나 보이면 여자로 인하여 부귀하리라.
○여자의 꿈에, 눈썹을 깎으면 이사한다.
○눈이 멀어지는(盲眼) 꿈은 자식과 이별하고, 눈이 나쁘면 손재수가 있다.
○눈의 시력이 부족하여, 멀리 보지를 못하는 꿈은 실망의 징조이다.
○몸이 병들고, 벌레가 나면 큰 벼슬을 할 징조이다.
○눈에서 광채가 나서 천리를 보는 꿈은, 장사에 이익이 있다.
○장님이(盲人) 눈을 뜨는 꿈을 보면, 재수가 있고, 관직이면 승급한다.
○꿈에 장님(盲人)을 만나 보면 만사가 되는 일이 없다.
○눈병을 앓아 보면 일이 잘 되지 않는다.
○몸을 노끈과 새끼로 매면 장수하고 길하다.
○몸이 살이 찌든가, 파리해 보이면 모두 흉하다.

○몸에 옷을 입지 않고, 벌거벗어 보이면 대길하리라.
○목욕(沐浴)하면 벼슬을 옮기고, 질병이 없어진다.
○몸에 땀이 나면 흉하니 조심하라.
○몸에 날개가 나서 공중으로 날아다니면 만사가 대통하리라.
○몸 위에 벌레가 다니는 것을 보면 길하다.
○몸에 혹이 나 보이면 재수가 대통할 것이다.
○몸이 파리해 보이면 뜻하는 일이 여의하나, 신고함이 있을 것이다.
○몸에서 환한 빛이 나면, 병이 위급할 징조이나, 만일 그 빛이 황금색이면 길하다.
○몸에서 피고름이 나오면 만사에 대길하고 재수대통할 징조이다.
○손가락이 부러져 보이면 자손에게 흉하다.
○다리(脚)가 상하여 피가 나오면 부귀한다.
○몸 위에 황새가 날아 들면 병이 생길 징조이다.
○다리가 건전해 보이면 사업이 창성한다.
○발을 삐면 하인 또는 친구로부터 속임이나 해를 받는다.
○발이 빨라서 속히 걸으면 운수가 열리어 대길할 징조이다.
○발이 무겁고 피로해 보이면 병에 걸릴 징조이다.
○몸에 종기(腫氣)가 나 보이면 첩 또는 양자로 인하여 구설이 생기고, 만약 그 종기가 곪아 터

지면 대길하다.

○ 코가 높아 보이면 구설을 들을 징조이다.
○ 코가 썩어서 떨어져 보이면 거주에 해로움이 있다.
○ 코가 평소보다 길어 보이면 부귀하게 된다.
○ 코가 둘로 보이면 남과 싸울 징조요 코가 커 보이면 남에게 미움을 받을 징조이다.
○ 코를 부상당하면 남에게 속임수를 당하고 명예를 잃는다.
○ 코피가 나면 재수가 대통할 것이다.
○ 이마가 커 보이면 부귀하고, 반대로 이마가 상해 보이면 근심할 일이 생긴다.
○ 귀가 먹어 들리지 않으면 재앙이 물러가고 편안할 징조이다.
○ 귀가 여러 개 나면 좋은 친구와 하인을 얻는다.
○ 귀를 씻어 보면 역시 친우와 종을 얻는다.
○ 귀에 쌀과 보리가 들어가 보이면, 큰 이익을 얻는다.
○ 귀가 크고 아름다와 보이면, 벼슬이 올라가고 부귀한다.
○ 귀에 부상을 입어 보이면 믿는 사람에게 모함을 당할 징조이다.
○ 사람의 몸에 당나귀의 귀가 나면, 불길하니 하인이 될 징조이다.
○ 사자나 기타의 맹수의 귀가 생겨 보이면 남의 모략에 빠진다.
○ 귀가 끊기든가 떨어져 보이면 친척간에 불화한 일이 생긴다.

○귀에 어떤 물건이 들어가서 막히면, 남의 유혹에 빠지거나, 남의 충고를 듣지 아니하여 실패할 징조이다.
○머리가 갑자기 길고 커 보이면 운이 열리고, 이와 반대로 머리가 작아져 보이면 운이 막힐 징조이다.
○목을 졸리우면 장식 재화가 올 징조이다.
○머리를 장식(화장)해 보면 상업이 번창하고 대길할 것이다.
○꿈에 불구자 또는 기형인을 만나면 고생이 많고, 자기가 불구자가 되면 길하나, 혹 세상을 도피할 징조이다.
○꿈에 인형(人形)을 보면 대흉하니 병이 생기거나 사망할 징조이다.
○강도(强盜)、흉한(兇漢)이 나의 목을 조르면 집안과 친척에 불행함이 있고, 만약 부인이 이 꿈을 꾸면, 금붙이의 귀금속을 도난당할 징조이다.
○꿈에 닭이나, 새 종류의 머리를 보면 기쁜 일이 생긴다.
○꿈에 사자나, 그 밖의 맹수의 머리를 보면 만사가 순성하고 뭇사람의 존경을 받는다.
○꿈에 뺨이 커 보이고, 빛이 붉어 보이면, 연애에 성공한다.
○어깨가 살찌고 커 보이면 운수가 열리고 대통할 징조이다.
○젖(乳房)이 크고 아름다와 보이면 건강하고 행복할 징조이다.
○젖(乳房)에 털이 나 보이면 남자는 이익이 있고, 여자는 손실이 있다.

○ 젖이 풍만하여 보이면, 신혼자는 임신하고, 미혼자는 결혼하게 되며, 기혼자는 행운이 온다.
○ 부인의 유방에 고름이 나거나 여러 개의 유방을 가져 보면 정조에 파탄이 생기고, 유방에 피가 나서 더럽혀지면 아기를 낳지 못한다.
○ 팔(腕)이 크고 굳세어 보이면 자손과 형제에 이익이 있고, 부인일 경우에는 남편에게 재수가 있으며, 병자가 꾸면 병이 낫는다.
○ 팔에 여러 개의 종기가 나면, 마음 고생이 많으며 사업이 부진하다.
○ 팔이 부러져 보이면, 정치가는 실각하고 보통 사람이면 자신이나 근친 간에 병이 생긴다. 부인인 경우에는 이혼할 징조이다.
○ 팔에 털이 많이 나면 재물을 얻으며 재수가 길하다.
○ 오른팔이 부러져 보이면 부모 형제 자손에게 불행하고 왼팔이면 어머니와 자매들에게 불행하며 양쪽 팔이 모두 부러지면 큰 병에 걸리거나 감옥에 들어갈 징조이다.
○ 손과 발이 아름답고 강해 보이면, 영업에 큰 이익이 있으며 번창한다.
○ 손이 작아 보이면, 집의 하인이나 사환에게 속임을 당한다.
○ 손이 절단되거나 움직이지 못하거나 화상을 당하여 보이면, 가족이 이산하고 패가하여 빈곤해지며, 부인이면 마음 고생이 생기며 소원이 이루어지지 않는다.
○ 손가락이 끊어져 보이면 친구와 이별한다.
○ 손가락이 많이 새로 나 보이면, 새 친구가 와서 돕고 신천지를 개척할 징조이다.

○ 손등과 손바닥에 털이 많이 나 보이면 마음 고생이 될 일이 생긴다.

○ 손바닥에 불을 올려 놓아도, 뜨겁지도 상하지도 않으면 난국을 돌파하여 성공할 징조이다.

○ 손톱이 길어 보이면 재수가 있고, 손톱이 짧아 보이면 손해 보고, 손톱을 깎으면 부상을 당하고, 손톱을 끊어 보이면 집안이 불화하다.

○ 양쪽 넓적다리가 끊어져 보이면, 타향에서 중병에 걸려 고생하고, 또는 미혼자는 멀리 시집갈 것이요, 기혼자는 배우자와 이별한다.

○ 다리가 아름다와 보이면 유쾌한 여행을 한다.

○ 무릎을 부상하면 영업이 부진하고, 부상을 당하여 움직이지 못하면 직업을 잃을 징조이다.

○ 무릎을 부상했다가 완치하여 걸어 다니면, 운이 열려, 재물을 얻는다.

○ 어깨에 종기가 생기면, 가정이 불화하고 근친과도 감정을 상한다. (서양)

2 나와 타인(他人) △자기, 가족, 타인, 귀한 사람, 여자, 도적, 거지, 승려(僧侶)▽

○ 용을 타고 하늘로 날아 오르면 크게 부귀해질 징조이다.

○ 백발 노인이나, 신선(神仙) 또는 벼슬이 높은 사람과 이야기해 보거나, 지도를 받거나, 인사를 해 보면 운수가 열리고 차차 성공한다.

○ 남과 싸워서 때려 보면 사물에 손실이 있고, 맞으면 만사가 잘 되고 재수가 있다.

○온 집안 식구가 모인 것을 보면 고향에 걱정이 있을 징조요, 또 다른 사람들이 많이 모이는 것을 보면 일가중에 구설이 있을 것이다.

○생시(生時)에 나에게 친근하고 도움을 주던 사람이 꿈에 나타날 때 기쁜 얼굴로 나타나면 재수가 있고, 불쾌한 태도나 욕하는 모습으로 나타나면 걱정이 생긴다. (체험)

○생시에 나에게 악하게 하여 사이가 나쁜 사람이 역시 나쁜 태도로 나타나면, 남과 다툴 일이 생기고 일에 장애가 생긴다. 그러나 그 사람이 뜻밖에 좋은 얼굴로 기쁘게 대하는 태도이면 길하다. (체험)

○자기가 입신출세(立身出世)하여 보이면 모든 일에 파란이 생기고, 여자는 병이 생기든가 남으로부터 해를 받을 징조다.

○도적이 들어와서 물건을 집어가는 것을 보면 뜻밖에 횡재한다.

○여자가 시집가 보면 걱정이 생길 조요, 먼 데서 걱정되는 일이 있을 것이다.

○거지를 보면 대길하니 웃사람의 도움을 받아 소원성취할 것이다.

○고향의 양친을 보면 병들 징조요, 또 먼 곳의 일가중에 구설이 있을 것이다.

○높은 벼슬을 가진 사람에게서 보검이나 책 또는 구슬 등을 받아 보면 선비는 벼슬하고, 관리는 승진하며, 농부는 전장을 사게 되며, 상인은 재수 대길하다. 또 젊은 사람은 혼인한다.

○사람이 죽어 보이면 대길한데, 부자 형제가 죽어 보이면 그 사람이 장수하고, 자기도 길하다.

또 자기가 죽어 보여도 길하다.

○ 손님을 많이 청하여 잔치를 베풀어 보면 만사가 길하고 멀지 않아 경사가 있을 것이다.
○ 아이가 편지를 가져와 보이면 송사나 시비할 일이 생긴다.
○ 꿈에 어린 아이들을 보면 길한데, 아이를 안아 보거나 또는 아이들과 같이 놀아 보면 만사가 대길하다.
○ 형벌(刑罰)을 받으면 금은 보배가 생긴다.
○ 가난한 사람에게 은혜를 베풀면 술이 생길 징조이다.
○ 무엇을 타고 놀면 관리는 승진하고, 상인은 이익이 많다.
○ 한 사람의 중(僧侶)을 만나면 홀아비나 과부될 징조다.
○ 남자 두 사람, 여자 두 사람이 있는 것을 보면 혼인을 두번 할 징조다.
○ 남자가 여자에게 추격을 당하면 부인에게 재앙이 있다.
○ 두 사람이 물에 빠진 것을 보면, 만사가 뜻대로 되지 않으며, 여행이나 이사를 하면 길하다.
○ 도적놈이 문안으로 들어오는 것을 보면 불길한데, 옷을 훔쳐가는 것을 보면 병이 낫는다.
○ 먼 곳에서 손님이 오면 길하나, 물건을 바꾸어 보면 병이 어려울 징조다.
○ 몸에 부스럼이 나면 처자에게 구설이 있다.
○ 온 가족이 모여서 손뼉 치며 웃으면 크게 흉하니 병과 고생이 있을 징조다.
○ 중이 많이 모인 것을 보면 남에게 뽑힐 징조이다.
○ 글을 읽어 보면 귀자를 낳을 징조이니 대길하다. (체험)

○ 송장이 썩어서 냄새가 나면, 상인은 이익이 많을 것이다.
○ 물건을 팔아 보면 모든 일을 개혁할 징조요 병은 낫는다.
○ 길을 떠나 보면 상의하는 일이 잘 되고, 만일 길을 떠나다 다시 돌아오면 병이 나을 징조다.
○ 시집 가는 것을 보면 흉하고 장가를 가 보면 길하다.
○ 자기 집에서 사람이 나가는 것을 보면 길하니, 장사는 이익이 있고 관리는 승진한다.
○ 끓는 물에 수족을 씻어 보면, 병이 나을 징조이다.
○ 자기가 관을 써 보면 대길하니, 상인은 이익이 많고 관리는 승진한다.
○ 왕이 부르고, 주식이 생기고 재수가 있으며 벼슬이 오른다.
○ 높은 지위에 있는 사람을 만나려 해도 만나지 못하면 흉하니, 일이 뜻대로 이루어지지 않는다.
○ 귀인에게(높은 지위에 있는 사람) 절을 하면 복록이 많다. (체험)
○ 높은 지위의 귀인으로부터 패물 보물 등을 받으면, 일 년 내에 반드시 입신출세와 재수 대통하고, 여자는 좋은 남편을 만난다.
○ 빈곤한 사람을 보면 길하다.
○ 성인(聖人)과 더불어 말을 서로 교환하면 대길하니 소원성취된다.
○ 옛날 사람들과 말을 주고 받으면, 지혜(智慧)를 얻는다. (경험)
○ 귀인과 말을 주고 받으면 출세한다.
○ 사람이 나를 죽었다고 하면 장수(長壽)하고 복록이 있다.

○신선과 더불어 이야기하며 놀면, 크게 길하니 복록이 있다.
○도둑에게 도난을 당하면 뜻밖에 사람으로부터 좋은 소식을 들어서 돈을 벌며, 또는 훌륭한 자식을 얻는다.
○도둑이 집안에 들어오면 나쁜 일이 없어진다.
○힘센 도둑이 집안에 들어와 보이면 집이 망한다.
○도둑과 더불어 길을 가는 꿈을 꾸면 만사에 덕을 입어 길하다.
○자기가 스스로 도둑이 되면 병을 얻는다.
○도둑이 옷을 훔쳐 가면 병이 낳는다.
○도둑에게 칼침을 맞는 꿈을 꾸면 뜻밖에 행운이 온다.

3 희노애락(喜怒哀樂)、죽음、노래、병(病)

○꿈에 슬피 울면 길한데, 다른 사람과 같이 울면 경사가 있어 하례를 받을 징조다.
○상 위에서 울면 대흉하니 조심할 일이다.
○몸에 상복을 입고 패랭이를 쓰고 상주가 되어 보이면, 관록을 얻고 무직자는 취직하게 된다. (경험)
○집안이 모두 기뻐하고 즐거워 보이면 대길하니 만사가 순성할 것이다.

○타인이 피리를 주면 이름이 사방에 떨칠 징조이다.

○당상에서 노래하고 즐거워하면 상을 입게 된다.

○피리를 불고 북을 치면 길한 경사가 있다.

○치아를 드러내고 울면 다투거나 송사가 생긴다.

○병든 사람이 노래를 부르면 크게 흉하다. 꿈에 병이 중하면 흉한 일이 있을 징조이다.

○병든 사람이 일어나면 반드시 죽는다.

○죽은 사람이 울면 구설이 있다.

○죽은 사람이 품에서 울면 재수가 있다.

○사람이 죽은 것과, 저절로 죽는 것을 보면 모두 길하다.

○이미 죽은 사람이 송장을 보면 흉하다.

○방성대곡하여 울면 대길하니, 기쁜 일이 있을 것이다.

○사람이 먼 곳에서 와서 슬피 울면 흉하다.

○노래하며 춤을 추면 구설이 있다. 또한 사람과 더불어 장단을 치면 역시 구설이 있다.

○타인이 즐거워함을 보면 송사에 이롭지 못하다.

○병들어 누웠는데 사람이 붙들면 벼슬이 오른다.

○병든 사람이 울고 웃으면 질병이 없어지고, 스스로 병들면 기쁜 일이 있다.

○병든 사람이 수레를 준비하면 반드시 사망한다.

○죽은 사람이 다시 살아나면 길한 일이 있고, 죽은 사람이 일어서면 크게 흉하다.
○자식이 죽어 보이면 기쁜 일이 있고 재수가 있다. (체험)
○남의 상가에 가서 조문하면 아들을 낳는다.
○거지가 되어 보면 점점 행운이 닥쳐와서 자손과 재물이 흥왕할 징조다.
○새로 벼슬을 얻으면 자손을 얻는다.
○먼 곳에서 손님이 오면 주식이 생긴다.
○병자가 꿈에 약을 먹으면 병이 차차 낳는다.
○병자가 뛰어 달아나는 꿈은 사망할 징조이다.
○용감하게 싸우다가 부상을 당하면 타인들로부터 존경을 받는다.
○흑사병에 걸리면 큰 횡재수가 있으나, 방심하면 타인에게 빼앗긴다.
○얼굴에 종기가 많이 나면 재물을 얻는다.
○문둥병에 걸리거나 피부병이 생기면, 재물을 모으고 귀인도 만난다.
○죽은 사람과 같이 음식을 먹으면 만사가 대길하다.
○죽은 사람이 웃으면 큰 병이 점차로 낫는다.
○죽은 사람이 입을 열어 말하면 사업이 번창한다.
○죽은 사람을 안아 보면 대길한데, 만일 죽은 사람을 안고 울면 흉하다.
○수족(手足)에 피고름이 나면, 상업이 번창하고 재수 대길하다.

4 목욕(沐浴), 변소(便所), 진흙

○ 목매달아 보면 병이 낫고 운수가 열린다.
○ 자신이 죽어 보이면, 출세하거나 미혼자는 결혼하게 된다.
○ 장사를 지내는 꿈은 모두 대길하다.
○ 죽은 시체를 취급하거나 목욕시키면 재수 대통한다.
○ 수족을 씻으면 병이 낫는다.
○ 입을 씻어 보이면 벼슬을 떠날 징조이다.
○ 배(腹)를 씻으면 재앙이 물러간다.
○ 사람이 목욕하는 것을 보면 질병이 없어진다.
○ 대소변이 몸을 더럽히면 재물을 얻는다.
○ 변소에 빠졌다가 나오면 만사가 대길하다. 그러나 남의 똥에 주저앉으면 흉하다.
○ 똥이 땅에 가득하면 부귀한다. (똥꿈은 보통 대길하다고 하나, 똥을 밟던지 빛깔이 검으면 흉하다.)
○ 똥과 오줌을 도난당하면 재산이 흩어진다.
○ 변소에서 근심하면 관록을 얻는다.

○변소에서 빠져나오지 못하면 흉하다.
○넘어진 변소를 일으켜 세우면 재수가 대길하다.
○솥 밑에 대변이 있으면 구설이 있다.
○대소변 가운데 앉아 보면 흉하다.
○대소변을 짊어지고 집으로 돌아오면 대길하다.
○오줌과 똥을 누워, 잃어버리면 재물을 잃는다.
○진흙이 옷을 더럽히면 해산에 흉하고, 진흙이 소매를 더럽히면 몸에 욕이 있을 징조이다.
○진흙물에 목욕하면 질병이 생긴다.
○사나이와 계집이, 목욕하고 상에 오르면 대흉하다.

제 五 장 풍속(風俗)과 욕정(欲情)에 관한 꿈

1 싸움, 욕설(辱說), 능욕(凌辱), 살인(殺人)

☆ 남과 서로 때리고 싸우면 대길하니, 인덕이 있고 재물을 얻는다.
☆ 남과 서로 욕하면 흉하니 조심하라.
☆ 사람에게서 살해를 당하면 크게 길하다.
☆ 타인과 칼을 비교해 보면 크게 길하다.
☆ 사람을 죽이면 크게 길하다.
☆ 사람을 죽여 피가 옷을 더럽히면 크게 재물을 얻는다.
☆ 칼에 찔려 피가 나면 주식을 얻는다.
☆ 칼에 찔려 불이 나면 묘한 이익이 생긴다.
☆ 주먹으로 사람을 때리면 부부 원만하고, 미혼자이면 연애에 성공한다. 또한 곤봉으로 사람을 때리면 재수가 있다.
☆ 남과 다투면, 친근한 사람과 이별한다.
☆ 칼로 사람을 죽이면 대길하니 운수가 열린다.

☆ 몸이 굴러서 피가 흐르는 것을 보면 대길하다.
☆ 칼로 사람을 찌르면 스스로 힘을 잃는다.
☆ 칼로 알지 못하는 사람을 베면 장사하는 일에 크게 성공하고, 또한 사람의 머리를 베어 얻으면 사업이 번창하고 재수가 대통할 징조이다.
☆ 처첩을 때리면 흉하다.
☆ 남에게서 매를 실컷 얻어 맞으면, 힘을 얻고 심장이 강해진다.
☆ 형제가 서로 때리면 크게 길하다.
☆ 남이 노하여 나에게 상처를 입히면 크게 재수가 있다.
☆ 남에게서 실컷 두들겨 맞으면 주식이 생긴다.
☆ 첩이나 여자 중에게 두들겨 맞으면 흉하니 조심해야 한다.
☆ 남에게서 칼로 부상을 당하면 길하다.
☆ 칼로 자살을 하면 재물을 얻는다.
☆ 머리를 베었어도 길을 걸어다니면, 좋은 일이 많이 있을 징조이다.
☆ 사람을 서로 꾸짖으면 길하다.
☆ 사람에게 능욕을 당하면 재물을 얻는다.
☆ 머리를 베었어도 능히 살아있으면 사업에 반드시 성공한다.
☆ 머리를 잘라 보이는 것은 모두 대길하다.

☆ 칼로 서로 찔려서 피가 흐르면 길하나, 만약 피가 없으면 재수가 없다. 칼로 다쳐서 피가 나면 주식이 생긴다.
☆ 몸을 뜸질하여 피가 나오면 대길하다.
☆ 남을 욕하고 꾸짖으면 일이 여의치 못하다.
☆ 남에게서 욕과 꾸지람을 당하면 길하다.
☆ 남에게서 모욕을 당하면 재수가 있고 길하다.
☆ 소나 사슴을 잡으면 부귀한다. 그리고 소를 잡아 고기를 먹어도 재물을 얻는다.
☆ 닭이나 오리 등의 종류를 잡아 죽이면 만사 대길하다.
☆ 양을 죽이거나 때리면 질병이 생긴다.
☆ 나귀, 노새, 말 등을 죽이면 주식이 생긴다.
☆ 새를 죽이면 처첩에 재난이 있을 것이다.
☆ 칼이나 도끼에 저절로 상하면 크게 흉하다.
☆ 거북, 자라의 종류를 죽이면 흉하니, 상사(喪事)가 날 징조이다.
☆ 남의 발에 채어 넘어지면 재물을 잃는다.
☆ 여인이 서로 때리면 병에 걸린다.
☆ 집안 사람이 서로 싸우면 흩어진다.
☆ 사람이 죽창(竹槍)으로 찌름을 당하면 크게 길하다.

2 형벌(刑罰)과 탈옥(脫獄)

☆ 사람을 향하여 머리를 두드리면 만사가 길하다.

☆ 구짖음을 당하고 거짓으로 엎어지면 크게 귀하리라.

☆ 돼지를 죽이면 크게 길하고, 호랑이를 죽이면 중한 물건을 얻는다.

☆ 옥에 간혔다가 옥이 무너지면 사(赦)가 있어서 길하다.

☆ 옥중에 앉아 있으면 반드시 은사(恩赦)가 있다.

☆ 옥에 들어가 형벌을 받으면 영화롭고 귀히 된다.

☆ 옥중에서 죽으면 관청 사건들이 모두 해소된다.

☆ 사람을 시켜서 옥에 간힌 죄수를 치고 벌을 주면 부귀하리라.

☆ 도적질하다가 죄를 느끼고 자수하여 옥에 들어가면 매우 흉하니 조심하라.

☆ 옥에 들어가면 재물을 얻고 길하다.

☆ 옥에 들어가 굳게 간히면 크게 귀히 된다.

☆ 지옥(地獄)에 가서, 썩는 냄새가 코를 찌르면 만사가 대길하리라.

☆ 옥에 들어가 매를 맞으면 사업이 번창하고 부귀하리라.

☆ 새끼로 몸을 묶으면 재수가 대길하리라.

☆ 죄수가 옥을 탈출하면 질병이 낫는다.

☆ 수족에 상처를 입으면 이별수가 있다.

☆ 몸에 그물(網)을 덮어 쓰면 주식이 생긴다.

☆ 죄수가 형벌을 받으려 할 때에 갑자기 죽으면, 주식이 생긴다.

☆ 관청에서 난타(亂打)를 당하면 의식(衣食)을 얻는다.

☆ 항쇄(목에 거는 형틀)를 써 보면 의식(衣食)을 얻는다.

☆ 사형 선고를 받고 죽으면 크게 길하니, 갑자기 운수가 열리어서 입신출세할 징조요, 만약 병자라면 병이 완쾌한다.

☆ 내가 다른 사람에게 사형 선고를 내리면 소송이 그치지 않는다.

☆ 사형틀에 올라서 곧 처형을 당하려 할 때에 구원을 받아 무사해지면, 자칫하면 실각되어 사회에서 매장당한다.

☆ 관청에 들어가 송사(訟事)하면 크게 길하다.

☆ 사형수의 죽은 고기를 먹어 보면, 귀인의 도움을 받아서 부귀하리라.

3 의복(衣服)、관대(官帶)、신(靴)

☆ 관을 쓰고 수레를 타면 벼슬이 오르고, 보통 사람이면 귀인의 도움을 받아 벼슬하게 된다.

☆ 금관을 써 보면 타인에게 신임을 받아서 입신출세한다.
☆ 의관(衣冠)을 새로 받으면 출세한다.
☆ 관과 사모를 잃어버리면 벼슬에서 물러나게 된다.
☆ 관을 태우고 모자를 찢으면 관리는 진급한다.
☆ 관을 벗고 맨머리를 내 놓으면 관직에서 물러나리라.
☆ 관을 쓰고 띠를 떠어 보면 반드시 길사가 있다.
☆ 여인이 관을 쓰고 띠를 떠면 귀자를 낳는다.
☆ 공복(公服)을 입으면 벼슬을 얻는다.
☆ 모자와 띠를 잃으면 벼슬을 잃을 징조이다.
☆ 왕후와 마주 앉으면 대길하고 경사가 있다.
☆ 자기 스스로 흰 옷을 입으면, 사람으로부터 모해를 당하리라.
☆ 의복이 저절로 끌러져 보이면 만사가 길하다. 허리띠가 저절로 풀리면 재물이 흩어지고, 재수가 불길하리라.
☆ 의복이 홀연히 해져 보이면 처첩이 딴 마음을 먹으리라.
☆ 백의(白衣)를 입고 사신에게 불리우면 사망할 징조다.
☆ 어떤 사람이, 너와 나와 같이 가자고 하면 흉하다.
☆ 옷이 바람에 날려서 산란하면 병이 생기고 고생한다.

☆ 새 옷을 만들어 보이면 혼담이 생기고, 이 옷 저 옷 갈아입으면 흉하다.

☆ 의복을 염색하여 보이면 흉하니, 주소를 옮기거나 여난이 있고, 만약 여자가 이 꿈을 꾸면 혼인 연담이 생긴다.

☆ 부인들이 비단옷을 입어 보면, 배은망덕할 징조이다.

☆ 사람에게 옷을 주어 보면 직업을 잃기 쉽고 근심이 생긴다.

☆ 삼으로 만든 옷을 입으면 손윗 사람의 상사를 당한다.

☆ 붉은 비단옷을 입어 보면 출세하여 그 지위가 높아진다.

☆ 옷 소매가 바람에 나부끼면, 병이 생기고 소매가 물건에 걸려 찢어지면 처첩과 이별한다.

☆ 의복에 기름이 묻어서 더렵혀지면, 은인을 잃을 징조이다.

☆ 때묻은 옷을 입고, 대중 앞에 나서면 명예를 잃고 손재한다.

☆ 비단으로 띠를 만들어 띠면 만사가 대길하리라.

☆ 여자가 내게 옷을 입혀 주면 만사가 대길하리라.

☆ 다른 사람이 내 신을 신어 보면, 처첩이 간통한다.

☆ 신발이 해져 보이면 처자에 병이 생기고, 또는 친척과 헤어지리라.

☆ 신발을 잃으면 노복이 달아난다.

☆ 삼으로 만든 신발을 보면 만사가 길하다.

☆ 꿈에 신발을 얻어 보면 귀인의 도움을 받는다.

☆새 옷을 모아 쌓으면 모두 흉하다.
☆의복을 빨고 물을 들여 보면 모두 길하며, 새로 도포를 입으면 처첩을 더한다.
☆옷감을 마르든지 또는 상복을 입어 보면 대길하다.
☆푸른 옷을 입어 보면 신인(神人)이 힘써 도와 주리라.
☆누런 옷과 검은 옷은 모두 대길하다.
☆뭇사람이 붉은 옷을 입으면 흉하다.
☆여러 사람이 흰 옷을 입은 것을 보면 관재가 있으리라.
☆아내가 잠옷을 입으면 아기를 낳는다.
☆신을 벗고 띠를 떠면 흉하며 신을 얻으면 노복에게 길하다.
☆미투리를 신으면 만사가 모두 길하다.
☆신을 빌려 보면 사람이 힘써 도와 준다.
☆갓과 띠를 얻으면 벼슬하리라.
☆옷을 씻고 옷에 물을 들이면 새로 벼슬을 하게 된다.
☆수놓은 비단옷을 입으면 자손이 영화롭고 도롱이를 입으면 큰 은혜를 입는다.
☆의복이 홀연히 해지면 아내가 박대한다.
☆쪽빛 수놓은 옷을 입으면 아내에게 길하다.
☆여러 사람이 붉은 비단옷을 입으면 길하다.

4 부부(夫婦)와 임신(姙娠)

☆부부간에 서로 다투고 싸우면 병이 생길 징조이다.
☆부부가 한군데 모여 회합하는 듯이 보이면 이별할 징조이다.
☆고향에 있는 부모 또는 사별하신 부모를 종종 꿈에 만나면, 병이 생기거나, 사망할 징조이다. (또는 구설이 생긴다)
☆돌아가신 아버지와 만나면 길사가 있을 징조이다. 또 아들과 서로 만나도 역시 길하다. (체험)
☆가족이 한방에 서로 모이면 친척이 서로 다툴 일이 생긴다.
☆형제와 이별하면 구설과 논쟁이 있다. 부모형제들이 모여서 연회를 베풀면 매사가 잘 이루어지고, 먼 곳에서 기쁜 소식이 있다.
☆남자가 여승(女僧)으로 화하여 보이면 대흉하니 조심하라.
☆부인과 같이 동행하여 보이면 재물에 손실이 있으리라.
☆나막신을 벗으면 질병이 없어진다.
☆신이 해져 보이면 처첩 또는 자손에게 질병이 있다.
☆의복을 잃으면 아내의 해산이 어려울 징조이다.
☆여러 사람이 푸른 옷을 입으면 가족들이 흩어진다.

☆ 남의 부인을 안아 보면 경사가 있으리라.

☆ 부녀자와 같이 앉아 보면 경사가 길하다.

☆ 자기의 처가 다른 사람에게 시집 가 보이면, 처가 죽거나 병들 징조이다.

☆ 꿈에 육체관계를 하면 재수가 불길하다.

☆ 처자가 서로 모여서 울면 병으로 고생하거나 빈곤하리라.

☆ 꿈에 아이를 밴 부인을 만나면 만사가 대길하다.

☆ 임신부가 아닌 부인이 아이를 낳아 보이면 만사가 형통하리라.

☆ 부인이 남자가 되어 보이면 대길하다.

☆ 남편이 둘이 되어 보이면 남편에게 딴 마음이 있다.

☆ 사내 아이를 낳아 보면 병이 낫고 대길하다.

☆ 남자가 아이를 낳아 보면 재수가 대통하여 재물을 쉽사리 얻는다.

☆ 아내가 임신하였을 때에, 임신한 아내를 보면 아이가 아버지를 닮으며 잘 자란다.

☆ 남자가 검은 색의 여자와 결혼해 보이면 병이 생길 징조이다.

☆ 미인에게 장가 들면 경사가 있을 징조이다.

☆ 여자는 미남자와 결혼하면 경사가 있다.

☆ 여자가 검은 빛 남자와 결혼하면 재물을 얻는다.

☆ 신부가 웃으면 친한 친구가 찾아 오리라.

☆ 살이 야위고 기미가 많은 여자와 결혼하면 비천할 징조이다.
☆ 여자가 저녁에 화장을 하면 만사가 잘 이루어지리라.
☆ 중매하여 보면 구설과 논쟁이 있으리라.
☆ 사위를 맞아 들이면 길하고, 내가 사위로 되어 보면 흉하다.
☆ 양자로 가거나, 시집 가거나 또는 데릴사위로 가 보면 근심이 생긴다.
☆ 화장품을 받아 보면 남에게서 사랑을 받는다.
☆ 아이가 죽어 보이면 구설이 없어진다.
☆ 남녀가 서로 모여 연석을 베풀면 혼담이 성립되고 만사가 순성한다.
☆ 남녀가 다 같이 물 가운데에 들어가 보이면 만사가 길하다.
☆ 애기를 업어 보거나 안아 보면 재수가 대길하다.

5 음식(飲食)、주육(酒肉)、다과(茶果)

☆ 초청을 받아 술을 먹으면 명이 길 징조이다.
☆ 사람들을 모아놓고 잔치를 베풀면 장차 부귀할 징조이다.
☆ 사람들과 함께 음식 먹는 곳으로 모이면, 부자가 될 징조이다.
☆ 담배를 피워 보면 희망 있는 일이 많으리라.

☆ 남에게 술을 주어 보면 구설이 생길 징조이다.

☆ 돗자리 위에 손님을 모아 놓고 분주히 의론하면, 집안이 산란해지리라.

☆ 사람이 젖을 먹으라고 주면, 높은 친구가 오리라, 또한 술을 먹으면 울 일이 있으리라.

☆ 술이 취하여 광태를 부리면 남과 다투고 구설이 있을 징조이다.

☆ 식사에 초청을 받고 쇠젓가락으로 먹으면 기쁜 일이 있으리라.

☆ 술에 취하여 쓰러지면 병이 생기고, 누우면 남에게 사기를 당하며, 논쟁하여도 병이 있으리라.

☆ 지위가 높은 귀인과 함께 식사를 하면, 매사가 순조로이 이루어진다.

☆ 개고기를 먹으면 다툴 일이 생기고 송사가 있다.

☆ 칼로 돼지고기를 베어 보면 병이 생기리라.

☆ 젓(乳)을 먹어 보면 식록이 생기리라. 꿀이나, 엿을 먹어 보면 흉하니 매사가 뜻대로 되지 않는다.

☆ 저절로 죽은 고기를 먹어 보면 이별이 있으리라.

☆ 오이를 먹으면 자손에게 질병이 생기리라.

☆ 물을 많이 먹으면 재물이 생긴다.

☆ 생선이나 새 종류의 고기 요리를 먹어 보면 길하니 소원성취한다.

☆ 만두를 보고 먹지 않으면 기운이 나리라. 또 만두를 먹으면 구설이 없어지리라.

☆ 생육(生肉)을 먹으면 흉하고, 익힌 고기나 군고기를 먹으면 길하다.

☆ 감이나 복숭아를 먹으면 이별하였던 사람과 다시 만나게 되리라.
☆ 떡을 먹으면 구하는 바를 얻으리라.
☆ 밤을 많이 먹어 보면 장차 부자 되리라.
☆ 대추를 먹어 보면 귀자를 낳는다.
☆ 밤(栗)을 먹으면, 이별할 일이 생기리라.
☆ 떡을 불에 구워 보면 약속한 일이 어그러진다.
☆ 약초를 먹으면 근심 걱정이 없어지고 길하리라.
☆ 목과(木瓜)를 먹어 보면 큰 재물을 얻는다.
☆ 사람들과 함께 밤(栗)을 먹으면 구설이 생긴다.
☆ 파, 마늘을 먹으면 다투어 싸울 일이 생긴다.
☆ 수박을 먹으면 사람이 죽으며 수박을 어떤 사람이 보내 오면 구설이 생긴다.
☆ 자리에 빈객이 모이면 가도가 궁하리라.
☆ 가지(茄子)를 먹어보면 혼담이 이루어지고 처첩이 임신한다.
☆ 가지를 보거나 먹으면, 출세할 징조인데 만약 가지를 남에게 주면 흉하다.
☆ 닭이나 오리의 고기를 먹으면 병이 생긴다.
☆ 거위의 고기를 먹으면 처첩에 병이 생긴다.
☆ 과실(果實)을 먹으면 병자에게 흉하다.

☆호도를 먹으면 일마다 불쾌하다.
☆돼지고기를 먹으면 질병이 생긴다.
☆감추어 두었던 호도를 발견하면 뜻밖에 재물을 얻는다.
☆귤을 먹으면 친구가 죽는다.
☆잘 익지 않은 귤을 먹어 보이면 근심이 생긴다.
☆배를 먹으면 재물을 잃는다.
☆감자를 먹어 보면 질병이 생긴다.
☆참외를 먹으면 귀자를 낳는다.
☆석류(柘榴)를 먹으면 자손에게 흥하리라.
☆오얏이나 복숭아를 그 계절에 먹으면 길하리라.
☆여자가 사과를 먹어 보면, 기쁜 일이 생기며 길하나, 미숙한 것을 먹어 보면 남하고 다투리라.
☆포도를 먹어 보면 이별했다가 다시 만난다.
☆포도 나무를 보면 부자될 징조요, 포도 열매를 먹으면 기쁜 일이 많으리라. (체험)
☆뽕나무 열매를 먹으면 귀자를 낳으리라.
☆수박꿈은 길한데, 수박을 따서 들어 보면 재수가 있으리라.
☆부추를 먹으면, 중복을 입는다.
☆소금, 간장, 술, 식초 등을 보면 대길하다.

644

☆ 소금을 많이 갖고 들어오면 부자가 된다.
☆ 식초를 남에게서 얻으면 먼 곳에서 소식이 오고, 식초를 만들어 오면 임신하리라.
☆ 감주를 마셔 보면 구설이 생긴다.
☆ 술을 만들어 보면 길하나, 간사한 사람이 이런 꿈을 꾸면 비밀이 탄로난다.

6 무덤, 장례(葬禮), 관(棺)

☆ 무덤 위에 구름이 일어나는 것을 보면 만사 대길하니 운수가 열릴 징조이다.
☆ 새 무덤이나 관을 보면 근심이 사라질 징조이다.
☆ 묘문(墓門)이 열려 보이면 만사가 대길하다.
☆ 무덤 위가 밝으면 길하고 어두우면 흉하다.
☆ 무덤 위에 나무가 나면 길하고, 나무가 부러지면 흉하다.
☆ 무덤 위에 나무가 높고 크면 만사가 대길하고 재수 대통할 징조이다.
☆ 무덤 가운데서 관이 저절로 나오면, 재운이 대통할 징조다.
☆ 관을 가지고 집에 들어오면 관록이 있을 징조이다.
☆ 무덤에 꽃이 피면 만사가 대통하여 부귀하고, 귀자를 낳을 징조이다.
☆ 무덤 위에 불이 나면 재수가 대통하리라.

☆ 무덤에 창문이 나 보이면 대길하니 재수 있으리라.
☆ 관 속에 죽은 시체를 넣어 보면 큰 재물을 얻는다.
☆ 죽은 사람이 관 속에서 나오면 외방에서 손님이 온다.
☆ 산 사람이나 자기가 관 속으로 들어가면 싸우거나 소송할 일이 생기리라.
☆ 관을 열고 죽은 사람과 더불어 말하여 보면 흉하다.
☆ 관 나무를 보면 재수가 있고 재물을 얻으리라.
☆ 죽은 사람을 염하고 입관하면 재물을 얻는다.
☆ 죽은 시체에서 냄새가 심히 나면 재물을 얻는다.
☆ 관을 물 위에서 보면 크게 재물을 얻는다.
☆ 꿈에 상여를 보면 재수가 대통한다.

제 六 장 자연(自然)과 전원(田園) 및 오곡(五穀)에 관한 꿈

1 논, 밭, 곡식

★ 농사를 지어 보면 재물을 얻고, 만사 대길하다.

★ 밭 가운데에 풀이 나면 재물을 얻는다.

★ 밭을 많이 갈고, 곡식을 잘 심으면 벼슬을 하고, 재수가 대길하다.

★ 논밭을 파괴하면 큰 행운이 오고 만사 대길하다.

★ 자기가 스스로 논에 모를 심어 보면 먼 데 출행할 징조이다.

★ 벼를 베면 역시 출타한다.

★ 밭에서 곡식을 심으면 벼슬을 한다.

★ 논에서 사람들이 벼 심는 것을 구경하면, 관리는 지위가 오르고, 상인은 이익이 있으리라.

★ 사람에게 농사를 짓도록 해주면 대길하다.

★ 밭을 갈고 심는 법을 사람에게 가르쳐 주면 원행할 일이 생긴다.

★ 산중에 있는 농가에 가 보면, 점차로 부귀하리라.

★ 산중에 농가(農家)가 있어 보이면 부자가 되리라.

★ 논이나 밭을 사면 벼슬을 한다.
★ 오곡이 무성하게 자라는 것을 보면, 크게 재물을 얻고 행복해진다.
★ 벼나 보리가 풍년이면 재물을 얻고 행복해질 징조이다.
★ 쌀과 보리를 넓은 밭에 뿌리면 노력하여 크게 부자가 된다.
★ 몸에 벼 가운데 있어 보이면 크게 이익이 있다.
★ 밤에 벼를 베고 거두어 보면 그 집안이 평안하고 길하리라.
★ 오곡이 잘 익은 것을 거두어 보면, 주식이 생기고 길하다.
★ 곡식이 창고에 가득 차면, 사업이 번창하고 혼담이 성립되며, 소송에 이기고 부자가 되리라.
★ 지붕에 벼가 나면 벼슬을 할 징조이다.
★ 벼가 익어서 풍년이 되면 부귀한다.
★ 오곡이 풍년인데 아직 익지 않아 보이면 장차 부귀한다.
★ 벼나 보리가 패는 것을 보면 큰 재물을 얻을 징조이다.
★ 찹쌀을 찧어 보면 재물이 생기고 대길하다.
★ 다른 사람으로부터 쌀을 얻든가, 곡식 섬을 보면 길한 일이 많으며 부귀한다.
★ 쌀이 하늘에서 비오듯이 내려와 보이면, 크게 길하여 부귀 영화한다.
★ 곡식의 싹이 가지런히 나면 대길하다.
★ 미곡이 싹이 나면 길하고, 흩어지면 흉하다.

648

★ 쌀 위에 앉아 보면 대길하니, 복록이 많다.
★ 미곡을 말과 되로 되어 보면 협의하는 일이 잘 되고, 쌀을 사(買)들이면, 병이 물러가며 대길하다.
★ 밀과 보리를 보면 아내에게 불순한 마음이 있을 징조이다.
★ 콩의 싹과 잎은 손자들에게 흉하다. 또 콩이나 보리쌀을 보면 자손에게 흉하다.
★ 콩 종류를 먹으면 자손에게 흉하고 집안에 싸움이 생긴다.
★ 쌀과 보리가 널려 있으면 대길하다.
★ 팥(小豆)을 쌓아 놓으면, 그 집의 운수가 점차로 쇠퇴해질 징조이다.
★ 허수아비가 소리를 내거나 또 허수아비를 보면 길하나, 겨울에는 혹 도적을 조심해야 한다.
★ 벼를 얻었다가 우연히 잃어버리면 식구가 는다.
★ 물방아를 보면, 남자는 자기보다 높은 지위의 여자와 인연을 맺어 뜻밖에 길하게 되고, 여자는 아랫사람에게 신뢰를 받게 되어 길하다. 그러나 구설이 생긴다.
★ 손에 곡식을 쥐어 보면 복록이 있다.
★ 쌀을 얻으면 크게 길하다.
★ 채소를 심으면 번창하고 대길하다.
★ 모밀가루 먹은 관재의 징조이다.
★ 밀가루에 겨가 섞여 있으면 집안이 검소하다.

★ 술과 누룩은 손님이 찾아올 징조이다.
★ 갈대가 엉켜 있으면 흉한 일이 있다.
★ 삼대가 숲을 이루면 크게 이익이 있다.

2 금(金)、은(銀)、주옥(珠玉)、비단(緋緞)、철물(鐵物)

★ 금과 은、보배를 얻어 보면 부귀한다.
★ 금은으로 술잔 또는 그릇을 만들어 보면 부자가 될 길조이다.
★ 금、은、옥으로 만든 빗을 얻어 보면 귀자를 낳는다.
★ 옥이 산같이 쌓여 있으면 큰 부자가 되리라.
★ 구리로 만든 솥은 구설이 생긴다.
★ 옥으로 만든 그릇을 얻으면 대길하다.
★ 구슬을 취급해 보면 뜻밖에 재물을 얻고 행운이 오리라. 그러나 만사를 경솔하게 처리하여서는 안된다.
★ 입으로 보석을 토하면 큰 은혜를 받는다.
★ 주옥을 품에 가득히 안아 보면 흉하다.
★ 집안 재물을 나누면 이별할 수이다.

★ 납과 주석(錫)은 다 재물을 얻는다.
★ 사람들과 돈이나 곡식을 바꾸어 보면 질병이 생긴다.
★ 납과 같이 무거운 금속물을 얻어 보면 재물을 얻는다.
★ 말굴레 또는 풍류 그릇을 보면 질병이 없어진다.
★ 돈을 주우면 대길하다.
★ 철물(鐵物)을 보면 놀랄 일이 있다.
★ 철전(鐵錢)을 보면, 봄이나 여름에는 길하며, 가을과 겨울에는 흉하다.
★ 귀인이 비단을 주면 벼슬을 한다.
★ 남에게 실(絲)이나 비단을 주면 매우 흉하다.
★ 삼(麻)과 비단을 얻으면 식구가 늘어나리라. 또 비단과 실을 얻어도 같다.
★ 동전(銅錢)을 얻으면 크게 부귀한다.
★ 남의 비단을 강탈하면 벼슬을 잃는다.
★ 남에게 실과 솜을 주면 크게 흉하다.
★ 길쌈실이 얼키면 사람으로부터 욕을 입으리라.
★ 남에게서 포백(布帛)을 얻으면 먼 데서 소식이 있으리라.
★ 금, 은으로 솥을 만들어 보면 대길하다.
★ 베와 비단을 짜 보면 수명장수하리라.

★ 상자(箱子) 종류를 보면 구설이 있다.
★ 부대(袋)를 만들어 보면 연담이 성립되고, 부대를 얻으면 장사에 큰 이익이 있다.
★ 금, 은 덩어리를 얻으면 귀자를 낳는다.
★ 구리(銅)로 만든 물건을 얻으면 큰 부자가 된다.
★ 베틀을 보면 먼곳에서 소식이 오거나, 또는 남에게서 사기를 당한다.
★ 실이 맺히거나 흩어져 보이면, 소송이 일어날 징조이다.
★ 채색 비단을 얻으면 권세를 얻는다.
★ 담요, 모단(毛氈) 등을 찢어 보면 흉하고, 깔아 보면 길하다.
★ 타인에게서 마포로 만든 옷을 얻으면 흉하다.
★ 큰 횡재를 해 보이면 흉하다.
★ 도박으로 돈을 벌면 손재하리라.
★ 윷놀이를 하면 재물을 얻는다.
★ 주석이나 동전 또는 남을 짚어지고 집에 들어오면 큰 부자가 된다.

3 집(家屋)、궁실(宮室)、창고(倉庫)、성(城)

★ 왕의 궁실에 들어가 다녀 보면 매우 길하다.

★ 왕후와 울며 집으로 들어가 보이면 대길하다.
★ 성중(城中)에 들어가면 보이면 대길하다.
★ 성중에서 나오면 불길하다.
★ 궁실에 들어가 보면 대길하다.
★ 누각과 단에 올라 보면 길하다.
★ 성곽의 빛이 푸르러 보이면 대길하다.
★ 붉은 성곽에 올라 보면 대길하다.
★ 높은 누각에서 술을 마셔 보면 대길하며 부귀한다.
★ 조정 묘당에 절을 하여 보면 대길하고 부귀하게 된다.
★ 높은 누각에 올라 앉아 보면 크게 부귀하리라.
★ 당상에 관이 있어 보이면 심신이 안락하다.
★ 도궁(道宮)에서 신선을 만나 보면 대길하다.
★ 집안에 광명한 빛이 나면 길하니, 상인(商人)은 큰 이익을 얻고, 관리는 진급할 징조이다.
★ 사당(祠堂)이 크고 넓으면 대길하니 만사가 순성하리라.
★ 높은 사당에 오르면 크게 부귀하리라.
★ 집안에 높은 누각을 세우면 모두 길하고 식구가 편안하리라.
★ 집안에 풀이 나면 가산을 탕진하리라.

★ 집을 수리하면 수복이 많을 징조이다.
★ 말없이 방을 비로 쓸어 보이면 방을 쓸고 있는 그 사람이 사망한다. (체험)
★ 집을 새로 지어 이사한 사람의 꿈에, 그 집이 무너지거나 집을 옮기거나 집이 완성되어 있지 않았으면, 그 집을 잃게 된다. (체험)
★ 집의 들보 동량 등이 부러져 보이면 그 집안에서 주인이 앓거나 사망하게 되니 집을 어서 옮기는 것이 길하다.
★ 사람과 더불어 집으로 인하여 다투면 만사에 불길하다.
★ 성에 올라가 남이 밀어서 굴러떨어지면 길하다.
★ 지붕이 무너지고 파괴되면, 질병이 생기거나 사망한다.
★ 집을 수리하면 가도가 번창하나, 집이 넘어지면 흉하니 이사하여야 한다.
★ 새 집에 들어가 보면 원행할 징조이다.
★ 새 집으로 이사하면 몸이 귀히 된다.
★ 성 위에 집을 지으면 길하다.
★ 지붕에 올라가 무너지면 대흉하다.
★ 성당이 무너지거나 기울어져 보이면 주인이 대흉하다.
★ 집을 팔면 운이 왕성하고, 집을 사면 수명장수하리라.
★ 집을 깨끗이 소제하면 먼 곳에서 손님이 오거나 만인의 윗자리에 오를 징조이다.

☆ 절에서 거주해 보면 귀자를 낳는다.
☆ 낡은 집(古屋)으로 이사하면 아름다운 아내를 맞는다.
☆ 여승들이 사는 절로 이사하면 흉하니 큰 병을 얻는다.
☆ 홀연히 집의 대들보가 부러져 보이면 주인에 대흉하니 병 또는 사망의 징조이다.
☆ 집안 형편이 대단히 빈곤해 보이면 대길하다.
☆ 아내가 담밑에서 아이를 낳으면 벼슬을 얻는다.
☆ 창문을 열어 보면 만사가 대길하고 문을 닫으면 흉하다.
☆ 집 가운데에 소나무가 나오면 장수한다.
☆ 군인이 집에 들어와 보이면 길하다.
☆ 창고(倉庫)를 짓고, 차고를 만들면 대길하니, 상인은 번창하고, 예술가는 이름을 떨친다.
☆ 창고를 만들면 동쪽 마을이 흥왕하고, 창고가 무너지면 서쪽 마을이 흥하다.
☆ 절에서 불경을 읽으면 병이 낫는다.
☆ 집 가운데서 말이 새끼를 낳으면, 남편의 소식이 없을 징조이다.
☆ 성(城)에 올라가서 남에게 잡혀 보이면, 벼슬을 얻을 징조이다.
☆ 성 안에서 거닐면 부귀하고 문밖으로 나오면 길하다.
☆ 집에 들어가 재물을 얻고 동산에 오르면 길하다.
☆ 집이 바람에 움직이면 이사하게 되리라.

☆ 새집을 지으면 노력하여 만사가 순성한다.
☆ 집을 짓고 상량(上樑)하면, 소원성취하고 하인은 출세한다.
☆ 집을 수리하면 만사를 신속히 행하면 길하고, 더디면 불길하다.
☆ 벽을 바르면 감기에 걸릴 징조이다.
☆ 사람에게 집을 저당 잡히면 아내에게 즐거운 일이 있다.
☆ 가택에 사람이 없어 보이면 사망할 징조이다.
☆ 좋은 집에서 하인을 두고, 호화롭게 살면 흥하니 조심하여야 한다.
☆ 이사를 하면 모든 일을 고칠 징조이니, 특히 여색을 조심해야 한다.
☆ 담을 넘어 집을 지나가면 험한 일이 사라진다.
☆ 부인과 더불어 집에 관하여 다투면 길하다.
☆ 병원이 무너져 내리면 사망할 질환이 생길 징조이다.
☆ 원앙 기와가 떨어지면 부부간에 다투리라.
☆ 창고 속에 들어가면 부자 되리라.
☆ 전답과 집을 수리하면 기쁜 일이 생기리라.
☆ 지붕을 이면, 수명이 길고 대길하리라.

4 문호(門戶), 우물, 불

☆ 집의 문이 홀연히 크게 열리면 운수가 열리고 대길하다.
☆ 문호가 높고 크면 크게 부귀한다.
☆ 문이 닫혀 있으면 만사가 이루어지지 않는다.
☆ 문을 새로 고치면 귀자를 낳으리라.
☆ 문이 부서지면 사람에게 흉하니 만사를 조심해야 한다.
☆ 문호가 부서지며 열리면 구설이 생기리라.
☆ 성문이 크게 열려 보이면 구설이 있으리라.
☆ 문호가 저절로 열리면, 처첩이 정부와 밀통하리라.
☆ 큰 문앞에 도랑이나 구멍이 생기면, 모든 일이 뜻대로 되지 않는다.
☆ 큰 불이 문을 태워 버리면 크게 흉하니 패가망신할 징조이다.
☆ 솥 밑에서 물이 나면 재물을 얻는다.
☆ 솥 밑에서 불을 지피면, 세상에 이름을 떨친다.
☆ 솥이 깨져 보이면 식구가 줄고, 부부 이별하며, 병이 생길 징조이다.
☆ 솥 밑에서 밥을 지으면 패가한다.

☆부엌과 솥을 고치면 대길하리라.
☆집 밑에 솥이 있어 보이면 모든 일이 이루어지지 않는다.
☆절구(日) 안에 밥을 지어 보면 처첩이 사망한다.
☆새 솥을 걸고 밥을 가득 지으면, 결혼하며 부자가 된다.
☆문 앞에 조수가 들어오면, 벼슬하고 귀히 되리라.
☆하늘에서 내려온 불이 문을 태우면 크게 흥하니 조심하라.
☆궁성이 막히면 구설이 있다.
☆우물을 파고 물이 나오면, 먼 곳에서 소식이 있으리라.
☆우물이 끓듯이 넘치면 재물이 생기리라.
☆우물 가운데 진흙을 지고 나르면 재수가 있으리라.
☆우물 가운데 고기가 놀면 귀히 되리라.
☆우물 아래에 물이 흘러가면 횡재하리라.
☆부엌 아래의 가마솥이 깨지면, 사망할 징조이다.
☆부엌 아래서 그릇이 울면, 구설이 생기리라.
☆부엌과 부뚜막을 고치면 대길하리라.
☆변소에 똥이 넘치면 대길하리라.
☆변소를 치면 횡재한다.

☆우물이 무너지면 패가한다.
☆부엌 아래서 울면 가엾이 기운다.
☆절구가 저절로 불에 타면 처첩이 죽는다.
☆관이 부엌에 들어가 있으면 재물을 얻는다.
☆변소에 들어가서 오줌과 똥 가운데에 있어 보이면 길하리라.
☆산과 들에 큰불이 붙는 것을 보면 매우 길하며 재수 있으리라.
☆불이 해와 달을 사르면, 귀인이 도와 성공할 징조이다.
☆부싯돌로 불을 켜 보면, 장사에는 이익이 있다.
☆땅에서 불이 나면 질병이 있을 징조다.
☆불이 저절로 타는 것을 보면 병이 생길 징조이다.
☆집에 불이 붙어 보이면 크게 흥왕하리라.
☆불꽃이 훨훨 일어나면, 겨울의 꿈이면 대길하다.
☆큰불이 하늘을 태우는 듯하면, 태평한 세월을 보내리라.
☆큰불이 몸을 태우면 크게 귀히 될 징조이다.
☆불이 하천(河川)을 태우면 장수하리라.
☆불의 연기가 검으면 질병이 있으리라.
☆불을 잡아타고 다녀 보면 벼슬을 얻는다.

☆ 집안이 훤하게 밝으면 크게 길하고 재수와 경사가 있으리라.
☆ 촛불을 보면 대길하니, 재수가 있다. (체험)
☆ 불을 잡고 길을 걸으면, 크게 통달하여 길하리라.
☆ 부엌에서 불이 나면, 급한 일이 생긴다.
☆ 여러 사람이 화로에 둘러앉아 있어 보이면 화합하여 일이 성취될 징조이다.
☆ 사람이 불에 타서 냄새가 심하면 재수가 있다.
☆ 등불이 밝으면 대길하니 재수가 있을 징조이다.
☆ 불을 꺼 보면 장사하는 사람은 이익이 많을 징조이다.
☆ 불에 몸이 타면 크게 귀히 된다.
☆ 촛불을 많이 켜 놓거나 전기불이 훤하게 밝으면, 운수가 열려 재수가 대길하리라. (체험)

제七장 가구(家具) 및 소지물(所持物)에 관한 꿈

1 침상(寢牀)、장막(帳幕)、집기(什器)

☆ 침대와 장막을 고치면 벼슬을 옮기며, 침대와 장막을 새로 만들거나 바꾸면, 어진 배필을 얻어 이사한다.

☆ 침상(寢牀)과 장막이 문밖으로 나가면 처첩이 죽으리라.

☆ 침상에 개미가 많이 기어오르면 흉하다.

☆ 침상과 장막이 파손되어 보이면 아내가 사망한다.

☆ 침상의 다리가 부러지면 노복이 죽으리라.

☆ 장막이 흩어지면 처자에게 병이 생길 징조이다.

☆ 침상 위에 피가 묻으면, 처첩이 외간 남자와 밀통하여 흉한 일이 일어날 징조이다.

☆ 장막을 크게 늘어뜨리는 꿈은 음식을 차려서 손님을 대접하게 될 징조이다.

☆ 방석을 깔고 앉으면 길하고 그 곳을 떠나면 흉하다.

☆ 훌륭한 깔개를 깔고 앉아 보면 만사가 대길하다.

☆ 새 발(簾)을 사들이면 호색한 아내를 얻는다.

☆ 장판을 찢으면 관리는 지위가 떨어지고, 보통 사람은 만사에 파란이 많다.
☆ 침상과 장막을 씻으면 대길하다.
☆ 병풍을 둘러 보면 귀인의 도움을 받아 이득이 있으리라.
☆ 병풍이 저절로 자기 앞에 놓여지면 남의 도움을 얻어 성공한다.
☆ 병풍을 둘러 세우면 친척의 병환이 있거나 자기 얼굴에 종기가 난다.
☆ 솥이나 남비가 망가지면, 일가 중에 한 사람이 사망할 징조이다.
☆ 솥에 끓이는 것이 넘쳐 보이면 큰 재물을 얻는다.
☆ 솥을 얻으면 재물을 얻으며 길하다.
☆ 동으로 만든 남비를 보면 구설이 생긴다.
☆ 옥과 돌로 만든 그릇을 보면 귀인의 도움을 받는다.
☆ 순가락을 얻으면 자손을 잃는다.
☆ 젓가락을 얻으면 논과 밭을 얻을 징조이다.
☆ 화로나 부젓가락을 보면 의론하는 일이 잘 이루어지리라.
☆ 나무로 만든 접시를 보면, 재물을 간직하는 창고를 늘리게 되니 재수 대길하리라.
☆ 독 속에 물이 가득차 있으면 재수 대길하며 독 속에 물이 없으면 흉하다.
☆ 좋은 베개를 베어 보면 귀인이 도우며 대길하리라.
☆ 장막을 열어 보면 주식이 생긴다.

☆ 좋은 이불을 덮어 보면 대길하다.
☆ 남이 큰 독을 보내 오면 논밭을 얻으며 대길하다.
☆ 도끼를 보면 장수하거나 벼슬을 한다.
☆ 망치를 보면, 해로운 일이 생기며, 톱을 보면 흉하다.
☆ 송곳을 보면, 공연한 일에 소동이 일어나 후회하게 될 징조이다.
☆ 향로(香爐)를 보면, 농삿군은 전장을 더하고, 상인은 이익이 많다.
☆ 자석 사발은 주식이 생기며 자석 접시는 구설이 생긴다.
☆ 세수 대야를 보면 아름다운 처첩을 얻는다.
☆ 함을 얻으면 자기가 구하는 바를 얻으리라.
☆ 손수건을 얻으면 병이 생긴다.
☆ 방망이와 송곳을 보면 해로운 일이 생긴다.
☆ 바둑을 두는 꿈은, 귀인이 도와줄 징조이다.
☆ 밧줄이 끊어져 보이면 나쁜 일이 생길 징조이다.
☆ 삽과 가래는 남으로부터 노역(勞役)을 당할 징조이다.
☆ 노끈과 새끼로 몸을 묶어 보면 반드시 길사가 있으며, 바늘이 실을 꿰보면 귀인의 대길하리라.
☆ 바늘과 실을 얻으면 장수하고 재수 대길하리라.
☆ 바늘이 옷에 붙어 살을 찌르면, 아내가 외간 남자와 통할 징조이다.

☆ 사람으로부터 삽과 가래를 받으면, 금을 얻는다.

☆ 다듬잇돌을 보면, 이사하면 대길하다.

☆ 다리미에 불이 많으면 좋은 일이 생긴다.

☆ 남이 자기에게 솥을 주면, 금을 얻거나 재수가 대길하리라.

☆ 사람이 비를 보내주면 관리는 벼슬을 높이고, 보통 사람은 재수가 길하리라.

☆ 사람이 말(斗)과 되(升)를 보내 오거나, 저울을 보내 오면 장사하는 사람은 대길하다. 그러나 저울은 소송이 있으니 조심해야 한다.

☆ 술병이나 다른 병들을 보면 장수한다.

☆ 빗자루가 해져 보이면, 집안이 가난해지리라.

☆ 차(茶) 끓이는 도구, 차 마시는 그릇 등을 보면 집안이 빈천해진다.

☆ 두레박을 보면, 적은 노력으로 돈을 모으나 남의 미움을 산다.

☆ 낚시 도구를 만들거나 얻으면, 수액(水厄)이 있으니 물을 조심해야 한다.

☆ 항아리를 보면 길하고 장수한다.

☆ 부채(扇)를 얻으면 행운이 열리고, 잃으면 부부가 이별한다.

☆ 바둑 장기를 두면, 소송사가 일어날 징조이니 조심하라.

☆ 돌 위에 홀연히 서 있던가 또는 헝클어진 실을 풀어 보면, 일이 잘 되지 않을 징조이니 조심해야 한다.

☆ 요강이 깨지면 부부가 이별한다.

2 거울, 비녀, 빗, 연지, 분

☆ 거울이 밝아 보이면 길하고, 어두워 보이면 흉하다.
☆ 거울을 향해 앉으면 집안이 평안하고, 가까운 장래에 기쁜 일이 생기리라.
☆ 거울이 깨져 보이면 부부가 이별할 징조이다.
☆ 거울로 얼굴을 비추면 먼데서 사람이 올 징조이다.
☆ 거울을 주워 보면, 좋은 아내를 얻으리라.
☆ 금비녀를 쌓아 보면 애첩을 얻는다.
☆ 남에게서 거울을 받으면, 벼슬하고 귀자를 낳는다.
☆ 다른 사람이 거울을 갖고 놀면 처첩이 다른 남자와 통정할 징조이다.
☆ 금비녀가 움직이면 먼 곳에 떠날 일이 생긴다.
☆ 빗을 보면 길하나, 빗을 꺾으면 부부가 이별할 징조이다.
☆ 사람이 빗을 보내 오면, 아름다운 첩을 얻는다.
☆ 연지와 분을 보면, 크게 재수가 있으리라.
☆ 비녀와 고리가 서로 부딪치면 부부가 이별할 징조이다.

3 배(船), 차(車), 유람(遊覽)

☆ 연지와 분을 바르면, 아름다운 아이를 낳는다.
☆ 분첩을 얻으면 아내가 딸을 낳는다.

☆ 자기가 탄 배가 하늘로 날으면, 크게 부귀할 징조이다.
☆ 배를 타고 강하(江河)를 건느면, 벼슬을 얻는다. (또는 좋은 스승을 얻는다.)
☆ 배를 타고 해나 달을 보면, 벼슬을 얻는다.
☆ 배 가운데 물이 있어 보이면 재물을 얻으리라.
☆ 배를 타고 술을 마시면 먼 곳에서 손님이 오리라.
☆ 돛배를 타고, 돛에 바람을 맞으면 만사가 대길하며 순성한다.
☆ 배를 타고 다리 아래를 지나면 대길하리라.
☆ 남과 더불어 배를 타면 이사할 징조이다.
☆ 아버지를 도와서 배를 타면 벼슬을 얻는다.
☆ 불을 들고 배에 오르면 대길하다.
☆ 물이 얕은 언덕에 배가 있으면, 시비할 일이 생기리라.
☆ 배를 타는데, 해와 달이 지나가면 대길하다.

☆ 병든 사람이 배를 타면, 반드시 죽을 징조이다.
☆ 배를 타고 키(舵)를 보면, 집안이 평안하리라.
☆ 배가 나를 향해 오거나, 보배를 싣고 오면 만사가 대통하고 자손이 번창하다. 만약 배가 자기 앞을 지나치면 좋지 않다.
☆ 배 가운데에 누워 있으면 흉하다.
☆ 집안에서 배를 타 보면 재물이 없어지리라.
☆ 배를 타고 꽃을 보면 주식이 생긴다.
☆ 배가 바다 가운데에 떠 있으면 남녀 간에 마음이 안정치 못하니 조심하라.
☆ 배의 닻을 보면 유망한 징조이니, 여자는 애인을 얻으리라.
☆ 놀잇배를 타거나 나룻배를 타 보면, 모든 일을 서둘지 않으면 이룩하지 못한다.
☆ 몸이 배 한가운데 있으면 죽을 징조이다.
☆ 수레바퀴가 부서져 보이면 부부가 이별할 징조이다.
☆ 수레바퀴의 대가 부러져 보이면 가산을 탕진할 징조이다.
☆ 수레를 타고 일어나지 않으면 객사한다.
☆ 수레를 타고도 가지 않으면 뜻을 이루지 못하리라.
☆ 수레를 타고 행하면 백사가 순성하리라.
☆ 차를 타고 유람하면 관록을 얻거나 승진하리라.

☆ 수레가 물속으로 들어가면 흉한 일이 있으리라.
☆ 수레를 타고 문으로 들어가면 흉한 일이 생긴다.
☆ 거마 등 타(乘)는 물건을 얻으면 운수가 대통하리라.
☆ 가마를 타는 꿈은 흉하니 처자와 이별할 징조요, 가마를 타고 문으로 들어서도 역시 흉하다.
☆ 가마에 사람이 없으면 근심이 떠나지 않을 징조이다.
☆ 가마가 엎어져 보이면 길하며 출세한다.
☆ 배와 수레가 부서지면 흉하다.
☆ 병든 사람이 수레를 타 보면 죽는다.
☆ 양을 수레에 매면 일이 순조롭지 못하다.
☆ 수레를 타고 명산 고적을 유람하면, 오랫동안 만나지 못한 친구를 만날 징조이다.
☆ 청루(靑樓)에서 기생과 노는 꿈은 신장병에 걸릴 징조이니 조심하라.

제八장 제왕(帝王), 문무(文武), 기기(器機), 도검(刀劍)에 관한 꿈

1 문무(文武), 기기(器機)

☆ 큰 활(大弓)이 끊어지면 형제가 이별할 징조이다.

☆ 오색이 영롱한 경서(經書)를 보면 크게 부귀하리라.

☆ 오색의 종이(紙)를 보면 크게 재물을 얻으며 기쁜 일이 있으리라.

☆ 군왕의 검극(劍戟)이나 활시위를 보면 이상한 길운이 있으리라.

☆ 달력(月曆)을 얻으면 장수하리라.

☆ 기(旗)와 일산(日傘)을 얻으면, 크게 길하고 또 만들어도 마찬가지다.

☆ 기(旗)를 영접하면, 크게 부귀하리라.

☆ 정기(正旗)를 안아 보면, 귀인을 맞는다.

☆ 책상 위에 책이나 서류를 보면, 직위가 오른다.

☆ 책을 읽거나 학문을 닦으면 귀자를 낳는다. (체험)

☆ 타인으로부터 글을 배우거나, 남에게 글을 가르쳐 주면 크게 부귀하리라.

☆ 꿈에 글자를 보면 대길하나, 파자를 잘 해봐야 한다. (이것은 다음 장에서 논함)

☆벼루(硯)를 보면 장수한다.

☆먹(墨)을 보면, 귀한 사람과 만나리라.

☆타인으로부터 먹을 받으면, 학문에 크게 성공한다.

☆붓끝에 꽃이 피어 보이면, 문장으로 크게 이름을 성공한다.

☆증서나 수표 같은 것을 보면, 친척 간에 싸움이 있을 징조이다.

☆증서를 불살라 보이면 음식 대접을 받는다.

☆병졸을 거느리고 도적을 물리치면, 소원이 성취되리라.

☆백발 노인(神仙)이나 높은 지위에 있는 사람으로부터 책이나 지필(紙筆)을 받으면 크게 귀히 되거나 귀자를 낳는다.

☆새로 기(旗)를 만들면 대길하다.

☆칼을 빼어 들고 출행하면 대길하다.

☆큰 칼을 허리에 차면 대길하다.

☆사람으로부터 칼세 자루를 얻으면, 장수(將帥)가 되리라.

☆칼에 맞아 피가 흐르면, 주식이 생기리라.

☆군사를 이끌고 행진해 보면 크게 길하다.

☆적(敵)을 물리쳐 보면 길한데, 만일 적을 물리치지 못하면 흉하다.

☆남이 자기를 활로 쏘면 먼곳에서 사람이 찾아 오고, 내가 남을 쏘면 내가 원행할 징이다고.

☆ 칼과 도끼에 저절로 상하여 보이면 대길하다.
☆ 칼이 우물 가운데 떨어져 보이면 처첩에게 흉하다.
☆ 화살이 비오듯 하면 금은보배를 얻고, 자기가 화살에 맞으면 입신양명한다.
☆ 다른 사람이 활(弓)과 살(矢)을 보내 오면 귀인의 도움을 받는다.
☆ 활을 당겨서 활줄이 풀어지면 흉하다.
☆ 화살이 부러져 보이면 만사를 이루지 못한다.
☆ 활과 화살을 가져 보면 만사가 대통하리라.
☆ 활줄이 끊어지면 형제가 이별할 수다.
☆ 여자가 칼을 빼면, 아들이 있고 경사로우리라.
☆ 가위는 재물이 나뉘어질 징조이다.
☆ 군병(軍兵)이 패전해 보이면 흉하고, 승전해 보이면 길하다.
☆ 창과 장팔모를 보거나 얻거나, 남이 보내 주거나 하면 벼슬하리라.
☆ 쇠북과 징 치는 소리를 들으면 먼 곳에서 손님이 오리라.
☆ 칼을 남에게 주면 모두 흉하다.
☆ 북소리가 나지 않으면 흉한 일이 생긴다.
☆ 정기(正旗)를 사랑하고, 지키면 대길하다.
☆ 기를 이끌고 진으로 들어가면 흉하리라.

☆ 기(旗)로 만든 일산을 몸에 덮으면 부귀하리라.
☆ 기와 기가 다투어 나가면 질병이 있으리라.
☆ 흰 일산을 몸에 덮으면 대길하다.
☆ 사람과 더불어 일산을 나누면 재물이 흩어지리라.
☆ 남의 칼을 얻으면 행인이 오리라.
☆ 칼로 사람을 찌르면 이롭지 않다.
☆ 총을 쏘면 재수가 있고, 총을 맞아도 길하다. (체험)
☆ 총을 쏘다가 탄환이 나가지 않거나 고장이 나면, 일이 막힐 징조이다.
☆ 전쟁터에서 비행기로 폭격하는 것을 보거나, 하늘에서 폭탄 불이 터져 보이면, 재수가 있으리라. (체험)
☆ 전쟁터에서 난리로 인하여 피난을 하거나, 적군에게 쫓기면 길하다. (체험)

2 제왕(帝王)·소명(召命)

☆ 제왕의 부름을 받으면, 놀랍고 기쁜 일이 생기리라.
☆ 태자(太子)가 부르면 크게 기쁜 일이 생기리라.
☆ 제왕을 뵈옵고 말씀하면 신선의 인연이 있어 대길한다.

☆왕후(王侯)와 귀비(貴妃)가 불러 술을 같이 마시면 병이 있으리라.
☆천자(天子) 자리를 주면, 재물을 얻는다.
☆태상선관(太常膳官)을 보고 일을 베풀면, 대귀하리라.
☆대통령께서 부르시든가 대통령에게 인사해 보면 재수가 있다. (체험)
☆갑옷을 입고 칼을 잡으면, 높은 벼슬에 오르리라.
☆병마(兵馬)가 성에 들어 오면, 복록이 있으리라.
☆인(印)을 차고 공후(公侯)가 되면 대길하다.

제九장 어류(魚類)와 금수(禽獸)에 관한 꿈

1 육축(六畜) 〈소, 말, 양, 돼지, 닭, 개〉

☆ 누런 소가 집으로 들어 오면 부귀하리라.
☆ 소의 뿔에 피가 묻어 보이면 반드시 높은 벼슬에 오른다.
☆ 소가 문을 나서 보이면 소송이 일어나며 흉한 일이 생긴다.
☆ 물소를 보면, 조상이 먹을 것을 찾는 징조이다.
☆ 소가 언덕으로 올라가 보이면, 크게 길하며 재산이 흥왕하리라.
☆ 소를 몰고 산으로 올라가면 부귀하리라.
☆ 소에게 받히면, 구설과 싸움이 있으리라.
☆ 소가 집안으로 들어오면 빈곤할 징조이다.
☆ 물소가 집으로 오면, 초상이 날 징조이다.
☆ 소가 새끼를 낳으면 소원이 성취되며 재수가 있다.
☆ 우차(牛車) 가운데, 소 머리가 없어 보이면 부귀를 누릴 징조이다.
☆ 소를 타고 성(城)으로 들어가면 기쁜 일이 있다.

☆ 큰 소가 집으로 들어오면 반드시 부자가 되리라.
☆ 소나 양을 끌고 오면 부자가 될 징조이다.
☆ 말을 타고 행하여 보면, 재수가 있으며, 기쁜 일이 있으리라.
☆ 말이 뜰 앞에서 춤을 추면 화재가 있거나 흉한 일이 생긴다.
☆ 소, 말, 양, 돼지, 산양 등이 모여 있으면 부귀할 징조이다.
☆ 말을 타고 천리를 달리면 기쁜 일이 생긴다.
☆ 말에 돈을 실으면, 관직을 잃는다.
☆ 흰 말을 타면 질병이 생긴다.
☆ 말이 집에 들어오면 경사가 있으리라.
☆ 말이 서로 싸우는 것을 보면, 모든 일이 이루어지지 않는다.
☆ 여러 말이 뛰어가는 것을 보면, 일이 잘 이루어지지 않는다.
☆ 말 안장이 완전하여 흠이 없으면 바라는 일이 이루어지리라.
☆ 말 안장을 놓으면 협의(協議)하는 일이 이루어지고, 멀리 원행(遠行)할 징조이다.
☆ 말이 서로 발로 차면, 의론하는 일이 이루어지지 않는다.
☆ 말에 물리면 벼슬을 얻으리라.
☆ 매어 놓은 말을 보면, 길하고, 짐을 싣고 움직이는 말을 보면 흉하다.
☆ 말 치장을 화려하게한 암말이 집으로 들어오면 부자 마누라를 얻어 행복해지며, 더럽고 추악한

암말이 집에 들어오면 악처를 얻어 고생할 징조이다.
☆ 죄인이 말을 달리면, 재액(災厄)이 없어지리라.
☆ 돼지를 죽이면 길하고, 저절로 죽어 보이면 흉하다.
☆ 등자(말 탈 때 쓰는 등자)를 얻으면 모든 일이 성공하리라.
☆ 역마(驛馬)가 상쾌하게 달리면, 집에 기쁜 일이 있을 징조이다.
☆ 자기의 아름다운 말을 타 보면 아름다운 여자를 얻고, 남의 아름다운 말을 타 보면, 부녀자의 도움을 받아 이름을 떨치리라.
☆ 험한 길을 말을 타고 편안히 지나가면 부녀자의 도움으로 출세한다.
☆ 나귀와 노새를 타면, 재물을 얻으나 흉하리라.
☆ 말에게 먹이를 주면, 귀자를 낳는다.
☆ 흰 말을 타면, 죽거나 구설이 생길 징조이다.
☆ 양과 돼지가 짝지어 다니면 행인이 오리라.
☆ 돼지가 사람으로 변하여 보이면, 관재가 있으리라.
☆ 흰 말을 보면 아름다운 여자를 얻고, 혹마를 보면 부자이면서 음탕한 여자와 결혼하게 된다.
☆ 돼지와 양이 부스럼을 긁는 것을 보면, 구설이 생긴다.
☆ 말을 끌어 손질하여 주고 달리면 기쁜 일이 생기리라.
☆ 사람이 산도야지를 타고 오는 것을 보면 대길하다.

☆ 양을 타고 걸으면 재물을 얻는다.
☆ 소나 양을 끌어 보면, 평안히 지내며 재수 대길하리라.
☆ 양이 새끼를 거느려 보이면, 장수하고 재수가 열리리라.
☆ 개가 서로 싸우면 질병에 걸리리라.
☆ 개가 하늘로 올라가는 것을 보면 반드시 대길하니 복록이 무궁하리라.
☆ 개가 주인을 물어 보면, 배은망덕할 놈을 만난다. 또한 재물에 손실이 있다.
☆ 개가 짖는 것을 보면, 귀신이 먹을 것을 구걸하는 징조이다.
☆ 개를 불러 보면, 주식이 생기리라.
☆ 산돼지가 집으로 들어오면 기쁜 일이 생기리라.
☆ 산돼지 머리를 얻어 보면, 송사에 이긴다.
☆ 집 가운데서 말이 나면 대길하리라.
☆ 네 발 가진 짐승과 말을 해보면 흉한 일이 생긴다.
☆ 개한테 물리거나 여러 마리의 개들한테 포위당하여 보면, 참소를 당하거나 남에게 원한 받을 일이 생기리라.
☆ 육축 종류를 키우면, 길할 조요, 육축을 죽이면 반길하니 주식이 생기리라.
☆ 짐승들이 서서 다니거나 말을 하면, 남한테 사기를 당한다.
☆ 코끼리를 보면, 매사가 순조롭게 이루어지나, 중간에 약간의 장애가 있으니 조심해야 한다.

원숭이를 보면, 모든 일을 성급히 하거나 독단적으로 하지 말며, 남과 의론하여서 신중히 하여야 한다.

☆ 말(馬)은 봄에는 길하며, 여름에는 흉하고 가을과 겨울에는 반길하다.

2 용(龍)과 뱀, 산(山) 짐승과 집 짐승(닭, 고양이, 토끼)

☆ 용(龍)을 타고 하늘로 오르면 대부귀한다.

☆ 용을 타고 물에 들어가면 역시 대부귀한다.

☆ 용을 보면 남녀가 모두 길한데, 용이 하늘로 오르는 것을 보면 귀자를 낳을 징조다.

☆ 용이 집 가운데 있거나 올라 와 보이면, 입신출세하거나 훌륭히 될 귀자를 낳는다.

☆ 용이 문호에 당도하면, 크게 길하고 가도가 창성하리라.

☆ 물속에 용이 잠자고 있으면, 생각하고 있는 일이 통하지 않으리라.

☆ 용이 죽어 보이면, 높은 지위에서 떨어질 징조이다.

☆ 용이 우물에 들어가면 소송이 일어날 징조이다.

☆ 용을 타고 저자(市街)로 들어가면, 높은 지위에 오른다.

☆ 귀(耳)를 용이 물어 뜯으면, 귓병을 앓는다. (또는 일을 이루지 못한다)

☆ 용이 내려와 산으로 들어가는 것을 보면 구하는 일이 성취되리라.

☆용을 타고 산에 오르면, 원하는 일이 모두 이루어진다.
☆무슨 물건이 용으로 변하여 보이면, 높은 지위에 있는 사람의 도움을 받아 귀히 되리라.
☆용이 날으는 것을 보면, 벼슬에 오른다.
☆자기가 용이 되어 보이면, 입신출세하여 천하에 이름이 진동하리라.
☆용과 뱀이 집에 들어와 보이면, 재물을 얻는다.
☆부인이 꿈에 용을 보면, 재물을 얻거나 귀자를 임신한다. (또는 낳는다)
☆용이 사람을 물어 죽이면 큰 재앙이 있으리라.
☆용과 뱀이 부엌으로 들어오면 벼슬을 한다.
☆용을 덮어 쓰는 꿈을 꾸면, 만사가 대길하다.
☆뱀이 변하여 용이 되어 보이면, 귀인이 도와서 귀히 되리라.
☆용을 칼로 베는 꿈은 크게 길하다.
☆뱀이 사람을 따라가면, 아내가 딴 마음을 먹으리라.
☆독사를 죽이면, 싸움에 이긴다.
☆뱀이 칼을 삼키면, 벼슬이 오르거나 재물이 생긴다.
☆뱀이 몸과 손발에 감겨 들면, 재수가 있으며 대길하다.
☆뱀이 감겼다가 풀리면, 차츰 빈곤해진다.
☆뱀이 칼(劒) 찬 사람을 둘러싼 꿈을 꾸면 높은 지위에 **오른다.**

☆ 뱀이 사람을 쫓아 다니면, 아내가 품고 있던 딴 마음이 풀어진다.
☆ 뱀이 사람을 물면, 크게 재물을 얻으리라.
☆ 뱀이 문으로 들어오면, 귀자를 낳는다.
☆ 뱀이 많이 있어 보이면, 가만히 할 일이 있으리라.
☆ 뱀이 붉고 검으면 구설이 있고, 푸르면 길하다.
☆ 뱀이 누렇고 희면, 관재가 있으리라.
☆ 뱀(毒蛇)이 도사리고 있거나, 기어가는 것을 보면, 남에게 미움을 받거나 병이 생기리라.
☆ 봉황을 꿈에 보면, 부귀한 사람으로부터 도움을 받는다.
☆ 봉황이 논 위에 모이거나 주먹 위에 날아드는 꿈을 보면, 어머니에게 병이 생길 징조이다.
☆ 공작새를 보면, 높은 벼슬을 하거나, 부자가 되거나 혹은 미인과 결혼한다. (서양)
☆ 공작이 날아다니는 것을 보면, 문장이 훌륭해져서 명성을 얻으리라.
☆ 학이 하늘로 날면 입신출세하리라.
☆ 학이 울면, 관록을 얻는다.
☆ 학이 뜰에 날아와 앉으면, 귀자(貴子)를 낳으리라.
☆ 학이 품안에 들어 오면, 재보(財寶) 또는 자식을 얻는다.
☆ 학을 날려 보내면, 재보(財寶) 또는 솜이나 명주를 얻는다.
☆ 학을 탄 꿈을 꾸면, 반드시 관직을 얻어 녹을 먹는다.

☆ 앵무새를 꿈에 보면, 먼 곳에서 손님이 오리라.

☆ 앵무새와 말을 하여 보면, 손위의 사람이 죽거나 병이 생긴다.

☆ 부인이 앵무새를 보면, 반드시 구설이 있다.

☆ 원앙새를 보면 길하다.

☆ 원앙새가 날아다니는 것을 보면, 부부가 이별한다.

☆ 원앙새가 나는 것을 보면, 아내에게 나쁜 일이 있으리라.

☆ 새가 부인의 품안에 날아 들면, 아들을 낳는다.

☆ 임신한 하녀가, 학이나 거북을 꿈에 보면, 장차 훌륭이 될 아들을 낳는다. 그러나 중년부터는 조심해야 한다.

☆ 공작이나 봉황 또는 금계(金鷄) 백조 등을 보면, 만사 대길하여 관리는 직위가 오르고, 미혼자는 좋은 배우자와 결혼하며, 학자는 입신출세하여 이름을 떨칠 징조이다. 그러나, 백조가 우는 것을 보면 흉하다.

☆ 백조를 꿈에 보면 몸이 건강하다.

☆ 오리가 집에 들어오면 크게 길하다.

☆ 닭을 보면 만사가 이롭다. 그러나 혼담은 주의해야 하며, 만약 이루어져도 후에 파탄이 생긴다.

☆ 신불을 섬기는 사람은, 닭을 보면 평안하게 지내리라.

☆ 우리 속에 있는 새를 보면, 만사가 부자유해서 목전의 일도 이루어지지 않으리라.

☆ 꿩을 홰에 앉혀 보면, 벼슬이 오르리라.
☆ 까마귀가 울면, 남에게 편잔을 받는 일이 생기리라.
☆ 까마귀 떼를 지어 울면, 가까운 친척에 우환이 있다.
☆ 까마귀 까치가 무리를 지어 시끄러우면, 남에게서 음식 대접을 받는다.
☆ 작은 새가 떼를 지어 울면, 남과 언쟁할 징조이며, 언쟁하면 재난을 당한다.
☆ 개구리가 많이 모여 울어도, 남의 시비에 끼어들면 재난을 당한다.
☆ 식육(食肉)하는 새는 길하니 부자가 될 길몽이다.
☆ 비둘기를 보면 부인에게 기쁜 일이 있으리라.
☆ 제비가 품안에 날아들면 아들을 낳는다.
☆ 제비가 들어오면 먼 곳에서 손님이 오리라.
☆ 부엉이를 꿈에 보면, 만사가 흥하니 그 이튿날은 특히 조심해야 한다.
☆ 까마귀가 떼를 지어 모여 있으면, 모든 재앙이 사라져서 길하다.
☆ 까마귀를 꿈에 보면 나쁜 일이 생긴다. (서양)
☆ 공중에서 새가 울면 아내를 잃는다.
☆ 날아가는 새를 잡으면 먼 데서 소식이 오리라.
☆ 독수리를 꿈에 보면 높은 지위에 오른다.
☆ 독수리에 붙잡히면 희망이 좌절된다.

☆ 하늘에 독수리가 날면, 큰 사업가나 군인은 길하다.

☆ 독수리가 머리 위에 떨어져 보이면, 질병이 생긴다.

☆ 가난한 사람이 죽은 독수리를 보면 대길하다. 그러나 부자는 흉하다.

☆ 부인이 독수리를 낳는 꿈을 꾸면, 귀자를 낳는다.

☆ 물오리가 집안에 날아들면 흉하리라.

☆ 새가 서로 싸우면, 관재가 있다.

☆ 거위와 오리가 같이 놀면, 좋은 첩을 얻는다.

☆ 닭이 깃을 다듬으면 벼슬을 얻고, 울면 구설이 생긴다.

☆ 닭이 알을 품으면, 기쁜 일이 있으리라.

☆ 닭이 나무 밑에 있으면 벼슬을 얻으리라.

☆ 매를 쏘는 꿈을 꾸면, 금은 보배를 얻는다.

☆ 비둘기를 보면, 집안에 기쁜 일이 있으며 가업이 번창한다.

☆ 피꼬리가 숲속에서 날아오면 남의 칭찬을 들으리라.

☆ 백조를 꿈에 보면 길하고, 남의 직업을 바꾼다.

☆ 새가 모여 들면, 재물을 얻는다.

☆ 새가 집안으로 날아들면, 기쁜 일이 생긴다.

☆ 참새가 품안에 날아들면 딸을 낳는다.

☆ 참새가 서로 싸우면, 송사(訟事)가 있을 징조이다.
☆ 닭이 새벽에 우는 꿈은, 소원이 성취될 징조이다.
☆ 닭이 몸을 씻으면, 관록을 얻는다.
☆ 수탉 두 마리가 서로 싸우면, 싸움이 생길 징조이다.
☆ 달걀이 하나 둘 있는 것을 보면, 기쁜 일이 있다.
☆ 수탉이 병아리를 거느린 것을 보면 손재한다.
☆ 닭이 나무 위에 있는 것을 보면, 재물을 얻는다.
☆ 닭이 지붕에 있으면 흉하며 구설이 있다.
☆ 새의 날개가 부러지면 어린 아이를 잃는다.
☆ 기러기를 보면 먼 데서 소식이 오리라.
☆ 많은 새가 품안으로 날아들면, 집안이 번창한다.
☆ 메추리를 보면, 도난을 당하거나 싸움을 한다.
☆ 공중에서 새가 메를 지어 울면, 아내에게 기쁜 일이 생긴다.
☆ 기린을 보면, 높은 지위에서 이름이 천하에 진동한다.
☆ 흰 코끼리와 돼지를 보면, 벼슬을 하리라.
☆ 토끼의 무리가 정원에서 놀면, 우환은 사라지고 길한 일이 생긴다.
☆ 사자가 부르짖으며 울면, 이름을 떨치리라.

☆ 흰 원숭이를 보면 벼슬을 얻고, 보통 원숭이를 보면 구설이 생긴다.
☆ 토끼가 떼를 지어 하늘로 오르면, 벼슬이 오른다.
☆ 승냥이를 보면 도적을 맞는다. 그러나 승냥이를 때려잡으면 길하다.
☆ 고양이를 보면 모두 흉하며, 첩이나 머슴에게 속을 징조이다.
☆ 고양이가 말을 지껄이면 구설을 듣는다.
☆ 고양이가 쥐로 변하면, 집으로 인하여 고생한다.
☆ 고양이를 죽이거나 잡아 먹으면, 도적을 잡든가 또는 잃었던 물건을 찾게 된다.
☆ 고양이에게 쥐를 할퀴면 근심 걱정이 생긴다.
☆ 고양이가 쥐를 잡으면, 재물을 얻고 기쁜 일이 있다.
☆ 쥐가 사람의 옷을 뜯으면 매사가 이루어지지 않는다.
☆ 쥐에게 물리면 뜻밖에 임신출세한다.
☆ 흰 쥐를 많이 거느리고 길을 지나가면 뭇매를 맞는다.
☆ 고슴도치를 보면, 질병을 얻거나 흉하다.
☆ 박쥐를 보면 흉하니 조심해야 한다.
☆ 여우를 보면, 남의 의심을 받고, 여우를 키워 보면, 색난(色難)이 있을 징조이다.
☆ 여우와 싸우면, 간사하고 교활한 사나이와 싸울 징조이다.
☆ 사자와 싸워 이기면 소송에 이기고, 싸워서 지면 소송에도 진다.

☆사자를 잡아 타 보면 권세 있는 사람의 후원을 받는다.
☆사자의 가죽을 얻으면 부귀한다.
☆표범의 가죽을 얻으면 부귀한다.
☆호랑이가 크게 울면 벼슬을 얻는다.
☆호랑이를 타고 다니면 악한 일이 없어지리라.
☆범을 보면 권세를 얻는데 범에게 물려 보면 벼슬하여 출세한다.
☆범이 집 가운데에 있으면 벼슬이 오르며, 범이 움직이지 않아도 벼슬이 길하다.
☆사슴을 보면 길하고, 점점 부귀하리라.
☆사슴을 죽이면 남의 미움을 받는다.
☆사슴을 먹으면 재물을 얻는다.
☆토끼가 달음질 치는 것을 보면 돈을 모은다.
☆사슴을 죽여서, 뿔과 가죽을 벗겨 보면 재물을 얻는다.
☆낙타와 표범을 보면, 좋은 인연을 얻으리라.
☆곰을 보면, 귀자를 낳는다.
☆많은 토끼가 나무에 오르면, 벼슬을 한다.
☆노루와 사슴이 집에 있으면, 관록을 얻는다.
☆들소가 동산에 있으면, 근심이 사라진다.

3 거북, 물고기, 곤충(昆蟲)

☆ 고래를 보면, 여러 사람을 거느리게 된다.
☆ 고래를 먹어 보면 구설이 생긴다.
☆ 고래가 물을 뿜는 것을 보면, 입신출세하리라.
☆ 코끼리에게 먹이를 주어 보면, 귀인의 도움을 받는다.
☆ 모든 짐승은 운수가 트일 징조이다.
☆ 어떤 짐승이나 죽는 것을 보면, 만사가 이루어지지 않는다.
☆ 어떤 종류의 새라도 꿈에 보면, 당장의 일은 순조로우나 오래 지속되지 않는다.
☆ 사람이 새의 떼로 변해 보이면, 부귀를 누릴 징조이다.
☆ 쥐와 개가 달음질 치는 것을 보면 대길하다.
☆ 사자의 고기를 먹는 꿈은, 고관 자리에 오르고, 코끼리를 타 보면 부자가 된다.
☆ 거북을 꿈에 보면, 만사가 순조롭고 행복하리라.
☆ 흙탕 물 속의 거북이나 거북의 껍질을 보면, 처음은 길하나 나중은 흉하다.
☆ 거북이 우물과 집으로 들어와 보이면 부귀하리라.
☆ 거북과 뱀이 서로 바라보면, 재물을 얻는다.

☆거북을 꿈에 보면, 특히 남자에게 길하고, 거북의 껍데기는 여자에게 기쁜 일이 있으리라

☆거북을 잡으면, 초상 날 징조이다.

☆자라를 보면 재물을 얻는다.

☆살아 있는 잉어를 보면 운수가 열리고, 입신출세하며 재수도 대길하다.

☆잉어를 보면 또한 처첩이 임신한다.

☆물고기가 물 위에서 날아다니면 손재수가 있으리라.

☆맑은 냇가에서 물고기가 노는 것을 보거나, 큰 고기들을 잡아 보면, 재수가 있으리라. (체험)

☆살아 있는 도미를 보면 길하니, 남녀가 다 같이 기쁜 일이 생긴다.

☆큰 도미를 얻으면, 장사에 큰 이익이 있다.

☆말린(乾) 고기를 보면, 길하지도 흉하지도 않다.

☆그물(魚網)을 펴서 고기를 잡으면, 크게 재수가 있다.

☆말린 고기 중에도 장어나 도미를 보면, 멀지 않는 장래에 기쁜 일이 있다.

☆고기를 빼앗거나 주우면, 질병이 생긴다.

☆물 가운데에서 낚시질하면 크게 길하리라.

☆고기가 썩어서 냄새가 나면, 흉하니 모든 일을 급히 하면 약간 이루어지나 늦으면 이루어지지 않는다.

☆농어를 받으면, 먼 곳에서 소식이 온다.

☆ 농어를 먹으면, 고향으로 돌아가게 된다.
☆ 숲속이나 산에서 고기 사냥을 해 보면 모든 일이 이루어지지 않는다.
☆ 고기가 떼를 지어 물속에서 놀면, 재수가 대길하다.
☆ 환자가 오색 고기를 보면, 병이 낫고, 건강한 사람이 오색 고기를 보면, 싸움할 일이 생긴다.
☆ 마른 고기가 물로 들어가면, 이름을 다시 날릴 징조이다.
☆ 임신한 부인이 고기를 낳아 보이면, 아름다운 아들을 낳으며 그 아이는 장수할 징조이다.
☆ 고기가 물속에서 떼지어 놀면 크게 재수가 있고, 고향에 돌아가서 입신출세하리라.
☆ 바다 속의 고기를 보면, 뜻하는 일이 잘 이루어지지 않는다.
☆ 시냇물 고기가 강을 따라 내려가는 것을 보면, 뜻하는 일이 잘 된다.
☆ 고기가 새끼를 낳면, 모든 일이 뜻대로 되리라.
☆ 고기를 잡아 먹으면, 귀인의 도움을 받아 지위가 오를 징조이다.
☆ 강에서 고기를 잡는 꿈을 꾸면, 좋은 주인을 얻는다.
☆ 고기를 잡으면 장사에 이익이 있다.
☆ 큰 고기를 잡으면 이득이 있고, 적은 고기를 잡으면 슬픈 일이 생긴다.
☆ 고기를 많이 잡으면, 다툴 일이 생긴다.
☆ 새우가 변해 고기가 되면 재물을 잃는다.
☆ 고기와 벌레 가운데 있어 보이면, 병이 물러간다.

☆ 창으로 고기를 찌르고 베어 보면, 병을 얻는다.
☆ 고기가 뛰어서 뱃속으로 들어오면 입신출세한다.
☆ 물에 거머리가 있으면, 여인은 재물을 얻는다.
☆ 고기를 익혀서 먹으면, 천하가 가뭄으로 곤란을 겪을 징조.
☆ 남에게서 고기를 받으면 먼 곳에서 소식이 오리라.
☆ 고기를 물에 놓아 주는 꿈은, 만사가 대길하다.
☆ 자기자신이 고기로 변하여 보이면, 재물을 잃을 징조이다.
☆ 우물에 큰 고기가 있으면, 관직이 오른다.
☆ 맹꽁이가 고기로 변하면 재물을 잃는다.
☆ 자기의 몸에서 벌레나 고기가 생겨나 보이면, 병이 쾌차해진다.
☆ 게를 꿈에 보면, 만사가 산산히 흩어질 징조이다.
☆ 맹꽁이가 울면서 뛰어가 보이면, 구설이 생긴다.
☆ 조개를 보면, 처가 아이를 낳을 징조이다.
☆ 조개를 보면, 벼슬하는 자는 지위가 오르리라.
☆ 소라 껍질을 보면, 만사가 흩어져서 흉하리라.
☆ 벌(蜂) 둥지를 꿈에 보면, 자식을 얻는다.
☆ 벌에 쏘이면, 싸움을 하거나 근심 걱정이 생긴다.

☆벌이 사람의 다리를 쏘면, 재물을 얻는다.
☆꿀벌을 보면 재물을 얻으나, 부자가 이 꿈을 꾸면 흉하다.
☆꿀벌통에 꿀이 가득차 있으면, 장사에 이익이 많으며 번창한다.
☆나비가 모여서 희롱하면, 바라는 일이 뜻대로 되리라.
☆나비가 날아서 동산으로 들어가면 일이 이루어지지 않는다.
☆잠자리가 날으면 집에 미녀가 오리라.
☆누에(蠶虫)를 보면, 남에게서 음식 대접을 받는다.
☆거미를 보면, 귀인의 도움을 받거나 기다리는 사람이 오리라.
☆거미줄이 몸에 묻으면, 질병에 걸리는 수가 있다.
☆거미줄이 많이 있는 것을 보면, 집으로 인하여 고생하리라.
☆반딧불을 보면, 의론할 일이 잘 이루어지지 않는다.
☆파리가 몸에 많이 모여 들이면, 일이 잘 되지 않는다.
☆파리가 많이 앉아 보이면, 주식이 생긴다.
☆지네를 보면, 관직에 있는 사람은 그 자리를 잃는다.
☆상인이 지네를 보면, 장사에 이익이 있으리라.
☆송충을 보면 화를 입기 쉽다.
☆지렁이를 보면 남에게 속임을 당한다.

☆ 벌레 소리가 크게 들리면, 병에 걸리기 쉽다.
☆ 벌레를 잡아 둥우리 속에 넣으면, 구설이 생기리라.
☆ 모기가 등불 속에 날아들면 남에게 패배당하리라.
☆ 뱀이나 지네를 보면, 상인은 길하며 번창한다.
☆ 쓰르라미를 보면, 한번 높은 자리에 있는 사람의 도움으로 성공하나, 자칫하면 미움을 받아 쫓겨난다.

제十장 불도(佛道)와 귀신(鬼神)에 관한 꿈

1 부처、중(僧)、절(寺刹)、기도(祈禱)

★ 모든 부처(佛像) 및 보살을 꿈에 보면 대길하다.

★ 부처를 찾아 절에 들어가면, 부처님의 은혜로 자손이 번창한다.

★ 부처나 도승(道僧)을 보면, 아내가 아들을 낳는다.

★ 절에서 춤을 추어 보면, 대길하니 입신출세하리라.

★ 부처님께 절을 하거나 기도를 드리면, 바라는 일이 성취된다.

★ 여자가 부처님께 불공을 드리거나 약주를 올리는 꿈을 꾸면 만사가 대길하고, 자손이 출세하여 번창하며, 영화를 누리는 몸이 되리라.

★ 불상(佛像)을 건립하거나 불탑을 세우는 꿈을 꾸면, 남녀가 다 같이 운수가 열려 행복하고 여러 사람의 존경을 받는다. 특히 불도를 닦는 사람은 크게 깨달아서 이름을 떨치게 된다.

★ 스님을 보면 손위의 사람으로부터 뜻밖에 도움을 받아 기쁜 일이 생긴다.

★ 불상을 구입하면 대길하고, 불상을 줍거나 훔치면, 운수가 트여 뜻밖에 행운이 오며, 재산을 얻어 부귀한다.

★ 승무(僧舞) (승이 춤추는 것)를 보면, 여러 부처님의 은혜를 입어 부귀 번창하리라.
★ 절에 가서 불경을 배우거나 불경을 외워 보면, 마음이 편안해지고 운이 열려서 점점 집안이 번창하리라.
★ 부처님과 사람이 이야기하여 보면, 복과 덕을 입어 대길하다.
★ 부처님이 말씀하시는 것을 보면, 여자에 관해서 구설이 생기거나 병을 얻는다.
★ 법사(法師)가 되어 보이면, 일체의 병을 물리치리라.
★ 법사가 집에 찾아 오면, 질병이 생긴다.
★ 부처님이 움직이는데 절을 하면, 큰 보물을 얻을 징조이다.
★ 신불(神佛)을 꿈에 보면, 아내가 아들을 낳으며 길하게 된다.
★ 출가(出家)한 사람이 불경을 남에게 가르치면, 만사에 덕을 입어 대길하다.
★ 스스로 중이 되어 보이면, 병이 낳으리라.
★ 출가한 승이나, 여승이 경을 읽는 것을 보면 우환이 있으며 흉하다.
★ 노승(老僧)을 꿈에 보면, 길하니 모든 난관을 물리치고 입신출세하리라.
★ 고명한 출가승으로부터 가르침을 받거나 애기를 주고 받는 꿈은, 손위의 사람과 의론하여 모든 일을 계획하면, 운이 트여서 만사가 순성한다. 손위 사람과 상의하지 않으면 불길하다.
★ 불사를 행하고 붙전에 공양을 올리거나 또는 신불을 찾아 절을 드리면, 불신의 가호를 받아 운이 열리며 길하다.

★ 불경책을 얻거나 노승 또는 신선으로부터 불경책을 받으면, 깨달음이 있고 귀자를 낳으며 만사 대길하다.

★ 제비뽑기를 하는데 쌀가마니를 맞히면 부귀한다.

2 신선(神仙), 성인(聖人), 선녀(仙女), 산신령(山神靈), 조상(祖上), 제사(祭祀), 분묘(墳墓)

★ 신선이 되는 꿈을 꾸면, 만사에 행운이 깃들어 대길하다.
★ 선인(仙人)이 되면, 음식 대접을 받는다.
★ 산에 들어가서 선인과 만나 보면 병을 물리친다.
★ 성인, 선인이 집에 들어오는 꿈을 꾸면, 만사에 덕을 입어 대길하다.
★ 선녀와 육체관계를 맺으면, 만사에 덕을 입어 대길하다.
★ 선녀와 결혼하면, 크게 복을 받고 귀히 되리라.
★ 존상(尊上)이 여러 일에 대해서 선악을 말씀하시는 꿈을 꾸면, 크게 복과 덕을 입어 대길하다.
★ 신이 길흉을 고하는 꿈을 꾸면, 복을 얻어 귀히 되며 운이 크게 트인다.
★ 신이 부르면, 모든 일이 성취되고 크게 덕을 입어 대길하다.
★ 신령 앞에 돈을 바치면 길하니 귀인의 도움을 받아 예능(藝能) 방면에 성공하리라.
★ 신령님을 맞아 소원풀이를 하면, 재물을 얻는다.

★ 신을 모시어 보면, 만사가 성취되고 길하다.

★ 선인, 이인(異人), 관녀(官女) 또는 높은 사람을 만나 무릎을 꿇으면, 점차로 운이 트여, 빠르면 그 해 안에 늦으면 二, 三년 안에, 뜻하는 바가 이루어지고 부귀하여질 징조이다.

★ 선인, 이인(異人)에게서 약을 얻거나 침을 놓아 보면 모든 병이 물러가고, 수명이 연장되며, 자손에 이르기까지 부귀 행복을 누린다.

★ 산신령님께 기도를 드려 보면, 질병이 물러가고, 소원성취되며 행운이 열리리라.

★ 제사를 지내거나, 자신이 제사를 올리고 만사를 급히 서두르면 실패하며 손해를 본다. 혹은 병을 얻는다.

★ 묘지를 꿈에 보면, 일가(一家)의 성령(聖靈) 중에 성불하지 못한 혼이 있다는 것을 알고 정중히 모셔서 불사(佛事)를 행하여 성불케 하여야 한다. 그러면 모든 병난을 물리치고 장수하며 내내 부귀하리라.

★ 선조의 영혼이 꿈에 나타나 무슨 지시(指示)나 가르침을 주시면, 그 분부를 잘 이행하면 만사 대길하며 소원성취되리라.

★ 해골이나 백골을 보고, 부처님께 공양을 드리면 크게 이익을 얻으리라.

3 귀신(鬼神)、지옥(地獄)、도깨비、기치(旗幟)

★ 귀신과 싸워서 이기면 길하고, 지면 흉하다.

★ 귀신과 싸우고 다투면, 크게 길하고 장수하리라.

★ 지옥에 떨어져 보이거나, 귀신 때문에 시달림을 받으면 길하다.

★ 괴상한 도깨비를 보면, 이득을 얻어 대길하다.

★ 도깨비를 보면 뜻밖에 놀라운 일이 생긴다.

★ 복도깨비를 보면 길하며 음식 대접을 받는다.

★ 향을 피우고 예배하거나 기도를 드리면, 만사에 덕을 입어 대길하리라

★ 몸에 계행(戒行)을 받아 보이면, 효자를 낳으리라.

★ 온 가족이 모여서 제사를 올리면 부귀하리라.

★ 기치를 세우는 꿈을 꾸면, 만사가 뜻대로 되고 대길하다.

제 십일 장 글에 관한 꿈

〈파자(破字), 성자(成字), 자의해리(字意解理)〉

1 파 자(破字)

글로써 꿈을 푸는 방법에는, 첫째, 어떠한 글자가 현몽(現夢)되었을 경우, 그 글자를 파자(破字)하여 푸는 방법, 둘째, 그 글의 뜻을 풀어서 해몽(解夢)하는 방법, 그리고 셋째로 꿈의 현상을 보통 해몽 방법에 의하여 풀지 못할 경우, 그 꿈이 글자나 글귀로 이루어질 수 있으면, 그 꿈의 현상을 글자로 만들어 (成字) 푸는 방법의 세 가지가 있다.

즉, 파자법의 해몽은, 꿈에 얻은 글자를 파자(破字)하여 꿈을 푸는 것이며 그 다음에 자의해몽(字意解夢)은 여러 글자 또는 글귀를 꿈에서 얻었을 때에 그 글의 뜻을 풀어서 해몽하는 것이며, 셋째의 성자해몽(成字解夢)은 어떠한 꿈의 현상을 글자나 글귀로 변환해서 그 글을 풀어, 해몽하는 것이다.

그러면 우선 본절에서는 파자 해몽의 방법과 묘리(妙理)를 실례(實例)를 들어 약간 논하고 다음 절에서는 성자(成字)법과 자의해몽법을 논하려 한다.

◈ 파자해몽 제1화 〈병〉〈破字解夢 第一話 〈病〉

☆병을 앓고 있는 환자나 그 환자의 주된 친근자의 꿈에, 「藥」字를 얻었을 경우에, 「藥」字를 파자(破字)하면, 나무 위에 백골이 양쪽 끈으로 매여 있고 그 위에 풀을 덮어 놓은 형상의 글자이니, 칠성가(七星架)에 시체를 올려 놓고, 풀을 덮은 형상이다. 그 약(藥)자의 자의는 약(藥)이라 하여 길한 것 같으나, 위와 같은 파자법으로 해몽할 때에는, 그 병환은 낫기 어려운 것으로 사망의 징조라고 단언할 수 있다. 만약 이 약(藥)자와 또 다른 글자를 보았을 경우에는, 그 다른 글자의 여하에 따라, 의미가 달라지게 되므로, 길과 흉이 근본적으로 달라지게 된다. 그러므로 파자의 해리법(解理法)도 그 묘리를 얻어야 정확한 판단을 내릴 수 있는 것이다.

만일 이와 같은 경우에, 약(藥)자 외에 또 다른 글자를 더 얻었을 때, 이를테면 약(藥)자와, 타(打)자 또는 파(破)자를 같이 얻어 약타(藥打) 또는 약파(藥破)가 되면, 약(藥)자를 타파하는 것이 되니, 칠성가(七星架)를 쳐부수는 형상이므로, 그 병은 사경(死境)을 돌파하여 기사회생(起死回生)하는 징조이다.

☆환자가 왕(王)자를 꿈에 얻었다면, 이것 역시 병이 낫기 어렵다고 판단할 수 있다. 즉, 「王」자가 흙 위에 누워서 일어나지 못하는 형상이다. 이것을 글귀로 말한다면 〈土上臥身 不能再起〉가 되기 때문이다.

☆환자가 만일 기(起)자를 꿈에 얻었다면, 이것 역시 사망할 징조라고 단언할 수 있으니 기(起)

자를 파자해 보면, 「起」자의 자의(字意)는 일어난다는 의미이므로 좋을 것 같으나, 「起」자는 몸이 흙에 머물러 있는 형상이다. 즉 파자의 글귀로는 〈土下人立, 止己之見〉이 되기 때문이다.

☆환자가 만일 왕(王)자와 기(起)자의 두 자를 같이 꿈에서 얻었다면, 이것은 병이 쾌차할 것으로 판단할 수 있다. 즉, 그것은 위의 예와는 반대되는 형상이 된다. 이것을 풀어 보면 왕기(王起)의 두 글자는, 「王」자가 〈土上臥身, 不能再起〉로 되어 있으나, 이런 경우에 「起」자가 붙음으로써, 〈土上臥身 可能再起〉가 되는 것이다. 그 이유는, 「王」자의 「起」자파자법이 달라진다. 즉, 「起」자를 다시 파자하면, 몸이 흙에서 달아나는 형상이 되니 그것은, 「走己」(다라날주, 몸기)로 해석되며 「王」자의 「土上臥身」에서 「起」자의 「走己」가 되는 까닭이다.

☆위의 방법은, 사람의 생사 여부를 알고자 할 경우에도, 마찬가지로 해석할 수 있다. 가령, 식구 또는, 근친 중에서 누가 멀리 떨어져 있어서, 생사(生死)의 소식조차 알지 못하는 환경에서, 위와 같은 글자를 얻었다면, 이런 방법으로 생사 여부를 가히 짐작할 수 있는 것이다.

◈ 파자해몽 제二화 〈기다리는 사람에 대한 글 파자〉

☆만일, 자기가 기다리는 사람이 언제 올 것인가 하고 답답한 환경에 있을 때에, 꿈에 적(藉)자나 착(借)자 혹은, 석(昔)자를 얻었다면, 二十一일에 올 것으로 판단할 수 있다. 그것은, 「藉」자를 파자하면 「廿一日來」로 되기 때문이다. 「借」자나 「昔」자도 마찬가지이다.

☆만일 덕(德)자를 꿈에서 얻었다면, 十四일에 두 사람이 같이 올 것으로 판단하게 된다. 즉, 「德」자를 파자하면, 兩人十四一心으로 되기 때문이다.

☆만일 위의 경우에 조(朝)자를 얻었다면 十日에 오리라고 판단할 수 있다. 「朝」자를 파자하면 「十日之旬」이 되기 때문이다.

◎ 파자해몽 제三화 〈벼슬에 대한 글 파자〉

☆벼슬에 뜻을 두는 사람 또는 어떤 시험에 응시할 뜻을 갖고 있는 사람이 꿈에 길(吉)자 의(意)자 등의 글자를 얻었다면 합격 또는 출세되리라고 판단할 수 있다. 즉, 「吉」자는 선비의 입〈士之口(文筆之口)〉가 합성하여 되어 있고, 「志」자는 선비의 마음(士之心)으로써 되어 있으며, 「意」자는 「태양입심」(太陽立心)으로 되어 있어서, 모두 길조를 상징하는 때문이다.

◎ 파자해몽 제四화 〈정객에 대한 글 파자〉

☆정객(政客)으로 출마의 뜻이 있을 경우에, 꿈에 기(騎)자를 얻었다면, 출마하여 길함을 뜻하는 것이니, 즉, 「騎」자를 파자(破字)하면, 「可以立馬」로 되어 있어서, 가히 출마하여 立身 한다는 뜻이 있기 때문에, 역시 대길한 것이다.

☆위의 경우에, 「義」자를 얻어도 대길하니, 즉 「義」자는, 「我載八王」이 되므로, 민주정치에서의 정객의 사명을 잘 표현하는 의의(意義)가 함축되어 있기 때문이다.

2 성자해몽(成字解夢)

◇ 제一화、〈酒〉자의 해설

☆ 꿈에 냇가(川邊)에서 닭이 노는 것을 보았다면, 이는 술이 생길 징조라고 판단할 수 있다. 즉 그 꿈을 글자로 성자(成字)하여 보면, 내는 「川」이니, 川은 「水」로서, 「氵」이 되고, 닭은 「酉」자가 되니, 이것을 합자하면 「酒」자가 되는 까닭이다.

☆ 만일 꿈에 두 마리의 닭이 천변(川邊)에서 싸움하는 것을 보았다면, 이는 곧, 술 먹고 싸울 일이 있으리라는 징조로 판단한다. 이것은 위의 방법과 같이 酒鬪로 성자 성문되기 때문이다.

◇ 제二화、 목적이 언제 성취될까?

☆ 만일, 무슨 일이 어느 때, 어느 날에 이룩될 것인가? 판가름하기 곤란한 환경에 있을 경우에, 꿈에 「개」가 「해」를 향한 것을 보았다면, 「戌日」에 이루어지리라고 판단한다. 그 이유는 「개」는 「戌」이니 戌이 「日向」하였으므로 「戌日」이라고 판단하는 것이다. 그런데 그 「戌日」도 어느 「戌日」이냐 하는 것은, 꿈에 나타난 개의 색깔을 보고, 무슨 「戌日」이냐를 해석해야 할 것이니 즉, 그 개라면, 戊戌이 되고, 누런 개라면 「庚戌」이 되고, 검은 개라면, 壬戌이 되며, 푸른 개라면 甲戌로 해석하면 된다. 위와 같은 방법으로, 어떤 동물을 보았을 경우는, 그 동물

의 형상을 성자하여 판단하면 된다.

◈ 제三화、 일진(日辰)의 결정법

☆ 위와 같은 경우에 어느 때를 기다리는 사람이 꿈에、 닭이 뱀 대가리를 잘라 먹는 것을 보았다면, 이는 곧、「己酉日」이라 단정할 수 있다. 즉、 뱀은 「巳」자이니 己字의 머리가 없으면 「巳」자로 되고, 닭은 「酉」자가 되므로 「己酉」日로、 해석하여 무방한 것이다.

이와 같은 예로서、 만일 닭이 해를 향했으면 酉日로 해석하고, 달을 향했으면 酉月(八月)로 해석할 것이며、 어느 酉日인가는、 닭의 색깔을 보고 정하는 것이 마땅하다.

이와 같이、 가령 말(馬)이 해를 향했다면 「午」日로 판정할 것이요、 돼지를 보았으면 「亥日」로 해석하며、 소를 보았으면 丑日로、 쥐가 해나 달을 향하였거나 동쪽으로 달려가는 것을 보았으면 「日出東」이니 子日로 판단하고, 달인 경우에는、 子月로 판단하게 된다.

또 동물의 색깔로 「日干」을 정하여야 하는 것은 물론이다.

◈ 제四화、 선거(選擧)의 당선(當選)과 낙선(落選)

☆ 국회의원이나 그밖의 후보로 출마하였을 때 당선되느냐? 낙선되느냐? 하는 시점(時點)에 있을 경우에、 만일 꿈에 풀과 물을 같이 보았거나、 낙동강 상역(洛東江 上域)에 풀이 무성(茂盛)하였음을 보았다면 이는 곧 「낙선」이라고 판단할 수 있다. 즉、 전자는 풀과 물을 성자(成字)하

면 「落」자로 되는 것이니, 「落」자의 파자는, 「各有水草」로 되기 때문이다. 또한 후자의 뜻도 마찬가지로 낙선으로 해석되는 것이니 이것도 「落」자로 된다. 즉, 洛東江上域에 有盛草는 「洛」자 위에, 草는 「艹」로서, 「艹」가 붙으면 「落」자가 되는 까닭이다.

☆만일 이와 같은 경우에, 풀과 물이 있던 것이 없어졌거나, 풀을 뜯는 것을 꿈에 보았다면, 이는 당선의 영광이 있으리라고 판단함이 옳다. 즉, 그것은 말이 江上의 풀을 뜯어 먹었다면 落의 반대는 「當」이 되며, 말이 풀과 물을 먹었다면 「馬飮洛水에, 滿腹盛草」한 것으로 되어, 말이 배가 부르고 목을 추겼으니 용기 백배로 의기양양하여 잘 달릴 것은 정한 이치이므로, 출마는 시세를 얻은 것으로, 당선될 것은 명백한 것이다.

◈ 제五화, 안부(安否)

☆집안 또는 친척의 안부를 알고자 할 때에, 꿈에 여자가 모자를 쓰고 있으면, 이는 평안함을 암시하는 것이니 즉, 「冠下女人」은 「安」자로 성립되기 때문이다.

☆만일 여자가 갓이나 고깔을 쓰고 춤을 추는 꿈을 꾸었다면, 이는 집에 우환이 있을 징조라고 판단할 수 있다. 즉, 이것 역시 「冠下女人」이 되는 것이나, 여자가 갓을 쓰고 춤을 추는 것은, 무당(巫女)이 굿을 하는 형상이므로 「安」자와 「舞」자로서, 安舞는 무당의 굿을 의미한다. 따라서 질병으로 인하여 굿을 하게 되는 것으로 판단하는 것이다.

◈ 제六화、 아들의 출세(出世)와 결혼

☆아들의 출세를 바라고 또 혼담이 성립될 것인가를 기다리는 부모의 꿈에、 아들이 관이나 감투를 써보였다면 벼슬할 것이라고 판단할 수 있다。 아들이 관이나 감투를 쓴 꿈은 역시 「字」자가 되나、 이는 옛날에는 갓을 쓰고 장가를 가기 때문에 이 꿈은 아들의 결혼이 성립됨을 암시한다。 꿈에 「字」자를 보면、 아들이 장가 들거나 벼슬할 징조로 보아 틀림없을 것이다。

◈ 제七화、 원행수

☆꿈에 집의 기둥에 파리가 붙은 것을 보았다면、 이는 외방으로 원행할 수라고 판단한다。 그 이유는 「夕柱에 一個蠅」은、 「外」자로 형성(形成)되기 때문이다。

3 자의(字意)와 자변(字變)의 해몽

◈ 제一화、 타살(他殺)과 자살(自殺)

☆꿈에 글귀를 보거나 여러 글자를 보았을 때는、 그 글의 뜻을 해석해서 판단해야 한다。

☆어떤 노인이 아들의 사망 원인을、 자살인지 타살인지 알고자 할 때에、 꿈에 파멸타(破滅打)의

세 글자를 얻었다 하면, 이것은 타살로 단정하여 틀림없는 것이다.

◈ 제二화、 소송사(訴訟事)

☆만일 소송사가 있어서 승부의 여하를 못가려 고심할 때의 꿈에, 「南戰北爭、 不難不難」이란 글귀를 얻었다면 이는 승소함을 단정하여 틀림 없다.

◈ 제三화、 일 년 운수

☆만일 정월 초순이나、 섣달 그믐날의 꿈에, 「月」자 하나만을 얻었다면, 그 해의 운수는 전반(前半)은 대길하나, 후반(後半)은 쇠운에 이르리라고 판단함이 옳다. 그 이유는 「月滿則虧」(달이 차면 기울어진다)이라는 이치 때문이다.

☆만일 위와 같은 경우에、 「月」「初」의 두 자를 얻었다면, 운수가 막힌 것으로 판단하되、 늦게야 운수가 조금 열릴 징조로 봐야 한다.

◈ 제四화、 소원 성취(所願成就)

☆만일 꿈에、 「心在農土、 一貝在中」이란 글을 얻으면 소원성취되어 귀히 되리라고 판단하여야 한다。 즉、 「心在農土」는 「思」자가 되고、 「一貝在中」은 「貴」로 파자되어, 「思」 「貴」의 두 자를 이루기 때문이다.

제五화、길흉(吉凶)의 판단(判斷)

☆ 연초(年初)의 꿈에 「暗得明燭」의 글귀를 얻었다면, 그 해의 처음에는 운수가 막히나, 다행히 귀인의 도움으로 운수가 열린다고 판정하여 틀림 없다. 처음에 어두웠으며, 어두운 가운데 촛불을 얻은 까닭이다.

이상에서 논술한 바와 같이 꿈을 해몽하되, 암시로써 현몽 현상을 푸는 법과, 글자 또는 글로써 해몽하는 방식이 있는 바, 언제나 해몽은 잘 해야 함은 물론이요, 더우기 글자와 글귀로 하는 파자, 성자, 자의해리 등은 그 사람의 환경과 요건을 잘 참작하여, 해리하지 않으면 옳게 판단을 내릴 수 없다. 또한, 「파자」, 「성자」, 「자의」 법에 있어서도 같은 글자 한 자로도 여러가지로 길흉의 판단이 가능하니, 해리의 묘리와 그 사람의 환경, 요건 등을 잘 참작 활용하여 정확을 기하지 않으면 안된다.

위에서 논한 글월의 해몽법(파자, 성자, 자의)은 그 방법의 묘리를 예시(例示)한 것에 불과하다. 이 방법의 참고로서, 파자법의 예(例)를 다음과 같이 약간 기술해 둔다.

◇ **파자 약기**(破字略記)

☆ 好 = 男女相抱(남녀가 서로 껴안음)

☆天＝天地間有人、一大原理、天地人合、陰陽合人、宇宙形象、二人之合、無限無窮
☆地＝五行中央、萬物生母、十一之也、土本之也、
☆金＝五行之首、人王雙癌
☆女＝左七右七
☆妙＝年少之女
☆威＝戊包一女
☆仙＝山在一人
☆色＝子在巴山
☆如＝互七舌庫
☆短＝閉人大豆
☆寂＝叙之戴冠
☆語＝口出五言
☆器＝四口一人
☆哭＝犬之兩口
☆聖＝王耳添口
☆腫＝千里對月
☆理＝田土之君

☆野＝矛有田土
☆思＝心在農土
☆困＝日中鳥足
☆得＝寸日重人
☆黒＝里有火土
☆間＝門中居諸
☆善＝八王八口
☆恙＝人君存心
☆恙＝無尾羊心
☆落＝各有水草
☆宿＝冠下百人
☆敏＝冠文人之母
☆譬＝兩鳥一言
☆怒＝心又向女

☆愁＝心火水穀
☆計＝言係二五
☆具＝且下某人
☆操＝口兼才木
☆神＝申氏一見
☆井＝四十之壽
☆傷＝以人易人
☆詩＝佛家之言
☆苦＝二五草口
☆借＝三七人日
☆胡＝十月六口
☆催＝山有鳥人
☆粟＝米在日落
☆苦＝十口兩土
☆魁＝十升之鬼
☆米＝半出其人
☆米＝八十加八

☆政＝下體三人
☆勱＝重方之火
☆我＝一戈當手
☆失＝一牛兩尾
☆射＝身後之才
☆射＝小兒之身
☆射＝人己牛木
☆朝＝十日之旬
☆知＝人之大口
☆知＝南人開口
☆知＝矢之適口
☆哀＝口在衣間
☆吉＝十一食口
☆祖＝盲秋外孫
☆獨＝蜀鹿一牛
☆忠＝無言之心
☆忠＝丈夫之心

☆伯＝比人玉色
☆巫＝靈損兩口
☆吉＝文筆之口
☆志＝學者之心
☆星＝太陽之孫
☆星＝日下一牛
☆星＝一牛上日
☆昌＝日上加日
☆日＝口上又口
☆日＝口中橫棒
☆明＝日月共出
☆明＝日抱之月
☆明＝日月相見
☆尹＝牛之有尾
☆李＝木下有子
☆李＝木之芽苗
☆李＝木下休子

☆忠＝聖人之心
☆註＝積土之言
☆姜＝無尾女羊
☆姜＝八王一女
☆羗＝羊在火上
☆尹＝王之無口
☆尹＝君之未成
☆美＝八王之大
☆美＝無尾大羊
☆宋＝木上掛冠
☆朴＝木在有人
☆朴＝木柱有蠅
☆朴＝人之抱木
☆朴＝十八之人
☆李＝十八之子
☆問＝乞人之象
☆間＝門中照日

◇ 글자(字)의 변화상태(變化狀態)

- ☆ 趙 = 走肖之姓
- ☆ 閒 = 門內臨月
- ☆ 趙 = 小月之走
- ☆ 生 = 橋上有牛
- ☆ 鄭 = 驢之有尾
- ☆ 家 = 豕之戴冠
- ☆ 字 = 子而戴冠
- ☆ 獄 = 鹿狗相言
- ☆ 灾 = 冠下有火
- ☆ 時 = 日向佛家
- ☆ 夫 = 二人昇天
- ☆ 佛 = 人帶弓刀
- ☆ 問 = 左君右君
- ☆ 白 = 九十九數
- ☆ 婦 = 左七右七에 橫山倒出
- ☆ 鴻 = 鳥下江邊便作鴻
- ☆ 子 = 乃失杖而橫帶
- ☆ 來夜 = 一木兩人依하니 橫月이 滿盈衣
- ☆ 籍 = 廿一日에 竹下來
- ☆ 水 = 水消一點還成水
- ☆ 犬 = 天脫冠而得點
- ☆ 林 = 木立雙株便林
- ☆ 樹 = 豆入村中罥成樹

萬古秘傳　靈符作大典	
初　版　1刷　發行 ●	1978年　5月 10日
初　版　24刷　發行 ●	2000年　8月 30日
改正增補　1刷　發行 ●	2002年　1月 18日
改正增補　9刷　發行 ●	2023年 10月 27日

著　　者 ● 韓　重　洙
發　行　者 ● 金　東　求

發　行　處 ● 明　文　堂 (1923. 10. 1 창립)
　　　　　서울시 종로구 윤보선길 61(안국동)
　　　　　국민은행 006-01-0483-171
　　　　　Tel (영) 733-3039, 734-4798, 733-4748
　　　　　Fax　734-9209
　　　　　Homepage : www.myungmundang.net
　　　　　E-mail : mmdbook1@hanmail.net
　　　　　등록 1977. 11. 19. 제1~148호

・낙장 및 파본은 교환해 드립니다.
・불허복제・판권 본사 소유.

값 30,000원
ISBN 89-7270-009-6 (13130)